« Rembrandt a peint 700 toiles…
dont 3000 sont encore en circulation. »

WILHELM BODE,
historien de l'art

Du même auteur

Mariage gai – Les coulisses d'une révolution sociale
Flammarion Québec, 2005
Prix Altern'Art de Québec 2006

ALAIN LACOURSIÈRE
le Columbo de l'art

Catalogage avant publication de Bibliothèque et Archives
nationales du Québec et Bibliothèque et Archives Canada
Larocque, Sylvain, 1977-
    Alain Lacoursière, le Columbo de l'art
    ISBN 978-2-89077-395-0
    1. Lacoursière, Alain. 2. Vol d'objets d'art - Québec (Province).
3. Arts - Faux- Québec (Province). 4. Policiers - Québec (Province) -
Biographies. I. Titre.
HV7911.L32L37 2010   363.2092   C2010-942001-2

Couverture
Portrait d'Alain Lacoursière, acrylique et pastel sec sur toile
de Claude Robinson, inspiré d'une œuvre photographique
de Robert Mailloux, *La Presse*
© Claude Robinson

Conception graphique : Annick Désormeaux

Intérieur
Mise en pages : Michel Fleury

Afin de pouvoir raconter le plus fidèlement possible les enquêtes
d'Alain Lacoursière, l'auteur fait souvent usage de noms fictifs.
Ceux-ci permettent de préserver l'anonymat de personnes qui ont
joué un rôle déterminant dans les histoires composant ce livre et qui
ne tiennent pas nécessairement à ce que leur nom soit rendu public.

© 2010, Flammarion Québec

Tous droits réservés
ISBN 978-2-89077-395-0
Dépôt légal BAnQ : 4ᵉ trimestre 2010

Imprimé au Canada
www.flammarion.qc.ca

SYLVAIN LAROCQUE

ALAIN LACOURSIÈRE
le Columbo de l'art

Préface d'Yves Thériault

Flammarion
Québec

Préface

Première impression

Avant que vous vous délectiez à la lecture de ce livre, laissez-moi prendre quelques minutes pour vous raconter tout le bonheur que j'ai eu à travailler avec Alain Lacoursière.

J'ai rencontré le sergent-détective en février 2009, dans le cadre d'une série télévisée portant sur la criminalité liée aux œuvres d'art. Intitulé *Art sous enquête*, le projet était à l'étape du développement et tout restait à faire. La seule chose coulée dans le béton était la participation d'Alain Lacoursière, policier récemment retraité et spécialisé dans ce genre d'enquêtes.

Pour tout dire, j'appréhendais cette collaboration. Mais, dès ma première rencontre, j'ai été rassuré. C'était dans les locaux de La Presse Télé, le producteur de la série. Alain est arrivé en coup de vent, il est demeuré quelques minutes à peine, le temps de faire connaissance. Et, tout de suite, j'ai senti qu'il serait un atout dans ce projet et non un handicap, comme c'est le cas avec les présentateurs qu'on nous impose trop souvent.

D'abord, il y a son look, inimitable. Avec son front dégarni, ses cheveux hirsutes et ses lunettes sur le nez, il ne lui manque guère qu'un sarrau blanc pour avoir l'air d'un savant fou du genre professeur Tournesol, bien que son regard perçant et intense soit celui d'un enquêteur à qui rien n'échappe. Cette combinaison de traits particuliers est idéale pour la télévision, un média qui valorise les personnages atypiques à la Columbo. Rapidement, j'ai été à même de constater l'immense notoriété d'Alain. Tous les gens qui l'ont vu une fois à la télé, à l'occasion d'un passage aux nouvelles ou lors de la présentation du documentaire qui lui a été consacré, gardent en mémoire cet homme hors normes.

Dès cette première rencontre, c'est aussi son charisme qui m'a frappé. Alain Lacoursière possède cette faculté de certains rares individus – les deux exemples qui me viennent à l'esprit sont ceux de Lucien Bouchard et de Pierre Nadeau – de magnétiser l'auditoire dès qu'ils mettent les pieds dans une pièce. Ce charme se manifeste notamment par un sex-appeal indéniable auprès des femmes, dont de nombreuses employées de La Presse Télé qui trouvaient toutes sortes de prétextes pour venir faire un tour dans notre salle de réunion.

Comme tous les membres de l'équipe, j'ai été séduit d'emblée et j'ai vite réalisé qu'il était le guide idéal pour nous accompagner dans cette série. Bien sûr, il connaît ce type de criminalité sur le bout des doigts, mais c'est surtout un raconteur extraordinaire, aussi captivant qu'a pu l'être le capitaine Bonhomme!

Durant la préproduction ou lors de nos pauses de lunch pendant les jours de tournage, nous l'écoutions raconter ses exploits invraisemblables, autant dans ses activités professionnelles que dans sa vie privée, sans jamais nous lasser.

Au fil des mois, ma première impression s'est confirmée. Loin d'être un fardeau pour la production, Alain a parfaitement assumé le rôle de pierre angulaire de ce projet. On aurait dit qu'il avait fait de la télévision toute sa vie. Quand on lui demandait quelque chose, ou qu'on lui expliquait un concept, il comprenait tout de suite. Lorsque nous avons commencé à tourner des séquences avec lui, il savait d'instinct comment se comporter devant la caméra. Et, à mon humble avis, il est ce qu'on appelle dans notre métier un « naturel ». Il crève l'écran.

*

Dans le portrait qu'il dresse d'Alain Lacoursière, Sylvain Laroque a parfaitement rendu l'essence du personnage. On y suit le parcours de cet enfant turbulent de Saint-Casimir, qui a flirté avec la délinquance durant son adolescence, fréquentant même les bandes de motards, et qui est venu à un cheveu de mal tourner. Même après son passage du côté de la loi, il est resté un rebelle dans l'âme et sa carrière a été marquée par de nombreux accrochages avec les autorités des corps policiers au sein desquels il a évolué.

Les aventures rocambolesques qui ont marqué la carrière d'Alain révèlent un homme au sang-froid remarquable et au courage inversement proportionnel à sa stature physique. Ce livre nous montre également un être sensible amené à s'intéresser à la peinture durant sa jeunesse.

Cette passion pour les arts et les artistes l'a sans doute détourné d'une vie de petit voyou, et c'est bien tant mieux pour nous !

YVES THÉRIAULT
Scénariste de la télésérie *Art sous enquête*
et auteur de *Tout le monde dehors !*
Enquêtes sur les libérations conditionnelles

Avant-propos

Quand j'ai vu Alain Lacoursière pour la première fois, j'ai eu la même réaction que bien d'autres avant moi: il est vraiment policier, lui? Cheveux en bataille, habit noir, lunettes d'artiste: avec Alain, on était loin de la parodie *Bonjour la police* de Rock et Belles Oreilles!

Ce n'était pas qu'une question de look. Dans sa façon d'être et de travailler, Alain a toujours détonné.

Rebelle? Le mot est faible. Lorsqu'il avait une bonne idée en tête et qu'il y croyait dur comme fer, la fin justifiait les moyens – quitte à causer des «dommages collatéraux». Le guide du parfait policier, très peu pour lui. Ses patrons, qui l'ont si souvent semoncé, se souviendront longtemps de lui.

En l'écoutant me raconter fièrement ses coups d'éclat, je ne pouvais pas m'empêcher de me demander ce qui le poussait à aller aussi loin. J'ai fini par comprendre que l'insubordination d'Alain était d'abord et avant tout une conséquence de son opiniâtreté. Il savait qu'avec ses méthodes peu orthodoxes il pouvait faire aboutir quantité d'enquêtes qui n'auraient jamais pu débloquer autrement.

Pas étonnant que cet anticonformiste abonné aux missions impossibles ait fait des pieds et des mains pour que la police s'intéresse aux œuvres d'art. En plus de déborder d'une énergie dont il a eu bien besoin, Alain savait s'adresser avec respect aussi bien aux crapules qu'aux connaisseurs d'art.

Ce fut un défi à sa mesure. Dans cet univers opaque et discret, recueillir la preuve nécessaire pour faire condamner un voleur d'œuvres d'art ou un faussaire relève du tour de force. Rien pour rebuter Alain qui, de toute façon, n'a jamais carburé aux arrestations et aux peines de prison.

« Je suis d'abord un historien de l'art, a déjà déclaré celui qu'on a surnommé "le Columbo de l'art". Récupérer un tableau est plus important pour moi qu'attraper la personne qui a commis le crime il y a 10 ans. De toute façon, même si elle était condamnée, elle aurait de bonnes chances de s'en tirer avec une petite peine de trois mois à purger dans la communauté... »

*

Écrire ce livre m'a donné le privilège de connaître une force de la nature. Un être passionné et passionnant, doté d'une mémoire à toute épreuve, qui a toujours une bonne histoire à raconter.

Comme Alain a touché de près ou de loin aux principaux crimes liés aux œuvres d'art qui ont marqué le Québec au cours des dernières décennies, relater sa vie était une occasion en or d'aborder ces coups fumants qui recèlent, encore aujourd'hui, une part de mystère.

J'ai ainsi eu la chance de rencontrer un ancien faussaire qui m'a gentiment accueilli chez lui, partageant avec moi, sans fausse modestie, ses secrets techniques et les aspirations qui le motivaient du temps où il « pratiquait ». Le vieil homme m'a fait comprendre jusqu'où certains peuvent aller dans l'espoir de réaliser un rêve souvent inaccessible : celui de gagner leur vie en peignant.

J'ai aussi discuté longuement avec un homme d'affaires à la retraite qui a déboursé plus de 200 000 $ pour un tableau qu'il aura eu en sa possession bien peu de temps, mais qui l'aura obsédé pendant une bonne partie de sa vie.

Alain et moi avons travaillé à ce livre en pensant aux peintres et aux sculpteurs. Sans eux, il n'y aurait pas d'œuvres à voler ou à pasticher. Bien sûr, les cambriolages et les faux tableaux sont la hantise de tous les collectionneurs et de tous les musées. Mais il ne faut jamais perdre de vue que ce sont les artistes qui sont les grands perdants de ce fléau. Et, par ricochet, leur malheur est celui d'une société tout entière.

Personne au Québec n'a été plus conscient de cette calamité qu'Alain Lacoursière. Pendant 15 ans, il aura joué un rôle de premier plan pour la combattre. Les effets de son inlassable travail se font sentir encore aujourd'hui.

SYLVAIN LAROCQUE

1

Un Suzor-Coté entre de mauvaises mains

Alain Lacoursière broyait du noir. Depuis quelque temps, il passait ses journées à interroger des jeunes femmes de bonne famille qui s'amusaient à vandaliser des voitures dans le centre-ville de Montréal. Il commençait à en avoir sérieusement ras-le-bol de cette affaire de bien peu d'intérêt.

Soudain, un vendredi après-midi de décembre 1997, le propriétaire d'une galerie de Montréal lui téléphona. Dans le milieu de l'art, on était de plus en plus familier avec ce drôle de policier qui s'intéressait aux tableaux et aux sculptures. Sans le savoir, l'homme allait enfin donner à Lacoursière le prétexte qu'il cherchait pour mettre de côté sa soporifique enquête sur les jeunes femmes délinquantes.

« Il y a deux gars à l'air louche qui se promènent avec un paquet de tableaux, dont un Suzor-Coté assez beau, dit le galeriste. Ils essaient de les vendre et je suis sûr qu'il y a quelque chose de pas correct là-dedans. »

Le lendemain matin, Lacoursière vérifia dans la banque de données de la police et ne retraça aucun vol correspondant à cette description pour le moins vague. Son instinct lui commanda tout de même de descendre dans le Vieux-Montréal et de faire le tour de quelques galeries.

À son deuxième arrêt, vers 14 h, le propriétaire, que nous appellerons Gilbert Trottier, l'invita tout de suite à passer dans son bureau. Le sergent-détective remarqua la présence dans la galerie de deux hommes qui ne ressemblaient en rien à des amateurs d'art. Ils faisaient vaguement penser à Laurel et Hardy, les célèbres personnages du cinéma américain de l'entre-deux-guerres : le premier, âgé d'environ 55 ans, était plutôt corpulent alors que son acolyte était un grand gaillard arrogant dans la trentaine. Appelons-les Godin et Duchesne. Trois boîtes assez grandes pour contenir des tableaux étaient posées le long d'un mur.

Sans laisser à Lacoursière le temps d'ouvrir la bouche, le galeriste se mit à lui parler longuement d'un voyage qu'il venait de faire à Cuba. Le sergent-détective tenta de poser des questions, mais Trottier s'entêtait à raconter le mal d'oreilles qu'il avait eu pendant son vol de retour.

« Est-ce qu'il y a des gens qui sont venus vous voir avec des tableaux à vendre ? réussit à glisser le policier.

– Non, non. En tout cas, j'ai fait un beau voyage, répondit sèchement Trottier.

– Si on vient vous voir avec un Suzor-Coté, appelez-moi. On pourrait vous envoyer un agent double pour faire la transaction et arrêter les suspects.

– OK. »

Soupçonneux, le sergent-détective prit congé, mais fit exprès de laisser ses lunettes sur un meuble, reprenant un vieux truc qu'il avait vu dans un épisode de *Columbo*. Il sortit de la galerie, marcha sur le trottoir pendant quelques secondes, puis revint sur ses pas.

« J'ai seulement oublié mes lunettes, ça ne sera pas long », lança-t-il à la secrétaire de la galerie.

Presque au même moment, il entendit quelqu'un descendre dans l'escalier menant au sous-sol du commerce.

« Là, c'est *hot*, décrissez ! Le gars qui vient de sortir, c'est une police ! »

C'était Trottier qui s'adressait à Godin et Duchesne.

Le policier reprit ses lunettes et ressortit aussitôt de la galerie, prenant bien soin de ne pas se faire remarquer. Il se dirigea vers sa voiture, qui était garée dans un parking situé tout près. Il avait besoin de réfléchir à ce qu'il allait faire. Trottier donnait clairement l'impression qu'il avait quelque chose à se reprocher. Godin et Duchesne n'avaient pas l'air d'être des enfants de chœur non plus.

Lui fallait-il demander l'aide de ses collègues pour arrêter tout ce beau monde? S'il voulait le faire, Lacoursière allait devoir utiliser le radiotéléphone de police, chose qu'il n'avait pas faite depuis 10 ans puisqu'il n'était plus un agent en uniforme, mais un enquêteur. Il fouilla dans le coffre à gants pour dénicher la liste des fréquences de police, puis s'assura que son revolver se trouvait bien dans sa mallette, posée à côté de lui.

Le sergent-détective fut brusquement interrompu dans ses pensées lorsqu'il vit que Duchesne était sorti de la galerie et qu'il se dirigeait vers lui. Il en fut si surpris qu'il posa la main sur son pistolet. Il ne comprenait pas qu'un homme qu'on venait de mettre en garde contre la présence d'un policier se dirige d'un pas aussi déterminé vers lui. Quelque chose ne tournait pas rond et Lacoursière prit peur. Il ouvrit tout de même la fenêtre de sa voiture pour écouter ce que Duchesne avait à lui dire, après avoir vérifié que le suspect n'avait rien dans les mains.

«Avais-tu affaire à nous autres? demanda Duchesne au policier sur un ton inquisiteur, voire méprisant.

– Non, non! Je suis agent d'immeubles, j'ai cet appartement à vendre et j'attends un client», improvisa Lacoursière, mettant en pratique l'expérience qu'il avait acquise lorsqu'il avait été agent double, plusieurs années auparavant.

Duchesne était perplexe. Il se demandait si ce personnage aux cheveux longs était un agent d'immeubles, un policier ou carrément autre chose. Il retourna dans la galerie. Peu de temps après, il en ressortit en compagnie de Godin. Les deux hommes scrutèrent les alentours, puis repartirent à pied. Ils attendaient impatiemment que le galeriste décide s'il allait acheter ou non les tableaux qu'ils lui avaient apportés.

Lacoursière laissa passer quelques minutes puis alla garer sa voiture devant la galerie. Il était furieux que Trottier, au lieu de collaborer avec lui comme il s'était engagé à le faire par le passé, l'ait dénoncé à Godin et Duchesne. Il entra dans la galerie. En le voyant arriver, Trottier se précipita dans le fond du commerce. Le sergent-détective l'interrompit dans sa marche rapide.

«Vous êtes en état d'arrestation pour recel et entrave au travail d'un policier, cria Lacoursière. Vous avez le droit d'appeler votre avocat et je vous conseille de le faire. Vous allez bientôt recevoir une assignation à comparaître devant le tribunal.

– Qu'est-ce que c'est que cette histoire? s'étonna le galeriste, qui devint blanc comme un drap.

– J'imagine que les tableaux sont dans ces boîtes-là? demanda brusquement Lacoursière, en montrant les caisses qu'il avait vues en entrant.

– … »

Lacoursière ouvrit les boîtes et distingua quatre tableaux, dont *Route chez Dumas*, *Arthabaska* de l'artiste québécois Marc-Aurèle de Foy Suzor-Coté. Même s'il ne possédait pas de mandat de perquisition, ni même de rapport de vol, il prit les caisses et les déposa sur le siège arrière de sa voiture.

Il venait de démarrer lorsque Godin et Duchesne lui réservèrent une nouvelle surprise: ils le suivaient à bord de leur voiture!

Pendant un bref instant, le policier fut amusé de la tournure des événements. Mais lorsqu'il s'aperçut, quelques rues plus loin, que le duo ne le lâchait pas, Lacoursière s'affola à nouveau. «Ces deux-là sont capables de n'importe quoi», pensa-t-il. Le sergent-détective s'empara du radiotéléphone et appela des renforts.

«J'ai pour à peu près 100 000 $ de tableaux dans mon char et j'ai les deux voleurs qui me suivent!» s'exclama-t-il à la répartitrice, qui avait bien du mal à comprendre ce qui se passait.

Lacoursière put finalement parler à un collègue qu'il connaissait bien et qui se trouvait justement dans le secteur. Ce n'était pas trop tôt: troublé par l'attitude des énergumènes qui étaient à ses trousses, et craignant qu'ils ne se mettent à lui tirer dessus pour récupérer leurs tableaux, le sergent-détective était sur le point d'accélérer pour mettre fin à cette curieuse poursuite.

«OK, Alain, lui dit son confrère. Tu t'en vas où?

– Dans le parking du musée Sir-George-Étienne-Cartier, intersection Saint-Paul et Berri. Ça ne débouche pas, ça va être parfait pour les prendre en guet-apens et les arrêter.»

Comme prévu, Lacoursière et ses poursuivants se retrouvèrent vite coincés. Quelques secondes plus tard, une voiture de police, puis une autre et une autre éradiquèrent toute velléité de fuite. «Mes deux concombres sont pris», pensa l'enquêteur en gloussant. Seul petit problème: sur le coup, les jeunes patrouilleurs ne reconnurent pas cet homme qui portait des lunettes d'artiste et un long imperméable.

«Bouge pas! lança l'un des policiers.

– Hé, hé! C'est moi, Lacoursière. Matricule 876.»

Des agents passèrent aussitôt les menottes aux deux nigauds. Se retenant pour ne pas s'étouffer de rire, Lacoursière peinait à les mettre en état d'arrestation.

«Bonjour, je suis le sergent-détective Alain Lacoursière, finit-il par dire.

– Ah ben tabarnac! dit Godin en se frappant la tête sur la voiture de police en signe de découragement. Dis-moi pas que t'es dans la police?

– Oui, je m'excuse, je ne suis pas agent d'immeubles… »

Pour une raison obscure, Godin et Duchesne étaient persuadés que le policier était de mèche avec le galeriste dans le but de leur subtiliser leurs tableaux. Mauvais calcul: voilà qu'ils se retrouvaient dans les cellules. Mais, pour Lacoursière, le travail était loin d'être fini. Aucune victime ne s'était encore manifestée pour le crime. En fin d'après-midi, son patron l'interrogea sur un ton accusateur.

« C'est volé, ça?

– Oui, oui!

– Mais où?

– J'ai contacté d'autres corps de police. J'attends qu'ils me rappellent…

– T'as l'air fin: t'as deux gars dans les cellules et t'as pas de crime! Ces tableaux-là n'ont même pas été volés.

– Oui, inquiète-toi pas. Ça s'en vient, le crime… »

Or, le soleil s'était couché et le mystère n'était toujours pas percé. La panique commençait à s'emparer de Lacoursière. Le sergent-détective avait téléphoné à des galeristes de Montréal et de Québec dans l'espoir d'en savoir plus sur *Route chez Dumas, Arthabaska*, mais en vain.

Pendant deux heures, il avait eu beau multiplier les recherches dans les registres de la police, il n'avait pas découvert grand-chose. Tout ce qu'il avait trouvé, c'était que trois Suzor-Coté avaient été volés en avril 1997 lors d'un important cambriolage perpétré au domicile du monstre sacré de l'art québécois, Jean Paul Riopelle, à Sainte-Marguerite-du-Lac-Masson, dans les Laurentides.

Le patron de Lacoursière suivait le dossier de près. Même s'il était rentré chez lui, il téléphona au sergent-détective à deux reprises. La première fois, Lacoursière ne répondit pas, mais il ne put éviter le deuxième appel.

« Et puis, mon brillant enquêteur a-t-il trouvé le vol pour ces tableaux-là? lui décocha son supérieur, sarcastique. Sinon, tu vas devoir me libérer ces deux gars-là!

– Bien non! Tu sais bien que je vais le trouver, le vol. »

Après avoir raccroché, Lacoursière passa *Route chez Dumas, Arthabaska* sous une lumière ultraviolette, une pratique courante dans le milieu de l'art. Comme par magie, il vit apparaître l'inscription suivante : « Abbé Loïc Bernard, Collège de Lévis. » Hum. C'était peut-être ce qu'il cherchait.

Malheureusement, il n'arriva pas à joindre le religieux. Il était 20 h. Il téléphona à la police de Lévis, se disant qu'un vol de tableaux avait pu y être rapporté sans avoir été répertorié correctement dans le système informatique.

« Avez-vous eu un vol d'œuvres d'art au cours des derniers mois? demanda-t-il.

– Il me semble que oui.

– Peux-tu me dire quels tableaux ont été volés?

– Euh, je pense qu'il y avait quatre "cadres".

– Oui, mais des cadres de qui?

– Je vérifie et je te rappelle. »

Le sergent-détective décida d'aller revoir Godin et Duchesne dans leurs cellules. Il les prit séparément, mais leur dit la même chose.

« J'ai bien peur que vous ayez à passer la fin de semaine ici, lança-t-il, railleur. Je ne pourrai pas vous faire accuser avant la semaine prochaine. Ça se pourrait même que ça aille après Noël. J'espère que vous n'avez pas trop de partys prévus pour les Fêtes… À Trois-Rivières, d'où vous venez, vous avez peut-être l'habitude d'être libérés le jour même, mais ici, vous êtes à Montréal! »

Chacun de leur côté, les deux hommes restèrent silencieux, mais Lacoursière crut néanmoins déceler un brin de nervosité chez eux. Pour les faire « réfléchir » un peu, il les fit sortir de leurs cellules et les envoya dans l'aire de détention commune du poste de police, où ça joue dur.

Il était 21 h et le sergent-détective n'avait pas encore soupé. Il alla chercher à manger dans un café avoisinant et retourna à son bureau. Puis il commença à préparer son rapport sur les événements. Même si les prévenus avaient bien peu collaboré à son enquête, il estimait qu'il possédait suffisamment d'éléments de preuves pour justifier des accusations de recel.

En attendant que l'abbé Bernard le rappelle, Lacoursière entreprit de fouiller le passé de Godin et de Duchesne. Leurs casiers judiciaires étaient bien garnis : Duchesne avait fait de la prison pour une tentative de meurtre, et Godin avait commis d'innombrables vols qualifiés et voies de fait. Ils étaient liés aux Hells Angels de Trois-Rivières, ce qui expliquait probablement leur mutisme.

Selon toute vraisemblance, les deux hommes avaient volé les tableaux à Lévis pour rembourser des dettes de drogue qu'ils avaient contractées auprès des Hells. Lacoursière allait apprendre par la suite que Duchesne s'y connaissait passablement en arts visuels : il venait de sortir de prison et avait profité de son séjour à l'ombre pour s'instruire dans le domaine.

Le policier terminait son rapport lorsqu'il eut une idée lumineuse. Tout à coup, il se rappela avoir vu dans une des fiches d'information qu'en avril 1997 les deux hommes avaient été interceptés près de Saint-Jérôme, dans les Basses-Laurentides, pour une infraction au Code de la route.

Il vérifia la date de plus près et tout s'éclaircit. Cette infraction avait eu lieu la même journée que le vol chez Riopelle – à quelques heures d'intervalle en fait. De plus,

Sainte-Marguerite-du-Lac-Masson n'est située qu'à une demi-heure de route de Saint-Jérôme. Se pouvait-il que les deux malfaiteurs aient non seulement commis le vol de Lévis, mais aussi celui de Sainte-Marguerite, au cours duquel avaient disparu une douzaine d'œuvres de Riopelle et d'autres peintres québécois?

Vers 22 h, Lacoursière réussit finalement à parler à l'abbé Bernard. Celui-ci confirma que les quatre tableaux appartenaient au musée du Collège de Lévis, qu'il dirigeait. Le religieux ne cacha pas sa joie à l'idée de revoir ses toiles. Après tout, il n'entretenait plus grand espoir de les retrouver. Les œuvres avaient été volées quatre mois plus tôt dans une galerie lévisienne, où elles se trouvaient le temps d'une exposition temporaire.

L'enquêteur pouvait respirer un peu mieux: il possédait enfin la preuve que Godin et Duchesne n'étaient pas les propriétaires légitimes des tableaux. En ajoutant à cela ses forts soupçons au sujet du cambriolage chez Riopelle, il avait de quoi s'amuser un peu avec les filous.

Passé minuit, le sergent-détective décida donc de jouer le tout pour le tout.

« Je sais que c'est vous autres qui avez fait le vol chez Riopelle, leur annonça-t-il. Si vous êtes capables de me remettre certaines des œuvres que vous avez volées, je ne vous accuserai pas pour l'affaire du Vieux-Montréal. »

Cela prendra un certain temps, mais le bluff finira par faire son effet. Godin et Duchesne étaient tentés d'accepter le marché de Lacoursière, mais ils n'étaient pas certains qu'ils pouvaient lui faire confiance. Le sergent-détective avait beau leur dire qu'il leur donnait sa parole, les deux hommes restaient sceptiques. Cela pouvait se comprendre: plus d'une fois, des policiers les avaient coincés avec des promesses semblables.

C'est en forçant les voleurs à téléphoner à leur avocat que Lacoursière réussira finalement à les faire céder. Le policier le connaissait bien pour avoir traité souvent avec lui par le passé. «C'est beau, vous pouvez lui faire confiance, il ne vous trahira pas», dit l'avocat à ses clients.

Il était 2 h du matin lorsque Lacoursière remit les criminels en liberté. Pour le sergent-détective, c'était une victoire d'autant plus gratifiante qu'elle n'avait pas été facile à obtenir.

Certes, il aurait pu faire accuser Godin et Duchesne de recel dans l'affaire de Lévis, mais pas dans celle de Sainte-Marguerite, puisqu'il ne détenait aucune preuve directe de leur implication. De plus, dans le cas de Lévis, rien ne garantissait que le processus judiciaire allait se traduire par des peines significatives. Il préférait de loin récupérer des œuvres que d'envoyer des récidivistes au cachot pour quelques mois à peine.

Quelques semaines plus tard, les deux bandits tinrent parole et se présentèrent au bureau de Lacoursière avec deux tableaux de Riopelle qu'ils avaient dérobés au maître en avril 1997 : un de ses premiers paysages, *Saint-Fabien*, daté de 1942, ainsi qu'une œuvre abstraite à la sanguine de 1975. Valeur des deux œuvres : environ 100 000 $.

Pour éviter de susciter l'ire de ses patrons, qui se seraient sans l'ombre d'un doute indignés que les deux aigrefins s'en tirent aussi facilement, Lacoursière inventa une «version officielle». C'est ainsi qu'il mentit aux journalistes en affirmant que les deux toiles de Riopelle avaient été retrouvées dans un casier du terminus d'autobus, près du métro Berri-UQAM! Lacoursière raconta qu'après l'arrestation des deux suspects dans le Vieux-Montréal, il avait retrouvé, près de leur voiture, une liste de tableaux et une petite clé rouge portant l'inscription «consigne».

«Je suis d'abord allé l'essayer sur les casiers de la gare Centrale, puis, avec succès, sur ceux du terminus d'autobus», déclara le sergent-détective aux journalistes, qui publièrent l'histoire sans broncher.

*

Les deux voleurs n'avaient pas dit leur dernier mot. Un vendredi de novembre 1998, en plein jour, ils entrèrent au Centre d'exposition de Baie-Saint-Paul, dans Charlevoix, s'emparèrent d'un Riopelle accroché sur l'un des murs et sortirent par la porte arrière. Il s'agissait d'une œuvre en papier marouflée sur toile datant des années 1970, *Le roi de Thulé*. Valeur: environ 50 000 $.

Sans qu'on sache trop pourquoi, les deux hommes décidèrent de déposer le tableau dans le conteneur à déchets de l'école primaire voisine, avec l'intention de revenir le récupérer quelques heures plus tard.

Or, voilà que trois garçons de 9 et 10 ans aperçurent l'œuvre qui trônait sur l'amas de détritus et l'emportèrent dans la cabane qu'ils s'étaient construite tout près. La peinture abstraite n'était pourtant pas leur genre. Pour tout dire, le tableau leur faisait peur: ils y voyaient rien de moins que le diable. Ils se mirent donc à déchirer la toile, la réduisant en mille morceaux. Ils remirent ensuite l'œuvre en lambeaux dans le conteneur à déchets.

Lorsqu'ils revinrent chercher leur butin, les bandits eurent droit à toute une surprise. Ils étaient si en colère qu'ils filèrent en voiture, le pied au plancher. Comme c'était devenu leur habitude, ils se firent intercepter par la police à Sainte-Anne-de-Beaupré pour avoir brûlé un feu rouge!

*

Tout n'avait pas encore été éclairci concernant le vol d'avril 1997 à Sainte-Marguerite-du-Lac-Masson. En mars 1999, en parcourant le catalogue d'une maison de vente aux enchères, Lacoursière vit la photo d'un autre tableau de Riopelle qui avait été subtilisé pendant le cambriolage.

Le sergent-détective se rendit chez l'encanteur et saisit une toile du maître ainsi que des dessins d'Ozias Leduc et de Suzor-Coté, qui avaient tous été volés chez Riopelle. Une dizaine d'œuvres en tout, d'une valeur totale d'environ 100 000 $. Lacoursière alla ensuite rencontrer celui qui se présentait comme le propriétaire des œuvres, un antiquaire de la Mauricie, qui par la suite plaidera coupable à des accusations de recel. (Environ 12 des 17 œuvres dérobées chez Riopelle en 1997 ont été retrouvées par la police, les autres demeurant introuvables à ce jour.)

Pour sa part, le galeriste du Vieux-Montréal a toujours clamé son innocence. Il a soutenu qu'il avait simplement dit à Godin et à Duchesne de sortir de son commerce parce que leurs tableaux avaient une origine douteuse. La police a accepté de laisser tomber les accusations qui pesaient contre lui à la condition qu'il fasse un don de 25 000 $ à un organisme de bienfaisance. Le galeriste s'est par la suite montré un peu plus enclin à collaborer avec les policiers.

Cette enquête finira par convaincre les autorités policières québécoises d'ajouter, en 2003, la case « œuvres d'art » aux formulaires utilisés pour rapporter les vols, ce qui facilite grandement la récupération de ces biens précieux. Jusque-là, les œuvres aboutissaient dans la vaste catégorie des « autres objets », aux côtés des bicyclettes et des tracteurs à gazon !

Mais de façon plus importante, toute cette affaire aura fait vivre à Lacoursière une satisfaction comme il n'en avait pas encore connu comme policier : celle de rendre une œuvre à son propriétaire et, mieux encore, à un artiste. Lorsque

Riopelle a reçu des mains du sergent-détective ses dessins d'Ozias Leduc et de Suzor-Coté, qu'il avait l'habitude d'admirer tous les jours avant leur vol, il n'a pu retenir ses larmes.

Le hic, c'est que les patrons de Lacoursière ne voyaient pas les choses du même œil : ils attendaient des arrestations et il n'y en avait pas eu. Remettre des œuvres d'art à qui de droit, c'était bien loin de leurs priorités. Pas de doute, Lacoursière avait encore beaucoup de travail à faire sur le plancher pour rapprocher le monde de la police de celui de l'art.

2

De bum à policier

C'est le monde interlope qui a amené Alain Lacoursière au métier de policier. En fait, il s'en est fallu de peu pour qu'il ne se joigne à ceux qu'il a finalement combattus toute sa vie.

Aîné d'une famille de trois enfants, il est né le 17 avril 1960. Il a grandi à Saint-Casimir, petite municipalité située à mi-chemin entre Trois-Rivières et Québec. Son père Jacques, propriétaire d'un magasin d'appareils électroniques et de meubles, était responsable d'installer le système d'amplification sonore pour les discours que les politiciens, surtout libéraux, prononçaient lorsqu'ils étaient de passage dans la région.

C'est ainsi que, à l'âge de sept ans, le jeune Lacoursière eut l'insigne honneur d'ajuster la hauteur du micro du président français Charles de Gaulle lors de quelques-uns de ses arrêts sur le chemin du Roy, en 1967. Il allait par la suite faire de même pour Robert Bourassa, Pierre Elliott Trudeau et Jean Chrétien.

Chez Lacoursière Électronique, le commerce de son père, Alain fit ses premières armes comme vendeur dès l'âge de 13 ans. Il savait déjà se montrer débrouillard. Pour se faire de l'argent de poche, il offrait à des fournisseurs d'aller chercher lui-même les ensembles de cuisine, salon et chambre à coucher destinés au magasin.

À l'école Notre-Dame, le jeune Lacoursière n'était pas de tout repos. En sixième année, par exemple, il se battit avec un de ses amis, Jean-Pierre Serré, qui s'en était pris à une fille qu'il trouvait de son goût.

Les deux ne tardèrent pas à se retrouver dans le bureau de la directrice de l'école, surnommée «Petite Patte» parce qu'elle avait une jambe plus courte que l'autre. «Mets tes doigts sur le bureau», dit la sœur à Alain, qui obtempéra. Mais aussitôt que la directrice prit son élan pour donner son coup de règle, l'élève retira sa main. La règle frappa le bureau.

Fier de son effet, le jeune Lacoursière n'allait pas en rester là : il arracha la règle des mains de la sœur et d'un coup sec, la cassa en deux. La religieuse était dans tous ses états. Serré eut ensuite le malheur de dire que tout cela n'était que la faute d'Alain. Celui-ci réagit mal : il asséna un autre coup de poing en plein visage à son camarade, sous les yeux de la directrice! Les parents du jeune Lacoursière furent naturellement prévenus de ce qui s'était passé, mais ils ne punirent pas leur fils. Eux non plus n'aimaient pas particulièrement l'idée que les enseignants donnent des coups de règle aux élèves!

Cet hiver-là, Alain et ses amis s'étaient construit des cabanes dans un bois près de la rivière. Un jour, ils secouèrent la cabane d'un groupe rival d'élèves. Ceux-ci en sortirent aussitôt et se mirent à poursuivre leurs assaillants. Ce qu'ils ne savaient pas, c'est que Lacoursière et sa bande leur avaient tendu un piège : ils avaient brisé la glace sur la rivière près de la rive, puis avaient recouvert le tout de neige pour faire croire que la surface était solide.

Les poursuivants se retrouvèrent donc à l'eau, suscitant l'hilarité de Lacoursière et de ses camarades, qui avaient évidemment contourné la zone dangereuse. Pour ajouter à la cruauté de la chose, les «bourreaux» avaient fait exprès de commettre leur mauvais coup juste avant la fin de la période du dîner, de sorte que leurs victimes se présentèrent en classe trempées et transies de froid! Les parents des malheureux communiquèrent avec la direction pour dénoncer ce nouvel écart de conduite du jeune Lacoursière, mais celui-ci ne subit pas de conséquences parce que l'incident avait eu lieu à l'extérieur de l'école.

Au secondaire, Lacoursière ne s'est pas calmé, bien au contraire. Pendant le cours de chimie de deuxième secondaire, il lui arrivait de voler du potassium qu'il faisait sauter dans des flaques d'eau. Mais un jour, un de ses amis voulut faire mieux que lui et s'empara du pot de potassium tout entier. Il versa le contenu dans le lac derrière le chalet de ses parents et eut droit à la surprise de sa vie: une immense explosion qui entraîna avec elle le quai et le bateau à moteur situés tout près! Il faillit y laisser la vie. Encore une fois, on pointa du doigt Lacoursière et on évoqua la mauvaise influence qu'il exerçait sur ses camarades.

En troisième secondaire, il était si turbulent en classe et si méchant à l'endroit d'une sœur enseignante qu'il lui fit faire une dépression. La pauvre quittera Notre-Dame en ambulance, criant à qui voulait l'entendre qu'elle était malade «à cause de Lacoursière».

Inutile de dire que les notes d'Alain étaient médiocres. Voulant transformer son énergie négative en quelque chose de positif, le frère Cault le prit sous son aile. Il venait de l'expulser de son cours d'histoire, mais il voulait lui donner une deuxième chance en usant de la carotte plutôt que du bâton.

«Viens donc faire de la peinture», lui dit-il avec indulgence. Le religieux n'aurait pas pu trouver mieux pour attirer l'attention du garçon. En plus d'avoir droit à des cours d'art le jour, Lacoursière pouvait rester à l'école après les classes pour peindre. Il prit rapidement goût à cette activité pour laquelle il avait de la facilité et qui, de surcroît, lui donnait l'occasion d'exprimer toute sa fougue.

Il fit d'abord une nature morte avec des raisins, puis un paysage auquel il ne put résister d'ajouter un Mickey Mouse. Un jour, il se risqua à peindre un tigre aux yeux vert lime.

«C'est impossible, tu ne peux pas faire ça, lui objecta le frère.

– Comment ça? Je trouve ça beau et ça fait psychédélique», rétorqua l'élève, un brin insolent.

Malgré les efforts du frère Cault, les notes et le comportement du jeune Lacoursière ne s'amélioraient pas. Les religieux qui dirigeaient l'école Notre-Dame convoquèrent ses parents pour leur annoncer ce qui était devenu inévitable: Alain allait devoir recommencer sa troisième secondaire. Son père était furieux. L'élève finit par comprendre le message et rentra dans le rang, en quelque sorte. Il faut dire que sa mère l'avait amadoué en lui cédant sa vieille voiture, une AMC Rebel.

Cela n'empêchera pas Lacoursière de donner de nouvelles sueurs froides au frère Cault. Il osa peindre le Christ sous les traits d'un Robert Charlebois bien chevelu. Les inscriptions JHS et INRI (des abréviations signifiant Jésus en grec et en latin) encadraient le curieux personnage. Et le comble: de la fumée sortait du joint que fumait le seigneur-chanteur!

«Tu es bien chanceux que je ne jette pas ça direct à la poubelle, s'insurgea le frère lorsque le jeune Lacoursière lui montra fièrement sa création. Tu me mets ça dans un sac et tu t'en vas tout de suite, avant que le directeur voie ça!»

Les parents d'Alain, croyants mais ouverts d'esprit, n'en firent pas grand cas. Le tableau trône aujourd'hui sur l'un des murs de la maison des Lacoursière à Saint-Casimir.

*

L'art n'aura toutefois retenu que bien peu de temps l'attention de Lacoursière. Le jeune préférait de beaucoup ce qui se passait hors des murs de l'école. À 14 ans, il empruntait régulièrement la camionnette de Lacoursière Électronique, s'en servant pour promener ses amis autour de Saint-Casimir.

À 15 ans, il installa dans le véhicule des colonnes de son, des statues africaines et des *black lights*. C'est ainsi qu'il se rendait avec des amis à Donnacona ou à Québec. Comme il n'avait pas encore son permis de conduire, la Sûreté du Québec l'arrêtait souvent.

« Vous êtes combien là-dedans, demandait l'agent.

– Sept ou huit ! »

En fait, ils étaient au moins une dizaine, parfois 20, entassés dans la camionnette. Le policier permettait à sept jeunes de rembarquer. Les autres devaient alors se rendre à destination en auto-stop ! Le manège durera bien deux ans, facilité par la grande tolérance des parents de Lacoursière et celle des policiers de la SQ du coin. Ceux-ci n'avaient pas toute l'objectivité nécessaire : depuis des années, ils avaient l'habitude d'aller boire un café, un café cognac ou une bière chez les Lacoursière !

Plus tard cette année-là, le jeune bum avait gravi les échelons : il était désormais membre du « club-école » des Possédés de Saint-Casimir, qu'il venait de cofonder ! Les cheveux longs jusqu'au milieu du dos, vêtu d'une veste de cuir, il se tenait avec cinq autres gars de son âge qui affectionnaient eux aussi les motos.

Alors qu'il avait 14 ans, son père lui en avait acheté une de petite taille, une Yamaha 80 cc rouge, afin qu'il puisse se déplacer de façon autonome dans les environs. Mais Alain préférait de loin la « vraie » moto que possédait un de ses amis, une Triumph Trident 750. Pour la démarrer, il devait sauter à pieds joints sur le kick-starter, vu son poids modeste !

Quand la moto étouffait, il se trouvait éjecté quelques mètres plus loin, ce qui ne manquait pas de donner la frousse à sa mère, Pierrette.

Bien sûr, comme tout club de motards qui se respecte, les jeunes Possédés avaient besoin d'un repaire. Lacoursière décida donc de louer une vieille maison à Saint-Casimir avec l'argent qu'il gagnait au magasin de son père. Chaque membre du petit gang se choisit une chambre qu'il décora à son style. Celle de Lacoursière était lugubre : plancher noir et mauve, murs en satin, crucifix en bronze bien en évidence. Le lit avait la forme d'un cercueil. Normal : son oncle possédait un salon funéraire !

Ne voulant pas faire les choses à moitié, Lacoursière avait demandé à son grand-père Jean de lui prêter un frigidaire à Coke et des petits fours à pizza, dans lesquels la bande faisait sécher son pot ! Les fins de semaine, l'endroit se remplissait de jeunes de la région. À tel point que la brasserie Molson se faisait un plaisir de livrer directement sa bière au repaire. Pour combler les fringales, les maîtres de céans vendaient à leurs invités des pizzas, des sous-marins, des chips et des langues dans le vinaigre.

L'été de ses 16 ans, Lacoursière poussa l'audace jusqu'à se rendre, avec un cousin plus âgé, à un party de l'« Association intermotards de l'est du Québec », à Rivière-du-Loup. Sur place s'étaient rassemblés pas moins de 800 motards, dont des membres des Hells Angels. (Il faut dire qu'au milieu des années 1970, le mythique club n'avait pas encore la notoriété qu'il possède aujourd'hui.)

Avec d'autres, les deux jeunes entreprirent d'entrer dans un bar de la ville. « Il n'y a pas de couleurs [personnes identifiées à un gang] qui rentrent ici », lança le portier aux motards. Le malheureux se retrouva rapidement sur le derrière, hors d'état de nuire. Dans le même élan, on renvoya les danseuses

sans plus de cérémonie. En dépit de son jeune âge, Lacoursière se retrouva rapidement aux commandes du bar pour
une longue nuit.

Le lendemain matin, ceux qui n'avaient pas apporté de
tente dormaient dans des fossés. En début d'après-midi, ce
fut l'heure des courses de motos. Puis, vers 15 h, les centaines
de motards monopolisèrent Rivière-du-Loup pour leur grand
défilé. De quoi donner le goût de monter en grade.

L'année d'après, alors qu'il avait 17 ans, Lacoursière se fit
prendre dans une rafle. Un soir, les policiers débarquèrent
dans le bar de Donnacona où il se trouvait en compagnie de
nombreux autres mineurs. On arrêta une cinquantaine de
jeunes, de sorte que Lacoursière se retrouva avec une assignation à comparaître en cour! À contrecœur, sa mère accepta
de le conduire jusqu'au palais de justice de Québec. Sans en
parler à son père. «Plaide coupable», lui ordonna-t-elle, sou-
haitant mettre rapidement un terme à l'épisode.

Alain se plia à la volonté de sa mère, mais il n'avait pas dit
son dernier mot. Après que le juge lui eut infligé une amende
de 100 $, il lui lança: «C'est parce que je suis étudiant, je n'ai
pas beaucoup d'argent, votre honneur...» Mme Lacoursière
n'apprécia pas que son fils se fasse passer pour plus pauvre
qu'il ne l'était. Mais le magistrat n'y vit que du feu: il abaissa
l'amende à 50 $!

Quelques mois plus tard, l'infatigable mère prit sur elle
d'extirper son fils des griffes des motards, malgré les hésita-
tions de son mari. Elle fit irruption dans le repaire du club-
école des Possédés de Saint-Casimir et lâcha: «Je veux Alain
Lacoursière.» Le fils rebelle rentra penaud à la maison ce
soir-là, ébranlé par cette fureur maternelle. Mais il ne se gê-
nera pas pour récidiver.

Pendant l'été, Saint-Casimir accueillit un autre party de
l'Association intermotards. Les sergents-détectives Blackburn

et Michaud, de la SQ, qui étaient allés souvent prendre un verre chez les Lacoursière après le travail, mirent Alain en garde contre l'événement.

« Si tu vas là, fais attention, ça peut être dangereux, lui dit l'un d'eux. Tu ne sais pas à qui tu as affaire.

– Oui, oui ! »

Lacoursière n'en fit qu'à sa tête et assista au fameux party. Des centaines de motards avaient envahi un terrain vague situé près du repaire des « vrais » Possédés, ceux d'âge mûr. Plusieurs visiteurs avaient planté leur tente et un immense feu de camp illuminait les alentours. Lacoursière remarqua la présence de « gros bums » qui arrivèrent avec un grand sac de plastique transparent contenant des dizaines de boules de mescaline enrobées de papier d'aluminium.

« C'est un cadeau de notre part », lança l'un d'eux. Lacoursière n'allait pas s'en priver. Sous l'effet de la drogue, les fêtards s'amusaient à se donner des chocs en touchant la clôture électrique du voisin. À un moment donné, Lacoursière eut la brillante idée de serrer la main de deux personnes qui étaient en contact avec la clôture en même temps : la décharge, décuplée, le jeta par terre d'un coup sec !

La mescaline n'avait pas fini de faire son effet. Lacoursière se retrouva vite allongé à l'étage du repaire des Possédés. Il voyait des araignées géantes qui lui sautaient dessus et des chauves-souris qui menaçaient de le manger tout rond. Un *bad trip*, un vrai.

Lacoursière devint si perturbé qu'il sauta par la fenêtre de la pièce ! Cette chute de plusieurs mètres lui donna mal partout mais, coup de chance, il n'avait rien de cassé. Sa cousine Anne Bélanger se chargea de le ramener à l'étage. Mais voilà que quelques minutes plus tard, toujours en proie aux démons, il plongea la tête la première dans l'escalier. Cette fois-ci, les dommages furent plus importants : lèvre fendue, œil poché, côtes endolories, poignet foulé.

Vers sept heures, le lendemain matin, il enfourcha sa moto et rentra à la maison. Son père, assis au bout de la table de la cuisine, l'attendait de pied ferme. Il lui montra sa chambre d'un signe de la main, sans dire un mot. Le jeune homme ne se fit pas prier pour s'éclipser et aller dormir un bon coup.

C'en était fini des Possédés. Lacoursière trouvait qu'il en avait assez vu. Quelques années plus tard, le gang réussira à obtenir une subvention fédérale pour faire construire une « maison des jeunes » qui n'était rien d'autre, en fait, que son nouveau repaire. Pur gaspillage de fonds publics : quelques mois à peine après l'ouverture du bâtiment, une bande rivale le fera exploser ! Comme bien d'autres bandes de motards, les Possédés finiront par être absorbés par les Hells.

*

Le jeune Lacoursière avait rarement suivi les conseils des policiers avec qui sa famille s'était liée d'amitié au fil des ans. Mais sans qu'il s'en rende trop compte, ceux-ci l'influençaient. Ils donnaient à Alain le goût de devenir policier. Le jeune homme ne se l'avouait pas vraiment, mais les enquêtes et les criminels l'attiraient.

Ses amis déteignaient aussi sur lui. Plusieurs d'entre eux étudiaient en techniques policières au cégep de Trois-Rivières tout en passant leurs soirées dans les bars de la ville. Comme il n'aimait pas suer à l'école et que par conséquent, ses notes laissaient à désirer, ce programme était alléchant : à la fin des années 1970, il était bien difficile de s'y faire refuser.

À l'automne 1978, Lacoursière fit donc son entrée en techniques policières à Trois-Rivières. Il y passa deux ans sans ouvrir un livre. Il se retrouvait si souvent au bar Le Gosier qu'un tabouret lui était réservé. Il enfilait des bières O'Keefe en écoutant les chansonniers qui étaient de passage, que ce soit Raôul Duguay ou Paul Piché. Et bien sûr, le jeune de 18 ans n'échappait pas au chic de l'époque : il ne se lassait pas de porter ses bottes de construction et sa chemise à carreaux.

Son côté entreprenant ne l'avait toutefois pas abandonné. Il réussit à se faire embaucher comme répartiteur à la police de Trois-Rivières-Ouest avant même d'avoir terminé ses études. Pour avoir la tête de l'emploi, il s'était fait couper les cheveux. Il y avait toutefois un hic. Plus intéressé par le vrai métier que par les cours, il se souciait peu de ses notes, de sorte qu'il dut prolonger ses études de six mois pour finalement réussir son cours obligatoire de mathématiques.

Lacoursière finit par entrer à l'Institut de police de Nicolet (aujourd'hui l'École nationale de police) en janvier 1982. Cette fois-ci, pas question de s'éterniser. Pendant 16 semaines, cet anticonformiste mit son honneur au rancart et rentra dans le rang. Comme le voulait la pratique, il se fit raser la tête. Puis il se laissa pousser une de ces grosses moustaches emblématiques des années 1980. Il s'assurait que sa chambre et ses uniformes soient toujours impeccables.

Ravalant sa fierté, il obéissait sans broncher au garde-à-vous, sous peine de recevoir des coups de bâton. Lever à 5 h 30, déjeuner, défilé, cours, éducation physique, dîner, judo, contrôle de prisonniers. Après le souper, poids et haltères. Peu avant 22 h, il descendait au bar pour avaler trois bières, trois œufs dans le vinaigre et trois langues marinées. Puis, juste avant le couvre-feu de 22 h 30, il allait fumer sa pipe dans un lieu que lui seul connaissait. Au bout de 16 semaines, il obtint le résultat désiré : il sortit de l'Institut parmi les meilleurs. Ses parents ne pouvaient pas être plus fiers.

Le jeune flic a rapidement obtenu un poste à temps partiel à la police de Nicolet où, pour un salaire de 10 000 $ par année, il remplissait les coffres de la ville en multipliant les constats d'infraction pour excès de vitesse. Après avoir tenté, en vain, de se faire embaucher comme permanent au sein de ce petit corps policier, il est allé voir ailleurs et s'est fait offrir un poste à la police de Montréal. Les vraies affaires allaient commencer.

3

Les tribulations de la grande ville

Lacoursière amorça sa carrière de policier urbain au début de janvier 1985 dans un secteur plutôt pauvre de Montréal, Verdun. Même s'il connaissait bien la métropole pour y être allé souvent pendant son adolescence, il était un peu démoralisé à l'idée d'y travailler comme policier. Il s'ennuyait déjà de sa vie paisible à Nicolet.

Une affaire de violence conjugale l'attendait pour son premier appel. Accompagné d'un collègue d'expérience, il entra dans un appartement misérable. Les deux policiers aperçurent dans la pénombre une femme qui saignait au visage.

Sans crier gare, le partenaire de Lacoursière décocha un coup de poing en pleine face de l'homme qui leur avait ouvert la porte et qui se montrait menaçant. Celui-ci se retrouva aussitôt par terre, inconscient. La femme accourut.

« Lâche-le, tabarnak !

– Toi, Huguette, ferme ta gueule, reste dans ton salon », répliqua l'agent de la paix.

De retour dans l'auto-patrouille, Lacoursière était un peu déboussolé. Il ne se voyait pas passer ses journées à régler des conflits familiaux et à réprimer des vols à l'étalage.

« À Nicolet, je faisais faire des tours de voiture aux enfants et je jouais au billard avec les vieux le soir, confia le jeune flic à son collègue.

– Ici, c'est la même chose tous les mois. Le bonhomme reçoit son chèque d'aide sociale, se saoule, bat sa femme et attend son coup de poing pour se calmer. Quatre-vingt pour cent de nos cas, c'est de la violence conjugale… »

Après quelques jours de ce régime, Lacoursière était découragé. Il téléphona à sa blonde de l'époque et lui lança, en pleurant : « On ne peut pas venir vivre ici ! Ça n'a pas de bon sens ! »

Il trouvera heureusement le moyen, 11 mois plus tard, de se faire muter au centre-ville, au cœur de l'action. Puis, d'avril à novembre 1986, il eut la chance d'être affecté à l'une des équipes de patrouilleurs à pied qui ratissaient le secteur des rues Saint-Denis, Sainte-Catherine et du boulevard Saint-Laurent, de 20 h à 4 h.

Il retrouva alors avec plaisir un monde qu'il connaissait bien : celui des voyous, des petits pushers, des voleurs sans envergure et des prostituées. Se rappelant sa propre jeunesse, il tentait de faire la différence entre les petits bums et les véritables crapules. Il se contentait d'avertissements pour les premiers, mais sévissait contre les autres. Comme ils lui faisaient confiance, les jeunes de la rue l'aiguillaient souvent vers les spécimens dangereux, qu'il n'hésitait pas à arrêter.

Un samedi soir de novembre 1990, Lacoursière se fit remarquer en prenant l'initiative d'aller prononcer un petit discours devant un groupe de plus de 2000 Bostoniens réunis au Métropolis. Chaque automne, des milliers d'étudiants de la ville américaine avaient l'habitude de se retrouver à Montréal et les choses dégénéraient souvent. L'année précédente, une quarantaine d'entre eux avaient été arrêtés pour avoir troublé l'ordre public.

Sur la scène du Métropolis, le sergent mit les jeunes en garde contre les conséquences d'être trop bruyants dans la rue. Mais surtout, il les amadoua en leur disant qu'il les aimait bien puisque sa petite amie venait de Boston.

Le succès de l'opération fut retentissant : les fêtards réservèrent une ovation au policier et se tinrent tranquilles. Alors qu'au départ les supérieurs de Lacoursière s'étaient montrés réticents envers son projet, ils furent prompts à s'en attribuer le mérite. On se résolut tout de même à lui remettre une lettre de félicitations.

Le penchant naturel de Lacoursière pour la méthode douce l'incita, en 1991, à proposer la création du Groupe d'intervenants locaux, chargé de jeter des ponts entre la police et les communautés qui ne la portaient pas particulièrement dans leur cœur : punks, skinheads, gais, junkies et autres marginaux de la société.

L'initiative fut grandement appréciée de ces groupes, des citoyens en général et de la hiérarchie policière, mais moins des cadres intermédiaires et des autres agents, qui préféraient la bonne vieille répression. Lacoursière se souvient d'avoir fait beaucoup parler de lui en expulsant de son équipe un policier qui avait donné un coup de pied à une jeune punk couchée sur le trottoir.

En fait, Lacoursière faisait jaser à plus d'un égard. À l'époque, ses collègues se demandaient ouvertement s'il n'était pas homosexuel. Non seulement faisait-il preuve d'une rare coquetterie en faisant ajuster ses uniformes à sa taille, mais en plus il osait embrasser ses amis gais sur les joues !

Même s'il n'avait que 31 ans, le sergent n'hésitait pas à pousser ses supérieurs hors des sentiers battus. À l'été 1991, des policiers qu'il dirigeait dispersèrent des dizaines de Noirs qui s'étaient attroupés à la sortie d'un bar du boulevard Saint-Laurent et en arrêtèrent cinq.

Au lendemain de cette opération fort critiquée dans les médias, qui avait failli virer à l'émeute raciale, Lacoursière proposa à la hiérarchie une solution simple à cette situation explosive, qui se répétait de semaine en semaine.

«À trois heures, on n'a qu'à fermer Saint-Laurent pendant une heure, le temps que le monde se disperse, expliqua-t-il au cours d'une réunion animée. Comme ça, les gens qui sortent des bars ne pourront pas se quereller avec les automobilistes pour des riens.

– Mais non! On ne peut pas fermer une rue à cause de ces gens-là. Les citoyens qui respectent les lois ont le droit de se déplacer librement! On n'a qu'à arrêter les contrevenants.

– Bloquer la circulation, ça nous éviterait bien du trouble.»

Les patrons soumirent l'idée au vote. Deux lieutenants se montrèrent en faveur, mais deux s'y opposèrent. Le directeur trancha le débat en se rangeant derrière Lacoursière.

La police commença à interdire le passage des voitures sur le boulevard Saint-Laurent à la sortie des bars, les jeudis et les vendredis. En l'absence des automobiles, les trouble-fêtes perdirent rapidement tout intérêt à s'attarder aux alentours. En quelques semaines, le problème était réglé et on put mettre fin aux fermetures nocturnes de la célèbre artère.

Plus tard au cours du même été, Lacoursière fit toutefois exception à sa philosophie personnelle et opta pour la manière forte. Depuis quelques semaines, des junkies et des membres des Rock Machine, un gang de motards, profitaient de la fermeture du Dernier Recours pour faire la pluie et le beau temps sur le terrain jouxtant le refuge pour sans-abri, rue Sanguinet.

«Plus de 80 pour cent de ceux qui fréquentent actuellement les abords du Dernier Recours ne sont pas des clochards, mais des drogués», déclara Lacoursière à son cousin Éric Trottier, journaliste au quotidien *La Presse*.

Profitant de la sympathie du public, plusieurs jeunes réussissaient à récolter plus de 100 $ par jour en mendiant, des sommes qui servaient davantage à acheter de la drogue que de la nourriture. Les vrais clochards pâtissaient de la situation : en plus de subir une vive concurrence de la part des junkies pour les aumônes des passants, ils se faisaient souvent expulser de leurs tentes par des proxénètes qui y plaçaient leurs prostituées.

Les policiers voulaient bien intervenir, mais ils avaient les mains liées : les élus leur avaient interdit de raser le campement, de peur d'avoir mauvaise presse. Un jour, Lacoursière discuta de la situation avec un collègue.

« Il faudrait bien que le feu prenne là-dedans, lança celui-ci.

– C'est une bien bonne idée, répondit Lacoursière. D'après moi, ça devrait être cette nuit ! »

Des individus cagoulés se chargèrent de la tâche le soir même. Le lendemain, il ne restait plus rien. Bien sûr, les patrons voulurent savoir ce qui s'était passé.

« Est-ce que c'est toi qui… ? demanda l'un d'entre eux à Lacoursière.

– J'ai aucune idée.

– Non mais !

– Même sous la torture, je n'aurai aucune idée. C'est pas moi, mais tu vas voir, la criminalité va baisser ! »

*

C'est à la même époque que Lacoursière trouva une adolescente de 14 ans, Stéphanie Pagano, près d'un conteneur à déchets des Foufounes électriques, la célèbre boîte de nuit de la rue Sainte-Catherine. Voyant qu'elle faisait un *bad trip*, il fit venir une ambulance qui la conduisit aussitôt à l'hôpital.

Plusieurs mois auparavant, sa mère, divorcée d'avec son père depuis des années, l'avait expulsée de la maison parce que la cohabitation avec son beau-père était devenue impossible. Stéphanie n'avait plus de domicile fixe. Cherchant à profiter de la situation, les Rock Machine tentaient de la recruter comme pusher, mais elle résistait tant bien que mal.

Alain s'attacha à Stéphanie. Cela tombait bien : elle avait grandement besoin de quelqu'un comme lui. Des années durant, il l'aidera à reprendre le droit chemin.

Plusieurs fois, il l'invitera au restaurant et ira la chercher en voiture parce qu'elle a raté le dernier métro. À trois ou quatre reprises, lui et le père Emmett « Pops » Johns, qui a consacré sa vie aux sans-abri, déménageront ses modestes biens d'un appartement à l'autre. Sans le sou, elle aura le front de mettre des comptes d'électricité et de téléphone au nom de Lacoursière, qui n'aura d'autre choix que de les payer. Au fil du temps, le policier contribuera à la rapprocher de ses parents, qui recommenceront à lui apporter leur soutien.

Des années plus tard, au cours d'une émission de Claire Lamarche, Stéphanie remercia chaleureusement Alain, allant jusqu'à dire qu'il avait été son « sauveur ». Elle donna ensuite plusieurs conférences pour raconter comment elle avait réussi, grâce à sa détermination, à se sortir de l'enfer de la drogue.

Lacoursière s'est intéressé à Stéphanie en bonne partie parce qu'elle lui rappelait sa propre jeunesse. Lui aussi avait aimé défier l'autorité, à la seule différence que dans son cas, ses parents avaient été là pour s'assurer qu'il ne sombre pas dans l'abîme. Il voyait également en Stéphanie une adolescente intelligente qui regorgeait de potentiel. Le policier constatait avec satisfaction que ses humbles conseils ne tombaient pas dans l'oreille d'une sourde.

Sans trop le savoir, Alain aura permis à Stéphanie de se réconcilier avec la vie. Avant qu'elle ne le rencontre, elle exécrait le monde des adultes, qu'elle trouvait hypocrite. En côtoyant ce policier qui portait des bottillons Doc Martens et un blouson de cuir, qui ne la jugeait pas et qui était là pour elle sans rien attendre en retour, elle s'était dit qu'il valait peut-être la peine de donner une autre chance à la société, contre laquelle elle s'était profondément révoltée.

Stéphanie est aujourd'hui une femme épanouie, mère de deux enfants, qui vient de terminer un certificat en arts plastiques à l'UQAM. Gestionnaire dans un centre de méditation, elle donne également des ateliers de thérapie par l'art.

*

Enhardi par l'épisode du Dernier Recours, Lacoursière se sentait de plus en plus à l'aise d'agir comme bon lui semblait lorsque les choses n'allaient pas comme il l'entendait. En novembre 1991, alors qu'il était superviseur à l'escouade de la moralité, il tenta de s'en prendre au fléau des bars illégaux contrôlés par la mafia, à Saint-Léonard, dans l'est de l'île de Montréal.

Le sergent n'y alla pas par quatre chemins : il déclara au réseau de télévision TQS qu'un «éminent» membre de la mafia montréalaise lui avait confié, dans un couloir du palais de justice, que son organisation «contrôlait» la vie politique de la ville. Rien que ça!

En portant l'affaire sur la place publique, Lacoursière voulait inciter les élus à adopter un règlement pour faciliter la fermeture des bars clandestins. La nuit précédente, les policiers avaient effectué une 37e descente au Pic Pic, un établissement contrôlé par la mafia sous le couvert d'un obscur prête-nom. Les forces de l'ordre avaient expulsé une cinquantaine de clients, en plus de saisir de la cocaïne et de la drogue.

Or, à 6 h, l'endroit avait rouvert au vu et au su de tous. Contrairement à celle d'autres municipalités de la région montréalaise, la réglementation de Saint-Léonard ne permettait pas aux autorités de fermer pour de bon les commerces illicites après deux condamnations.

La sortie de Lacoursière ne mit pas de temps à faire des vagues. Frank Zampino, qui était maire de Saint-Léonard à l'époque, s'insurgea contre l'allégation du mafioso au sujet de la vie politique dans sa ville, mais encore plus contre ce qu'il percevait comme un outrage à son endroit de la part du sergent. Il menaça de poursuivre la police.

« Ce sont des affirmations entièrement fausses et gratuites, s'indigna Zampino à *La Presse*, en parlant des prétentions du mafioso. Et je ne peux pas accepter qu'un policier rapporte ça publiquement avant de communiquer avec la municipalité. »

Furieux, les hauts dirigeants du corps policier se dissocièrent aussitôt des propos de Lacoursière, allant jusqu'à lui demander de s'excuser devant le conseil municipal, ce qu'il refusa net. Un membre de la hiérarchie se résolut à y aller à sa place. Le policier commençait à construire sa réputation d'insoumis.

*

L'été suivant, les nerfs de Lacoursière furent mis à rude épreuve. Un après-midi de la fin juillet, il accompagna un collègue, Patrick Brown, à la librairie Champigny de la rue Saint-Denis, à Montréal. Brown allait y acheter un livre sur les effets psychologiques de la drogue à long terme. Les policiers n'étaient pas en uniforme : l'un portait des chaussures de course, l'autre des jeans déchirés. Les deux avaient les cheveux longs.

Alors qu'il feuilletait un roman de George Sand, Lacoursière se rendit compte que l'homme debout à côté de lui tenait le même livre, mais à l'envers. Affublé de verres fumés, le type faisait mine de lire en tournant les pages. «Je connais des techniques de lecture rapide, mais celle-là, je ne la connais pas», se dit le sergent, intrigué.

Au même moment, le policier aperçut d'autres individus louches rôder autour du guichet automatique situé au centre de la librairie. Puis, un camion blindé arriva et des gardiens de sécurité entrèrent dans le commerce pour ravitailler le guichet. «Ça va mal se passer», pensa Lacoursière.

L'homme au livre à l'envers arrêta aussitôt sa lecture, se pencha, mit une cagoule et sortit un revolver imposant. Des complices descendirent de l'étage supérieur et firent se coucher au sol les deux gardiens de sécurité. Ils s'emparèrent des sacs d'argent posés près du guichet automatique et s'enfuirent par l'arrière de la librairie. «Que tout le monde se couche par terre; si j'en vois un bouger, je le tue», lança l'un d'eux.

Des cris fusèrent de toutes parts. Lacoursière sortit son revolver. La lutte s'annonçait inégale: les projectiles des pistolets de calibre .38 que portaient les policiers de Montréal à l'époque avaient du mal à traverser une porte en bois. La femme qui se trouvait à côté du sergent n'en avait cure: elle s'évanouit à la vue de l'arme, entraînant dans sa chute un support à cartes postales.

Brown descendit l'escalier, son revolver à la main. Les deux policiers eurent la même idée: sortir dans la ruelle et pourchasser les cambrioleurs. Avant de sortir, Lacoursière cria à la foule incrédule: «Nous sommes de la police; appelez le 911 pendant que nous les rattrapons!»

En les voyant, l'un des trois voyous, qui protégeait la fuite de ses acolytes, leur cria: «Restez en dedans!»

Le voleur ne comprenait pas d'où sortaient ces deux hommes en jeans munis de revolvers. Constatant qu'ils n'obtempéraient pas et qu'ils continuaient plutôt à courir, il tira deux balles dans leur direction. Lacoursière répliqua aussitôt.

Le policier atteignit l'un d'eux… mais dans la poche d'argent qu'il transportait sur son épaule. Pas de quoi arrêter un bandit.

Rendus à l'avenue du Mont-Royal, Lacoursière et le voyou échangèrent de nouveau des coups de feu. Une balle passa juste au-dessus de la tête du policier et se logea dans le bâtiment derrière lui, faisant tomber des morceaux de brique sur sa tête. Comme cela avait été le cas lors de précédentes fusillades auxquelles il avait pris part, sa relative petite taille lui sauva la vie : les brigands sont plus habitués à tirer sur de grands gaillards !

Lacoursière fit feu deux fois mais rata le suspect. Les balles finirent leur course dans la porte de l'appartement d'une vieille dame. Avant de prendre la fuite en voiture, l'un des cambrioleurs tira un dernier coup de feu, qui fit sursauter un homme assis sur un balcon. Celui-ci se ressaisit rapidement et eut la présence d'esprit de noter le numéro de plaque du véhicule, une information qui allait se révéler fort utile.

De retour à la maison, exaspéré d'avoir dû raconter son histoire d'innombrables fois à ses collègues aux fins de l'enquête, Lacoursière se versa un bon scotch. C'est à ce moment-là qu'il se rendit vraiment compte de ce qu'il venait de vivre. Il était profondément secoué. On l'aurait été à moins : lui et l'un des voleurs venaient d'échanger une quinzaine de balles.

Mais quand ses proches lui demandèrent ce qui s'était passé, il minimisa le danger qu'il avait couru, voulant éviter qu'ils ne s'inquiètent outre mesure. Il s'inspirait en cela de la discrétion qu'il affichait, quand il était adolescent, après ses mauvais coups.

En août 1992, la police de Montréal arrêta le principal suspect dans cette affaire : Raynald Marceau. Il s'apprêtait à prendre la route pour la Gaspésie avec sa compagne. Dans sa voiture, on retrouva 2000 des 80 000 $ subtilisés au guichet automatique, de même que du hachisch, des cagoules et un fusil.

En février 1995, Marceau fut condamné à une peine relativement clémente de six ans de pénitencier pour tentative de meurtre contre Lacoursière et son collègue. À cela s'ajoutaient toutefois quatre ans de prison pour vol à main armée, trois ans et demi pour utilisation d'une arme à feu, six mois pour menaces de mort, neuf mois pour complot et trois mois pour possession de stupéfiants, pour un total de 15 ans de réclusion. Les deux complices de Marceau n'ont jamais été retracés.

*

Dans les mois et les années qui ont suivi, le hold-up est régulièrement revenu hanter Lacoursière. Une fois, en pleine nuit, sa compagne l'a retrouvé par terre, à côté du lit : une voiture venait de pétarader dans la rue et lui avait fait craindre le pire. Parfois, il faisait le rêve d'une fusillade et se réveillait en sueur. Il réagissait de façon excessive à des bruits inattendus. Même aujourd'hui, il abhorre la saison de la chasse au canard lorsqu'il se trouve à sa maison de campagne. Le moindre coup de feu l'incite à aller s'assurer que tout va bien.

Et ce n'est pas parce que Lacoursière a l'épiderme sensible. Avant l'incident chez Champigny, il s'était déjà fait tirer dessus deux fois : une fois en 1986 dans un bar du Quartier latin et l'autre fois en 1987 dans le Village gai, par un junkie qu'il arrêtera finalement tout seul, les renforts tardant à arriver. Tout un bilan quand on sait que les probabilités qu'un policier québécois se fasse tirer dessus pendant sa carrière ne sont que de deux pour cent !

Contrairement à bien des gens, Lacoursière n'est pas particulièrement effrayé par la mort. Il faut dire qu'il l'a côtoyée plus souvent qu'à son tour. Son père conduisait les ambulances à Saint-Casimir et son oncle était propriétaire d'un salon funéraire. Mais pour lui et pour sa famille, le coup le plus dur survint le samedi 4 juin 1983, alors qu'il était âgé de 23 ans.

Vers 22 h, alors que lui et sa blonde de l'époque, Martine, se trouvaient chez des amis, à Trois-Rivières, le téléphone sonna. C'était le père de Martine. Il annonça que la sœur d'Alain, Line, venait d'avoir un accident en revenant d'un souper chez une amie.

Alain et Martine se mirent aussitôt en route vers Saint-Casimir, mais en chemin, ils se dirent qu'il valait peut-être mieux se rendre directement à l'hôpital. Martine téléphona chez les Lacoursière à partir d'une cabine téléphonique. Après avoir raccroché, elle dit doucement à Alain : « Je pense qu'on va plutôt aller à Saint-Casimir. »

Lorsque le couple arriva à la maison familiale, la mère d'Alain s'écria, en pleurs : « Elle est morte! Elle est morte!» Line s'était tuée dans un banal accident, perdant le contrôle du volant dans une courbe. Elle conduisait la voiture neuve que toute la famille avait choisie pour elle six mois plus tôt. Elle n'avait que 18 ans.

Pendant plusieurs heures, Alain s'enferma dans le bureau de son père, essayant en vain de comprendre ce qui s'était passé. Encore aujourd'hui, la mort de sa sœur le perturbe régulièrement. Il ne se passe pas une semaine sans qu'il la voie, dans ses rêves, filer à bord d'un corbillard avec, au cou, la chaîne en or qu'il lui avait donnée quelques mois avant sa disparition. Lorsqu'il a besoin d'un peu d'aide d'en haut, il prie en n'invoquant qu'un seul esprit : celui de sa sœur.

Dire que Lacoursière avait déjà perdu son meilleur ami à l'école secondaire, Yvon Nobert, qui est mort de la leucémie. Puis, alors qu'il avait 15 ans, il avait ôté des mains d'un camarade qui avait trop bu les clés de sa moto. Celui-ci n'avait pas du tout apprécié. Il avait envoyé un coup de poing au visage de Lacoursière et s'était mis en route. L'instant d'après, il avait percuté un poteau électrique et avait perdu la vie sous les yeux de son ami. Lacoursière était loin d'en avoir fini avec la mort : au fil des ans, il aura perdu une trentaine de ses proches.

Pour lui, ces tragédies ont fait en sorte de dédramatiser la mort, si une telle chose est possible. Elles ont contribué à lui faire accepter la fatalité de la vie, qui fait que certains s'en tirent alors qu'ils ne le méritent pas et que des âmes charitables disparaissent bien avant que leur heure ne soit arrivée.

*

L'été 1992 fut mouvementé pour Lacoursière. Quelques semaines avant le vol chez Champigny, il s'était lancé dans une aventure qui allait irrémédiablement changer le cours de sa carrière.

Responsable de l'escouade de la moralité dans l'est de l'île de Montréal, Lacoursière se trouvait au cœur du terrain de jeu de la mafia italienne. Le sergent avait choisi d'établir des relations plutôt étroites avec les leaders de l'organisation, plus particulièrement ceux du clan Cotroni. Régulièrement, il allait prendre un café avec Paul Cotroni, fils du parrain Frank Cotroni. Parfois, il le rencontrait de façon impromptue.

À l'automne 1991, par exemple, il était attablé avec sa blonde de l'époque dans un restaurant de la Petite Italie. Soudain, il vit entrer un trio d'hommes dans l'établissement.

« C'est qui, eux autres ? lui demanda nerveusement sa compagne.

– C'est Paul Cotroni et sa gang, répondit Lacoursière.

– Quoi ?

– Ne t'inquiète pas, on est probablement à l'endroit le plus sécuritaire de Montréal!»

Les mafiosos ne manquèrent pas de passer près de la table du couple.

«*Buonasera, signore Lacoursière!* lança Cotroni. *Come stai?*

– *Molto bene. Buonasera, signore Cotroni*», répliqua le sergent, faisant appel à ses rudiments d'italien.

Une demi-heure plus tard, un serveur arriva avec deux verres de grappa, une eau-de-vie italienne. Lacoursière dirigea aussitôt un regard perplexe vers Cotroni. Quel culot il avait de payer une consommation à un policier! Lacoursière n'allait pas s'empêcher de l'avaler.

«Tu ne vas pas trop loin, Alain? lui demanda sa blonde, décontenancée.

– Non, non! Penses-tu qu'ils m'enverraient un truc empoisonné? Et ce n'est pas avec ça qu'ils vont m'acheter!»

Une telle promiscuité avec le crime organisé faisait tout de même sourciller un peu dans la police. En fait, Lacoursière voulait montrer qu'il pouvait continuer à parler à l'ennemi tout en s'attaquant à ses activités illicites. Il obtenait ainsi de précieuses informations qui servaient à des enquêtes, y compris celles menées par la GRC. Une fois, Lacoursière avait même demandé à Cotroni d'intercéder auprès d'un membre de son clan qui voulait s'en prendre à un agent double de la police.

Un soir de juillet 1992, alors qu'il agissait comme superviseur, Lacoursière se rendit donc, en compagnie d'un collègue, dans un bar de Saint-Léonard relié au clan Cotroni. Leur but: saouler le propriétaire de l'établissement afin de le faire parler. Comme à chaque visite du genre, les policiers se virent dérouler le tapis rouge. Il leur fallait seulement résister à la tentation de boire trop, ce qui eût été contreproductif.

« Tu ne peux pas prendre ton char dans cet état », lança le sergent au tenancier à la fin de la soirée, même s'il était lui-même un peu ivre. Il offrit gentiment d'aller le reconduire chez lui.

Aux petites heures de la nuit, voilà donc Lacoursière et son partenaire en route vers Repentigny. Ils savaient que le propriétaire du bar habitait tout près de la maison de Paul Cotroni, dans cette tranquille ville de banlieue. Et que la police préparait une opération contre le clan mafieux pour une affaire de stupéfiants. Sans qu'ils s'en soient parlés au préalable, Lacoursière et son collègue pensèrent tous deux la même chose : pourquoi ne pas profiter de cette occasion en or pour rendre visite à Cotroni ?

À destination, Lacoursière dévoila le projet. L'horloge affichait 4 h 30. « Appelle donc Paul, cria-t-il au tenancier. Dis-lui qu'on s'en va le voir. » L'homme obtempéra.

« Hé ! Quelqu'un veut te voir, dit-il à Cotroni. Je te le passe.

– Salut Paul, c'est Alain Lacoursière !

– Tu me réveilles !

– Voyons, on est dans ton entrée. Mets tes caleçons et ouvre la porte ! »

En moins de deux, Lacoursière et son partenaire se retrouvèrent dans le manoir de Paul Cotroni. Ils en profitèrent pour faire le tour du propriétaire. Salle de bains décorée de marbre d'Italie, gymnase au sous-sol : la demeure avait de quoi impressionner, du moins en 1992.

Soudain, une subalterne de Lacoursière le contacta sur son téléavertisseur. En se servant du téléphone de Cotroni, il la rappela aussitôt, lui précisant où il se trouvait. Elle lui dit que l'opération policière qui visait l'un des bars clandestins contrôlés par Cotroni, plus tard cette nuit-là, pouvait aller de l'avant. Comme Lacoursière parlait par code, le mafioso ne pouvait pas deviner qu'il était question de lui.

Il reste que Cotroni se trouvait alors sous écoute électronique. Le pauvre policier qui tendait alors l'oreille à ce qui se disait sur la ligne du mafioso ne comprenait pas ce qui se passait. Au sein de la police, personne n'avait été avisé de cette visite improvisée de Lacoursière chez Cotroni.

Confus, l'agent affecté à l'écoute téléphona au grand patron de la police de Montréal, qui ordonna aussitôt la tenue d'une enquête interne sur le comportement du sergent. Mais le principal intéressé n'en savait encore rien. Il ignorait que son coup de tête engendrerait une telle agitation.

De retour au bureau, le lundi, Lacoursière rédigea le rapport de son intervention, qui comprenait un plan détaillé de la maison de Paul Cotroni et des informations précises sur les biens du mafioso. Le tout était notamment destiné à un enquêteur du fisc qu'il connaissait et qui s'intéressait aux Cotroni.

Une semaine plus tard, en sortant de chez lui un matin, Lacoursière constata la présence d'un homme à l'allure bizarre en face de chez lui. Comme il avait oublié un document, il retourna dans son appartement. Lorsqu'il remit les pieds dans la rue, l'individu était encore là.

«Je m'en vais au palais de justice et je reviens», lui glissa Lacoursière, ironique. Il venait de comprendre que quelqu'un le suivait, mais il se demandait à la solde de qui il était : la mafia ou la police ?

Le lendemain matin, il reçut un coup de fil de son supérieur, qui le convoquait d'urgence. Il réalisa ainsi que ce n'était pas la mafia, mais bien son employeur qui l'avait placé sous filature. Il se sentait profondément trahi.

«T'es un crosseur! lança Lacoursière à son patron d'entrée de jeu. T'aurais pu m'appeler avant de me faire filer! Je pensais que c'était la mafia qui me suivait! Tu le sais bien que je suis intègre!

– Wô là! Tu ne m'as jamais informé que tu allais chez Cotroni. Ce n'est pas normal que tu ne m'en aies parlé ni avant ni après.

– Penses-tu qu'on peut *pogner* des gars comme ça avec des mandats et des interrogatoires conventionnels? Au lieu de me couvrir, tu m'as donné à la direction. Je m'en vais d'ici. Je ne veux pas travailler avec des gens qui jettent l'éponge au premier pépin.»

Avec cette sortie en règle, le sergent-détective passa à un cheveu de se faire suspendre. Heureusement pour lui, son patron n'avait pas le courage nécessaire pour faire une telle chose. Mais en après-midi, ce fut au tour du service de la discipline interne d'interroger Lacoursière.

«T'es allé chez Cotroni et t'as pas fait de rapport, lâcha l'enquêteur. En plus, tu étais en dehors du territoire de l'île de Montréal.

– J'ai fait le plan de sa maison et j'ai transmis des informations au fisc. Avec ça, ils vont pouvoir lui réclamer 10 000 $ d'impôts, plus les pénalités. C'est probablement la seule amende qu'on lui aura collée de toute sa vie!

– Personne n'était au courant de ça. Tu prévoyais garder ça pour toi pendant combien de temps?

– C'est vrai que j'aurais dû transmettre mon rapport au lieutenant…

– On va aller plus loin que ça. On a vérifié tes comptes de banque et tes avoirs. T'as un train de vie assez élevé. T'as un gros char et une maison de campagne.

– Mais c'est la maison de mon ex-femme!»

Les enquêteurs disciplinaires soupçonnaient Lacoursière d'être de connivence avec les Cotroni. Il n'en était rien. Pendant un an, le sergent fit traîner les procédures, allant jusqu'à annuler à la dernière minute sa présence à des interrogatoires menés par des cadres du corps policier, qui fulminaient.

Dans son rapport, le comité de discipline condamna finalement le sergent à une journée de suspension pour avoir « manqué de dignité » et avoir « eu un comportement de nature à lui faire perdre la confiance et la considération que requièrent ses fonctions [...] alors qu'il s'est rendu chez Paul Cotroni ». On reprocha à Lacoursière d'avoir partagé des méthodes d'enquêtes policières et de l'information privilégiée avec le mafioso, qui allait être assassiné en août 1998 par le tueur à gages Gérald Gallant.

Parmi les facteurs atténuants, le comité releva les « excellentes évaluations » obtenues par Lacoursière au cours de sa carrière et reconnut que ses supérieurs l'avaient félicité, par le passé, pour son recours à des « méthodes non orthodoxes ». Seul facteur aggravant : il avait déjà reçu un avertissement pour avoir remis un document directement à l'état-major de la police sans l'autorisation de son supérieur immédiat.

Ce « verdict » stupéfia Lacoursière. Il n'a pas manqué de comptabiliser en temps supplémentaire sa participation aux réunions découlant de l'enquête disciplinaire, question de minimiser l'importance de la journée de suspension.

Mais il reste que fondamentalement, plus rien n'a été pareil après cet incident. Après avoir travaillé comme un forcené pour obtenir des résultats là où bien d'autres préféraient s'en tenir au minimum, le sergent n'avait soudain plus le goût de travailler à la moralité. De toute façon, l'escouade ne voulait plus de lui. Le lien de confiance était rompu. Sur le coup, il s'agissait d'un échec cuisant. Un cul-de-sac professionnel dont il mettra près d'un an à se remettre.

Jusque-là, Lacoursière souhaitait poursuivre son ascension professionnelle, devenir lieutenant et, qui sait, joindre un jour les rangs de l'état-major de la police montréalaise. Il était sur le point de terminer le baccalauréat en gestion du personnel qu'il avait amorcé en 1987. Désormais, il n'en était plus question.

Lacoursière n'avait plus qu'une seule envie: redevenir simple policier, faire des enquêtes sur des menus vols et des affaires de violence conjugale. Pour un temps, il n'allait plus s'investir à fond dans son travail. À la fin de 1992, il demanda à être muté au poste du quartier Côte-des-Neiges, ce qui allait lui permettre de suivre plus facilement ses cours d'histoire de l'art à l'Université de Montréal, située tout près.

4

Coup de foudre pour l'art

C'est un voyage en France, à l'été 1989, qui avait redonné le goût de l'art à Alain Lacoursière. Il venait de divorcer. Pendant trois semaines, il avait marché et marché encore dans les rues de Paris, faisant se succéder les visites dans les innombrables musées de la ville. Il s'était rendu trois fois au musée Rodin. La troisième fois, les gardiens avaient dû aller le réveiller dans la cour de l'institution, où il s'était endormi sous la pluie! Le petit gars de Saint-Casimir était émerveillé de voir d'aussi près les œuvres immortelles qu'il avait tant admirées dans les livres.

De retour au Québec, son idée était faite: dès l'automne, il allait amorcer des études à temps partiel en vue d'obtenir un baccalauréat en histoire de l'art. Pour le plaisir, tout simplement. Son premier cours portait sur les impressionnistes. Lacoursière était envoûté en écoutant le professeur parler de ces peintres devenus mythiques. Sa passion a explosé: il a acheté tous les livres d'art qu'il pouvait, s'est abonné à tous les musées d'art québécois. Tous ses temps libres y passaient. Il était célibataire et il en profitait.

Le policier prenait vraiment ses études à cœur. Dans un de ses cours, il devait faire l'analyse d'une peinture. Il choisit une madone à l'enfant du peintre italien de la Renaissance Giovanni Bellini. Il devait notamment retracer le point de fuite de l'œuvre, un exercice courant en histoire de l'art.

Or, quelque chose ne fonctionnait pas : en respectant les règles de la perspective de la Renaissance italienne, le point de fuite ne se situait pas au bon endroit dans le tableau. Ne reculant devant rien, Lacoursière prit contact avec l'Académie de Venise. Il demanda à un étudiant d'aller mesurer l'œuvre, qui se trouve à l'église San Zaccaria de la même ville, afin de vérifier si la reproduction qu'il en avait était conforme à la réalité. Elle l'était.

Après quelques recherches, l'étudiant italien apprit que le tableau avait été volé dans le cadre des pillages perpétrés en Italie par les armées de Napoléon, à la fin du XVIIIe siècle et au début du XIXe. Selon toute vraisemblance, les ravisseurs avaient découpé la toile au bas afin qu'elle puisse être accrochée au-dessus de la cheminée d'un château en France. En fait, on avait retranché pas moins de 28 cm à la hauteur de l'œuvre. Preuve supplémentaire de l'opération : le cadre était beaucoup plus récent que la toile.

L'étudiant trouva dans les archives de l'Académie une reproduction du tableau qui le montrait dans sa splendeur d'antan : à l'avant-plan, le plancher comptait deux rangées de tuiles de plus ! Et bien entendu, le point de fuite arrivait au bon endroit.

Lorsque Lacoursière fit part de son étonnante découverte à son professeur, celui-ci fut estomaqué. Il avait rarement vu un étudiant aller aussi loin dans le cadre d'un travail universitaire. « Vous n'avez plus besoin de suivre mon cours, lui dit-il. Je pense que vous avez atteint tous les objectifs. »

Pas de doute, le contexte était propice pour renouer avec les pinceaux. Inspiré par ce qu'il voyait dans ses cours, Lacoursière s'est mis à peindre ses interprétations de Chagall, de Matisse et de Dali, entre autres. Plus tard, il réalisera des amalgames d'œuvres de différents artistes.

Couche-tard, il s'installait devant son chevalet vers 21 h et ne s'arrêtait souvent qu'aux petites heures du matin. Jusqu'en 1999, il aura peint une trentaine de tableaux, qu'il a pour la plupart donnés à des proches ou empilés au sous-sol. Un seul lui plaît vraiment à ce jour: c'est une œuvre abstraite qu'il a fièrement accrochée dans son salon.

*

Les tribulations de Lacoursière à l'escouade de la moralité, en 1991-1992, l'avaient quelque peu détourné de l'histoire de l'art. Sa rétrogradation au poste de Côte-des-Neiges, en 1993, allait lui permettre de s'y replonger avec délices. Au travail, il se contentait de mener les enquêtes qu'on déposait sur son bureau. Un jour, il intervint pour le vol d'une lampe d'une valeur de 12,95 $.

Une autre fois, il se pencha sur une drôle d'affaire. Une femme était morte en tombant du toit d'une des tours du Rockhill, un immense complexe d'habitations. Tout laissait croire à un meurtre. Dans son appartement traînaient, sur la table de la cuisine, les restes d'un repas pour deux personnes.

Après deux jours d'investigation, Lacoursière et son collègue Maurice Leclair découvrirent que la malheureuse était schizophrène. Elle s'imaginait qu'elle vivait en couple et, chaque soir, elle dressait la table pour deux. Elle buvait dans les deux verres et mangeait dans les deux assiettes! Il n'y avait donc pas de meurtrier ni de scénario compliqué: elle s'était tout simplement suicidée.

Même s'il avait largement battu en retraite face à ses patrons, Lacoursière n'avait pas tout à fait abandonné son esprit rebelle. En mars 1993, il téléphona à la chroniqueuse Nathalie Petrowski, de *La Presse*, pour faire savoir qu'il en «voulait personnellement» à la police de Montréal. Dans son article, la journaliste lui donna un nom d'emprunt, «Antoine», mais évidemment, tout le monde le reconnut au sein de la police.

Petrowski fit état de la frustration de Lacoursière devant la répression bête prônée par la plupart des policiers. Le sergent-détective alla plus loin et vilipenda la réaction de ses patrons à sa dénonciation à peine voilée des élus de Saint-Léonard, à l'automne 1991. Puis il accusa la direction d'être étroite d'esprit et ses collègues de n'avoir qu'un seul but en tête : multiplier les petites arrestations pour accumuler les heures supplémentaires.

Pour Petrowski, «Antoine» n'était rien de moins que le «flic de l'année». Elle terminait sa chronique avec une citation dans laquelle il déplorait le manque de ressources de la police face aux puissants criminels. Et vlan! Comme de raison, la hiérarchie instaura une enquête interne pour embêter Lacoursière. L'entreprise eut bien peu de succès, le principal intéressé envoyant carrément promener ses interrogateurs, qui ne lésinaient pas sur les tactiques d'intimidation.

«On le sait que tu couches avec Petrowski, avait lancé un jour l'un des enquêteurs.

– Bien oui! Et c'est son chum qui nous apporte le champagne et qui surveille la maison pendant qu'on s'envoie en l'air!»

*

L'intérêt d'Alain Lacoursière pour les arts visuels devint encore plus vif lorsqu'il fit la connaissance du peintre Serge Lemoyne, figure importante de l'art contemporain québécois. Au début de 1993, un avocat téléphona au sergent-détective pour lui demander de lancer une enquête sur un vol d'œuvres dont l'artiste avait été victime plusieurs années auparavant.

En fait, même si Lemoyne avait porté plainte, les policiers n'avaient pas daigné ouvrir un dossier. Quand Lacoursière vit arriver Lemoyne au poste de police de Côte-des-Neiges, il comprit tout de suite pourquoi : l'artiste avait les cheveux teints en trois couleurs, à l'image des œuvres de sa série bleu-blanc-rouge, inspirée du club de hockey Canadien. «Avec un look pareil, c'est sûr qu'ils n'ont pas mis d'enquêteur là-dessus», se dit Lacoursière.

Le sergent-détective rencontra donc le drôle d'énergumène. Comme les policiers le font toujours, il testa d'abord la crédibilité du plaignant. Très méfiant des forces de l'ordre, Lemoyne fit de même à l'endroit de l'enquêteur. Le petit jeu ne dura pas longtemps : le courant passait entre les deux.

Lacoursière décida d'ouvrir une enquête. Le peintre soupçonnait le propriétaire de son appartement de s'être emparé d'un lot de ses tableaux pendant qu'il effectuait une résidence d'artiste à New York. Le proprio soutenait qu'il n'avait jamais vu les œuvres.

Or, celles-ci venaient d'être repérées dans un encan, où elles s'apprêtaient à être mises en vente. Lacoursière alla voir le commissaire-priseur. Ce dernier lui confirma que l'homme qui lui avait apporté les tableaux était bien le propriétaire de l'appartement de Lemoyne. Oups!

L'homme avait tous les attributs du propriétaire malhonnête qui exploite ses locataires. Il commença par dire à Lacoursière que Lemoyne n'était qu'un «tout-nu», puis changea sa version et prétendit que l'artiste lui avait remis les tableaux pour payer son loyer.

Ce n'était pas complètement faux, mais ce que le propriétaire ne disait pas, c'était qu'il s'était lui-même «servi» dans l'atelier de Lemoyne, emportant beaucoup plus de toiles qu'il n'aurait dû. Les preuves étaient tout de même insuffisantes pour justifier le dépôt d'accusations contre lui. Lacoursière ne s'est pas privé pour autant de traîner le proprio en cour, uniquement pour l'importuner et le forcer à embaucher un avocat! Par contre, Lemoyne n'a jamais revu ses œuvres.

Lacoursière et Lemoyne sont rapidement devenus amis. Leur première rencontre avait fait une forte impression sur l'artiste.

« J'ai déjà feuilleté le catalogue de la rétrospective que le Musée du Québec t'a consacrée en 1988, avait commencé le sergent-détective. T'as fait de l'art en direct avec le groupe de l'Horloge et l'Opération Déclic dans les années 1960-1970. Et ta meilleure période, c'est celle des bleu-blanc-rouge.

– T'es dans la police et tu connais ce que je fais? » s'était vivement étonné Lemoyne, en souriant timidement.

Les deux hommes ont commencé à se voir régulièrement. Mal logé, le peintre n'hésitait pas à aller se réfugier chez Lacoursière. À de nombreuses reprises, Lacoursière est allé à la rescousse de l'artiste lorsqu'il se faisait rouer de coups dans des bars mal famés après avoir distribué des injures à tort et à travers. Et quand les loyers impayés s'accumulaient, le sergent-détective se transformait en caisse populaire!

Mais avant tout, Lacoursière et Lemoyne ont passé du bon temps ensemble. Lors d'un vernissage au Musée des beaux-arts de Montréal, en 1995, ils trouvèrent le moyen de se faire chasser par la sécurité en pénétrant dans une salle fermée par un paravent. Ils voulaient aller voir une œuvre de Lemoyne qui y était accrochée, mais le gardien ne l'entendait pas de cette oreille!

Un soir, alors que le policier avait vendu sa vieille Saab dans la journée, le duo entreprit d'aller boire une partie des 5000 $ découlant de la transaction. Au terme de leur première escale, ils étaient déjà passablement saouls. Ils se dirigèrent vers un bar du Quartier latin. Mais il y avait un petit problème : Lemoyne y était « barré » à cause de ses excès passés !

Même scénario à l'Inspecteur épingle, un débit de boissons du Plateau-Mont-Royal. Les deux oiseaux se rabattirent sur un autre bar du Quartier latin. Mais le peintre n'avait pas fini de faire des siennes. Il s'en prit au chanteur européen qui aboyait dans la langue de Shakespeare sur la petite scène.

« Maudit Français ! Tu ne viendras pas nous apprendre à parler anglais en plus ! »

Le tenancier ne tarda pas à montrer la porte au trouble-fête et à son ami. Mais Lemoyne n'avait pas dit son dernier mot.

« Sors ta badge ! Montre-leur que tu es dans la police, beugla-t-il à Lacoursière, en fouillant dans ses poches.

– Ferme ta gueule ! »

*

Au fil des ans, Lacoursière est en quelque sorte devenu le 911 de Lemoyne. Un soir, l'artiste le contacta alors qu'il assistait à un spectacle des Grands Ballets Canadiens à la Place des Arts. Sa blonde, suicidaire, venait de se tuer en tombant de la fenêtre de l'appartement de l'artiste. Les policiers songeaient à arrêter Lemoyne parce qu'ils le trouvaient suspect. Rapidement, Lacoursière ramena l'enquêteur qui se trouvait sur place à la thèse du simple accident. Le peintre n'y était pour rien dans la mort de son amie.

L'appartement de Lemoyne était un véritable champ de bataille. Son propriétaire – pas le même que pour le vol des tableaux – le poursuivait pour 25 000 $, lui réclamant le remboursement des dommages infligés au logement. Et pour cause ! Incapable de mettre un frein à son inspiration, l'artiste peignait sur les armoires de cuisine, les murs, le tapis et la céramique de la salle de bains. Et quand il aimait ses créations, il n'hésitait pas à les arracher de l'appartement pour les vendre ou les exposer!

Une autre fois, un Lemoyne fort énervé téléphona à Lacoursière. «Viens ici Alain, la police m'a arrêté. Ils ne comprennent rien!»

Arrivé sur place, c'est le sergent-détective qui dut fournir des explications.

«C'est vrai que c'est ton chum? lui demanda l'un de ses collègues, sarcastique.

– Ouais...»

Lemoyne devait 450 $ à un garage pour la réparation des freins de sa voiture. Il avait voulu régler par chèque, mais le commerce avait refusé. Il avait donc décidé de payer avec une de ses œuvres, un dessin sur papier. Une dispute avait éclaté et les policiers avaient dû intervenir.

«Qu'est-ce que tu veux que je fasse avec ça? avait lancé le garagiste à Lemoyne.

– Ça vaut à peu près 10 fois le montant de la facture, avait répondu l'artiste.

– Voyons donc! Trois barres sur une feuille de papier! Tu vas t'en aller d'ici.

– Tu ne vas pas me traiter de *barioleux*!»

Comme tout le monde s'impatientait, Lacoursière proposa un marché. Il allait régler la facture du garage et garder le tableau de Lemoyne en attendant d'être remboursé. À l'arrière du chèque refusé par le commerçant, le peintre écrivit: «Je laisse en consignation à Alain Lacoursière un tableau de Serge Lemoyne d'une valeur inestimable.» Bien sûr, Lacoursière n'a jamais revu la couleur de son argent, mais il s'en fout: encore aujourd'hui, il chérit l'œuvre comme la prunelle de ses yeux.

Le policier a aussi aidé Lemoyne à trouver des endroits où exposer. En 1997, il conclut une entente avec la galerie

Han, alors installée dans l'édifice Belgo, à Montréal. Le peintre put y montrer ses tableautins sur contreplaqué en hommage à l'artiste français Henri Matisse.

Pour en arriver là, Lacoursière avait dû convaincre Lemoyne d'abaisser les prix qu'il demandait pour ses œuvres. Comme bien des créateurs, malheureusement, Lemoyne était un piètre homme d'affaires : il pouvait parfois céder pour 1000 $ une toile qui en valait 10 000 $ puis, quelques mois plus tard, demander 8000 $ pour une autre qui n'avait aucune chance de trouver preneur pour plus de 1500 $.

Lemoyne a également profité de l'expérience de Lacoursière comme policier. Au milieu des années 1990, l'artiste voulut se rendre à New York afin de voir une exposition comprenant certaines de ses œuvres. Le hic, c'est qu'il possédait un dossier criminel pour avoir, plusieurs années auparavant, fumé un joint dans sa voiture avec le sculpteur Armand Vaillancourt. Il était donc *persona non grata* aux États-Unis.

« Je peux pas aller aux États ! se lamenta Lemoyne.

– Bien oui, tu peux y aller ! l'assura Lacoursière. T'as juste à passer par le petit poste de Rouses Point, dans l'État de New York, à 10 h le soir. Dis à ta blonde de conduire. Tous les voleurs font ça. Pourquoi mon chum qui est artiste ne pourrait pas aller à son propre vernissage ? »

Rendu dans la métropole américaine, Lemoyne passa un coup de fil à Lacoursière. « Hé ! La police m'a fait rentrer à New York ! » s'exclama-t-il en riant.

*

En mai 1998, Lacoursière et Lemoyne se rendirent au vernissage de l'exposition d'un artiste japonais au Centre international d'art contemporain (CIAC), alors situé rue Sherbrooke, près de Saint-Denis. Il faisait si chaud dans le petit local qu'après les salutations d'usage, les deux hommes n'eurent qu'une envie : sortir dehors pour prendre l'air.

« Elle est belle, la fille qui est au buffet, confia Lacoursière.

– Je le sais bien, répliqua Lemoyne qui, comme d'habitude, avait bu un bon coup. Tu n'arrêtes pas de l'épier... Ça fait longtemps que tu ne m'écoutes plus !

– Bon, bon...

– On va aller voir c'est qui !

– Non mais calme-toi ! »

L'artiste retourna à l'intérieur, repéra la femme et alla l'accoster. Lacoursière le suivit de loin.

« Moi et mon copain, on voudrait savoir si vous travaillez dans le milieu de l'art, fit-il.

– Oui, oui. Je te connais ! Je m'appelle Élise et je travaille au service de la culture à la Ville de Montréal.

– Je te présente Alain Lacoursière, il est dans la police. »

D'ordinaire loquace, le sergent-détective resta discret, un peu intimidé par cette mise en scène. Au bout de quelques minutes, Élise s'en alla. Lacoursière la suivit des yeux alors qu'elle sortait. Il eut un choc en voyant que la femme conduisait une voiture familiale, signe irréfutable qu'elle avait des enfants. C'était soudainement un peu moins romantique ! Il eut tout de même le réflexe de noter le numéro de la plaque d'immatriculation.

Le lendemain matin, il entra la précieuse information dans le système informatique de la police pour obtenir le nom de famille d'Élise : Bergeron. Les policiers intrépides ont cette longueur d'avance sur le reste du monde !

Après quelques recherches additionnelles, Lacoursière trouva l'adresse électronique d'Élise. Il se risqua à lui envoyer un courriel. « Célibataire dans la trentaine, avec condo dans le Vieux-Montréal et un chien. Voulez-vous m'épouser, *bella* ? »

écrivit-il. «Quarante ans, mariée, deux enfants. C'est flatteur, merci quand même», répondit-elle poliment.

*

Plus tard au printemps 1998, Lemoyne apprit qu'il souffrait d'un cancer. En fait, la maladie avait été si virulente qu'elle était déjà généralisée. En juin, on lui annonça qu'il ne lui en restait plus pour longtemps.

Pour la Saint-Jean-Baptiste, Lacoursière décida de faire sortir Lemoyne de l'hôpital de Saint-Hyacinthe pour qu'il puisse prendre un peu d'air et assister au défilé de la Fête nationale à Acton Vale, sa ville natale. Lemoyne allait également pouvoir, par la même occasion, présenter à l'artiste multidisciplinaire Pierre Gauvreau la «sculpture» de béton qu'il avait réalisée en hommage à son frère, le poète Claude Gauvreau. À bord de sa décapotable, la pédale au fond, le policier emmena donc Lemoyne à Acton Vale.

«Veux-tu que je remonte le toit? demanda Lacoursière.

– *Ouin*, tout d'un coup que j'attraperais la grippe», répondit l'autre, pince-sans-rire.

Les deux hommes restèrent ensuite muets jusqu'à Acton. Ils savaient que c'était probablement la dernière promenade de Lemoyne.

Quelques jours plus tard, de retour à l'hôpital, l'artiste interpella Lacoursière comme il savait si bien le faire.

«Alain, c'est-tu bien dur à retrouver, une fille?

– Quelle fille?

– J'ai eu une fille dans les années 1980. Elle s'appelle Marie-Ève Bolduc, du nom de sa mère. La dernière fois que j'ai essayé d'aller la voir, il y a une dizaine d'années, je l'attendais près d'une école et la police m'a arrêté parce qu'ils me prenaient pour un pédophile…

– C'est sûr que ce n'était pas une bonne idée.»

Lacoursière fit des recherches et retrouva Marie-Ève, qui était alors âgée de 16 ans. Avec son accord et celui de sa mère, il l'emmena voir son père à l'hôpital de Saint-Hyacinthe. En la voyant, Lemoyne figea. La dernière fois qu'ils avaient été ensemble, Marie-Ève avait à peine quatre ans. Comme les deux étaient taciturnes, les retrouvailles furent brèves et sans épanchements.

Sur le chemin du retour, l'adolescente garda le silence. Elle connaissait bien peu de choses de son père et encore moins de son œuvre. Lemoyne mourut quelques jours plus tard, le 12 juillet, à 57 ans. Lacoursière prit congé pendant une semaine pour organiser ses obsèques, à Acton Vale.

« C'est le dernier pôle d'attraction de nos avant-gardes artistiques qui vient de disparaître », commenta Marcel Saint-Pierre, professeur d'histoire de l'art à l'UQAM, dans *Le Devoir*. Le journaliste Stéphane Baillargeon écrivit qu'avec ses happenings et ses improvisations, Lemoyne avait été le premier « performeur » du Québec.

Marie-Ève hérita de l'œuvre de son père. Ne sachant trop qu'en faire, elle garda une cinquantaine de tableaux et mit le reste en vente. Depuis, son intérêt pour le domaine s'est suffisamment accru pour qu'elle prenne des cours d'histoire de l'art.

*

À l'automne 1998, Élise Bergeron réapparut de façon impromptue dans la vie de Lacoursière lors d'un hommage posthume à la mémoire de Serge Lemoyne, qui avait lieu un dimanche après-midi au CIAC.

Or, comme Lacoursière était sollicité de toutes parts, elle eut à peine le temps de le saluer. Elle lui téléphona donc quelques jours plus tard pour lui offrir personnellement ses condoléances. Touché, le policier l'invita au restaurant. Pour rester dans le thème japonais, ils allèrent manger des sushis dans le Village gai. Ils tombèrent amoureux. Quelques mois plus tard, ils laissaient leurs conjoints respectifs et amorçaient une nouvelle vie.

Pendant plusieurs années, Lacoursière a présidé la Fondation Serge-Lemoyne, qui s'est notamment donné pour mission de sauvegarder la maison décrépite de l'artiste, à Acton Vale. Lemoyne avait entrepris de transformer le modeste bâtiment en « sculpture ».

Les week-ends, on y tenait des happenings au cours desquels Lemoyne, Lacoursière, Armand Vaillancourt, Pierre Gauvreau et d'autres le recouvraient de nouvelles couches de peinture. Au déplaisir des autorités municipales, qui trouvaient l'ensemble hideux et ne souhaitaient que le raser. La justice dut intervenir pour protéger la maison en la décrétant « œuvre d'art en progression » !

Hélas ! deux ans après la mort de Lemoyne, en 2000, deux jeunes y mirent le feu. Un fonctionnaire du ministère de la Culture contacta Lacoursière en pleine nuit pour l'en informer. On convint de découper les œuvres qui avaient été réalisées à même les murs, les lucarnes et les portes de la résidence – à tout le moins celles qui pouvaient être sauvées. Le ministère les prit en charge. En 2002, on inaugurera la place Serge-Lemoyne, qui est dominée par une structure en acier remplie de motifs colorés rappelant la maison disparue.

*

Revenons à 1993. Entre deux affaires de petite criminalité, dans Côte-des-Neiges, Lacoursière avait commencé à rassembler les fiches d'œuvres d'art volées provenant de l'ensemble des postes de police montréalais. Il s'était aussi constitué une petite banque de données personnelle qui regroupait des crimes remontant jusqu'à 1972. C'était précieux, parce que dans le système informatique de la police, on l'a vu, les œuvres d'art volées étaient classées, à l'époque, dans la vaste catégorie des «autres objets». Le sergent-détective avait en outre pris soin de s'abonner aux répertoires d'œuvres volées émanant d'Interpol, l'Organisation internationale de police criminelle.

Au printemps 1993, en feuilletant le catalogue d'une vente aux enchères, Lacoursière se rendit compte qu'un des tapis persans illustrés ressemblait à s'y méprendre à une photo qu'il avait déjà vue dans un document d'Interpol. Il décida de fouiller le dossier, y voyant une occasion de joindre l'utile à l'agréable.

Comme le tapis avait été rapporté volé à New York, il téléphona au FBI et fit venir une meilleure photo de l'objet afin d'obtenir un mandat de perquisition. L'image arriva l'après-midi même par avion, ce qui permit à un juge de délivrer le mandat assez rapidement.

Il se faisait quand même tard et l'encan avait commencé lorsque Lacoursière arriva sur place. Il vit tout de suite le fameux tapis, qui était évalué à 300 000 $. Comme il voulait éviter de faire un esclandre en le saisissant sur-le-champ, il misa tout bonnement sur l'objet. Il l'obtint pour 190 000 $. Facile quand l'argent ne sort pas de ses poches! L'assistance le dévisagea: qui était donc ce jeune inconnu prêt à débourser autant pour un tapis?

À la fin de la soirée, le commissaire-priseur était ravi. Certes, il avait perdu sa commission sur cette juteuse vente, mais la discrétion de Lacoursière faisait en sorte que personne ne pourrait remettre sa réputation en cause. Disposé à collaborer avec la police, l'encanteur indiqua au sergent-détective que les vendeurs du tapis étaient les frères Ryszard et Zdislaw Piechura, d'origine polonaise.

Le policier demanda à l'encanteur de les faire venir sous prétexte de récupérer l'argent de la vente. L'un d'eux se présenta chez le commerçant et Lacoursière l'arrêta aussitôt. Dans les heures qui suivirent, on fit de même avec son frère. On les accusa de recel et d'avoir traversé la frontière avec un objet volé.

Des mois plus tard, alors que les procédures judiciaires traînaient, Lacoursière prit l'avocat des frères à part dans un couloir du palais de justice.

«As-tu été payé par tes clients? demanda le policier.

– Non, pas encore.

– Arrange-toi pour te faire payer rapidement parce que tu ne les reverras plus. On va probablement laisser tomber la cause, parce que le propriétaire, c'est un grand marchand de tapis de New York et il ne veut pas venir témoigner.»

Devant le juge, Lacoursière annonça que dans les circonstances, on allait devoir remettre le tapis aux Piechura. À contrecœur, le magistrat acquiesça, sachant bien que lorsqu'un receleur est acquitté, le Code criminel permet à celui-ci de récupérer les biens litigieux. Mais comme l'avocat de la défense, le juge n'était pas au courant de ce que le policier avait fait en sous-main.

Le jour de l'arrestation des frères, plusieurs mois plus tôt, Lacoursière avait dîné à Montréal avec le gérant du magasin new-yorkais et lui avait remis le tapis dans un très élégant sac de hockey. «Quand tu vas arriver aux douanes à l'aéroport, ils vont t'arrêter, mais tu leur diras de m'appeler et je vais leur expliquer», avait-il dit.

Le sergent-détective avait agi en pleine illégalité : en vertu de la loi, un bien saisi appartient au tribunal, qui est le seul à pouvoir décider de ce qu'il en adviendra. Mais pour

Lacoursière, la fin justifiait les moyens. Il en avait assez de voir des biens volés échapper à leurs propriétaires légitimes à cause des subtilités du système judiciaire. Comme les Piechura n'étaient pas citoyens canadiens et qu'ils étaient entrés illégalement aux États-Unis, Lacoursière savait qu'il y avait bien peu de risques qu'ils contestent cette entorse à la loi.

Le juge apprécia l'impétuosité du policier. « C'est bon ça, j'aime bien ça ! On pourrait faire la même chose dans d'autres causes ! » lui confiera-t-il par après. Certes, on n'avait pas réussi à faire condamner les deux Polonais, même si c'étaient eux qui avaient perpétré le vol à New York. Aux yeux de Lacoursière, toutefois, le but le plus important avait été atteint : on avait restitué le tapis à son propriétaire.

Il faut dire qu'au début des années 1990, les juges, à l'instar de la société en général, accordaient bien peu d'importance aux délits reliés aux œuvres d'art. On les voyait comme des crimes qui ne faisaient pas de réelles victimes, puisque la plupart du temps, les assureurs remboursaient la valeur des pertes. Comparés aux crimes contre la personne et aux fraudes massives, les vols d'œuvres – et plus encore la contrefaçon – ne faisaient pas le poids.

Pourtant, Lacoursière se doutait que ces crimes avaient des ramifications beaucoup plus graves. L'affaire du tapis n'était certainement pas de nature à le détourner des œuvres d'art. Il n'allait pas s'arrêter là.

*

Il existait à l'époque une modeste escouade responsable des œuvres d'art au sein de la police montréalaise. Comme elle avait été mise en place dans la foulée d'une série de cambriolages perpétrés dans des résidences cossues de Westmount, d'Outremont et d'autres villes de banlieue aisées, c'est là qu'elle concentrait ses efforts.

Trois enquêteurs y avaient été affectés entre 1992 et 1995 : Mario Quévillon, Robert Remue et Pierre Labranche. En plus d'être policier, Remue était collectionneur et agent d'artiste depuis plusieurs années, de sorte qu'il fréquentait régulièrement les galeries d'art, les ventes aux enchères et les antiquaires. Labranche, pour sa part, connaissait bien l'art contemporain.

Le plus important des vols sur lequel ils avaient été appelés à enquêter était survenu en août 1992 dans un manoir de l'avenue Maplewood, à Outremont. Les voleurs s'étaient emparés de dizaines de tableaux et de bijoux d'une valeur totale de près de trois millions de dollars.

Parmi les œuvres les plus notables figuraient un paysage de l'artiste français Jean-Baptiste Camille Corot évalué à plus de 600 000 $ ainsi que 20 tableaux et 15 bronzes de Suzor-Coté. C'était à l'époque le plus important vol jamais commis dans une résidence au Canada. Les œuvres n'ont jamais été retrouvées.

L'escouade a tout de même connu quelques succès, notamment la récupération, des mains de la pègre, de 11 tableaux du peintre québécois Marc-Aurèle Fortin volés dans une maison d'Outremont en 1993.

Pour réussir le coup, la police avait réussi à convaincre l'assureur des œuvres de payer 15 000 $, en trois versements, à des « informateurs » qui étaient en fait, selon toute vraisemblance, les receleurs. La compagnie faisait une bonne affaire : elle recouvrait ainsi 85 pour cent de l'indemnité de 100 000 $ qu'elle avait versée aux victimes du vol. De nos jours, de telles ententes sont beaucoup plus rares : nombre d'assureurs préfèrent éponger les pertes sur le coup et passer à autre chose.

Sachant que Lacoursière étudiait en histoire de l'art et qu'il possédait une foule d'informations sur les œuvres volées, Quévillon fit appel à lui en octobre 1993, justement pour les vols à répétition dans les riches banlieues. Après des mois d'efforts, les policiers venaient de mettre la main au collet de l'homme qu'ils soupçonnaient d'avoir perpétré les cambriolages : Tamas Pikethy, alors âgé de 33 ans.

Quévillon demanda à Lacoursière d'aller inspecter les œuvres qu'il venait de saisir dans le cadre de la perquisition. Lacoursière en profita ensuite pour aller examiner attentivement Pikethy pendant que Quévillon l'interrogeait.

On accusera finalement le suspect d'introduction par effraction et de recel. Il plaidera coupable deux ans plus tard. Il sera condamné à 90 jours de prison et à verser la somme de 7500 $ à la fondation de l'hôpital Sainte-Justine.

Mais Pikethy ne tardera pas à récidiver… et à se faire prendre de nouveau. En avril 1997, il se reconnaîtra coupable de trois introductions par effraction commises quelques mois plus tôt à Hampstead, Côte-Saint-Luc et Mont-Royal. Il écopera de neuf mois de prison et d'une amende de 20 000 $.

À la fin de 1999, les policiers se remettront sur son cas. Après avoir reçu de nombreuses plaintes, ils le placeront sous filature. C'est ainsi qu'ils découvriront le *modus operandi* de ce véritable pro du cambriolage d'œuvres d'art.

Certains soirs, Pikethy se faisait passer pour un camelot qui distribuait des circulaires. Il n'hésitait pas à se promener sur les pelouses des résidences des quartiers huppés et prenait tout son temps pour repérer les sculptures et les tableaux d'intérêt qui se trouvaient à l'intérieur. C'était le meilleur moment pour le faire : les œuvres étaient éclairées alors que lui se faisait invisible, caché dans la pénombre et dans ses vêtements sombres.

Pikethy s'intéressait particulièrement aux maisons dont les occupants s'absentaient systématiquement pendant les week-ends pour aller à la campagne. Afin de confirmer que tel était bien le cas, il laissait des dépliants bidon aux portes le vendredi soir. S'ils y étaient encore le dimanche, c'était bon signe. Pour s'assurer de ne pas se tromper, il répétait ses visites pendant plusieurs semaines.

Ce n'était pas la seule façon de préparer un vol réussi. Pour un cambrioleur, les visites libres organisées par les agents d'immeubles représentent de véritables mines d'or. Non seulement les œuvres sont-elles visibles de près, mais en plus, les propriétaires les ont généralement nettoyées pour accroître l'attrait de leur propriété! Par hasard, un dimanche après-midi, Alain Lacoursière tomba sur Pikethy lors d'une de ces visites.

« *Hi, Mr. Pikethy!* lança le policier, sourire en coin.

– *How are you, Mr. Lacoursière?* » répondit le malfaiteur, avant de poursuivre son chemin.

Pikethy s'était même fait embaucher par un traiteur dont la clientèle était concentrée à Westmount et à Outremont. Entre un petit four et deux canapés, il avait le temps d'admirer la décoration! Il ne se gênait pas pour aller fouiner jusque dans les chambres à coucher, où se cachaient parfois des trésors…

Au moment de passer à l'acte, un vendredi ou un samedi soir, Pikethy se présentait sur les lieux avec un complice bien musclé qu'il chargeait de neutraliser le système d'alarme. Les deux hommes entraient ensuite dans la résidence et s'ouvraient une bouteille de vin. Le vrai travail pouvait commencer.

Le comparse montait à l'étage, décrochait les tableaux et les plaçait au pied de l'escalier, ce que Pikethy ne pouvait pas faire en raison d'un vilain mal de dos chronique. Sa responsabilité à lui, c'était de choisir les tableaux à emporter, puisqu'il levait le nez sur les pièces de moindre valeur.

Une fois la sélection faite, les deux bandits désencadraient les toiles afin de faciliter leur transport. Ils chargeaient le tout dans une camionnette qu'ils avaient garée dans le garage ou dans l'entrée, mais ils attendaient que le jour se lève et que la ville commence à se faire bruyante pour quitter dans la plus grande discrétion. Dans l'intervalle, ils regardaient la télé en prenant un autre verre. Le moment venu, Pikethy laissait son collaborateur conduire la camionnette, se réservant l'une des luxueuses voitures des victimes.

Originaire d'Europe centrale, Pikethy avait étudié l'histoire de l'art et s'y connaissait passablement dans le domaine. Lacoursière l'avait même déjà vu dans un de ses cours à l'université. En prison, il était boulimique de livres d'art. Pas étonnant qu'il ait multiplié les bonnes prises : des œuvres du peintre canadien d'origine germano-néerlandaise Cornelius Krieghoff, de Jean Paul Riopelle, de Suzor-Coté, de Marc-Aurèle Fortin, du Groupe des Sept et du Français Eugène Boudin.

En avril 2000, les policiers mirent le holà à une série noire d'une dizaine de vols en arrêtant Pikethy et son complice du moment, Polychronis Georganos. Ils récupérèrent des sculptures d'une valeur de 200 000 $, ainsi que des bijoux, mais estimaient que le duo avait dérobé pour trois millions de dollars au total. Tout le reste avait disparu.

« C'est du crime organisé très, très structuré », commenta le lieutenant-détective Denis Bergeron au quotidien *Le Devoir*. « Les autres œuvres vont être difficiles à retrouver. »

Cependant, les policiers n'ont jamais pu faire la preuve hors de tout doute raisonnable que Pikethy était relié au crime organisé. Pendant la filature, ils n'ont pas été en mesure de déterminer où lui et son complice allaient porter les œuvres d'art volées. Les enquêteurs ont commis l'erreur d'arrêter les cambrioleurs alors qu'ils déchargeaient des objets chez

Pikethy. Or, il ne s'agissait pas d'œuvres, mais de biens personnels. Pikethy se préparait à aller livrer les précieuses pièces dans un entrepôt, mais les policiers n'ont jamais vu l'endroit du fait de leur intervention trop hâtive.

Pikethy et Georganos n'ont pas collaboré avec la police, s'enfermant dans un profond mutisme. Ils ont plaidé coupables pour ne rien révéler de leurs agissements.

Pikethy a été condamné à quatre ans et demi de prison, dont il n'a bien sûr purgé qu'une infime fraction. C'est bien peu pour celui qu'on considère aujourd'hui comme le plus important cambrioleur d'œuvres d'art de l'histoire du Québec. D'autant plus qu'on n'a jamais revu la vaste majorité des pièces qu'il a subtilisées.

5

L'émergence d'une nouvelle spécialité policière

Cela faisait presque trois ans que Lacoursière était redevenu un policier rangé dans son petit poste de quartier de Côte-des-Neiges. Certes, en mars 1993, il avait téléphoné à Nathalie Petrowski pour dénoncer ses patrons, mais cela remontait déjà à plus de deux ans. Il était dû pour un nouveau coup d'éclat...

Un vendredi soir de juillet 1995, vers 23 h, le sergent-détective était chez lui, dans le Vieux-Montréal, à deux pas du quartier général de la police, lorsqu'il entendit un raton laveur se faufiler dans la cour arrière. Voyant que l'animal, agressif, s'en prenait à son chien et à son chat, Lacoursière tenta de l'effrayer, mais en vain. Il dégaina son arme de service et tira deux coups en direction du raton qui, malgré une blessure, disparut sans qu'on puisse le retrouver.

Une voisine signala aussitôt l'incident au 911. Il ne s'écoula que quelques minutes avant que plusieurs voitures de police n'arrivent sur les lieux. À trois reprises pendant la nuit, un lieutenant cogna à la porte pour demander à Lacoursière de rendre son arme et de permettre la fouille de sa maison. Chaque fois, le sergent-détective refusa net, rappelant à cet officier de grade supérieur qu'il devait obtenir un mandat de la cour avant de procéder.

Sa blonde de l'époque, une avocate qui travaillait plus de 70 heures par semaine, s'inquiétait.

«Qu'est-ce qui va arriver? lui demanda-t-elle. Est-ce qu'ils vont te suspendre?

– Je ne sais pas, on verra bien. Mais ce n'est pas grave. Ne t'en fais pas avec ça.»

À 7 h, il quitta son domicile et se rendit au poste de Côte-des-Neiges. Il remit son pistolet, déchargé de ses balles, dans son casier. Puis un lieutenant lui annonça que l'affaire relevait désormais de la section des enquêtes spéciales, responsable des affaires internes.

«Tu vas rester ici en attendant qu'ils viennent t'interroger, ordonna le supérieur.

– Ou tu me paies quatre heures de temps supplémentaire, ou tu me mets en état d'arrestation parce que je représente un danger pour la collectivité, rétorqua Lacoursière.

– Fais pas le fanfaron!»

Devant ce dialogue de sourds, le tireur du raton laveur décida de s'en aller. C'était l'anniversaire de son père et il ne pensait qu'à rentrer à Saint-Casimir.

Peu de temps après son départ de Montréal, deux enquêteurs de la discipline accompagnés de cinq policiers en uniforme débarquèrent chez lui. Même s'ils ne détenaient pas de mandat et que Lacoursière était absent, ils sautèrent par-dessus la clôture et se mirent à la recherche de preuves. Ils trouvèrent ce que qu'ils cherchaient: l'une des deux balles que le sergent-détective avait tirées.

L'armada fit peu de cas de la présence chez Lacoursière d'une équipe de la télésérie *Jasmine*, qui préparait un tournage dans la maison ancestrale. Ébahie de voir des policiers à quatre pattes dans la cour, l'une des membres de l'équipe ne put s'empêcher de prendre des photos de cette scène improbable.

Deux jours plus tard, le responsable de l'enquête convoqua Lacoursière et lui annonça qu'il était suspendu sans solde pour une période indéterminée. On avisa les médias, qui ne tardèrent pas à faire leurs choux gras de l'affaire. Les caricaturistes s'en donnèrent à cœur joie. Dans *La Presse*, Jean-Pierre Girerd fit un parallèle entre l'incident et les cas de brutalité policière, faisant dire à Lacoursière : « Depuis qu'on nous fait des procès, on sait plus sur quoi tirer ! »

Moins d'une semaine après l'incident, la section des enquêtes spéciales recommanda à la Couronne de déposer contre Lacoursière des accusations criminelles pour avoir utilisé négligemment une arme à feu et pour avoir tiré en direction d'un animal sauvage. Sur le plan interne, on lui reprochait quatre violations au code de conduite, dont celle d'avoir agi « d'une manière qui n'est pas digne d'un policier » et celle d'« avoir utilisé son arme de service sans ensuite rédiger un rapport ».

Cela faisait plus d'une semaine qu'il était suspendu lorsqu'un représentant de la Fraternité des policiers demanda à Lacoursière ce qui se passait. Habituellement, les suspensions ne durent qu'un ou deux jours, puis les policiers sont réintégrés le temps que l'enquête soit conclue. « Je ne me plains pas trop : ils tournent *Jasmine* chez moi et je vois passer de jolies jeunes femmes à longueur de journée », répondit-il. En prime, les producteurs de la télésérie lui versaient 1200 $ par jour pour ces « désagréments ».

À deux reprises, le syndicat a tenté de faire fléchir le directeur intérimaire de la police de Montréal, mais en vain : celui-ci ne pouvait pas sentir Lacoursière, et c'était réciproque. Pour faire débloquer les choses, il a fallu que le président de la Fraternité aborde la question sur un terrain de golf avec le grand patron de la police, Jacques Duchesneau, alors en pleines vacances estivales. Duchesneau aimait bien Lacoursière : en 1988, le jeune policier l'avait mis au courant qu'un collègue était actionnaire du Pussy Cat, une maison de débauche, ce qui avait conduit au congédiement et à la mise en accusation de l'imprudent.

« Nous l'avions suspendu pendant le déroulement de l'enquête interne. Mais comme il n'y a aucun risque de récidive, nous avons décidé de le réintégrer et de lui verser son salaire en attendant de savoir si des accusations criminelles seront portées contre lui », déclara finalement à *La Presse* l'inspecteur-chef des enquêtes spéciales, Claude Gauthier, plus de 10 jours après l'incident.

L'inspecteur-chef tint à démontrer le sérieux de son enquête. « Nos experts en balistique analysent la provenance du sang et des poils sur la balle retrouvée. Les rayures à l'intérieur d'une arme sont comme des empreintes digitales et pour nous, il ne fait aucun doute que la balle retrouvée provient de l'arme de calibre .38 appartenant au sergent-détective Lacoursière », affirma-t-il.

Le « suspect » n'était pas au bout de ses peines : début août, le ministère de l'Environnement institua une enquête afin de déterminer s'il avait contrevenu à la Loi sur la conservation de la faune. « L'article 67 de la loi ne permet pas de tuer ou de capturer un animal lorsqu'il est possible de l'effaroucher, à moins qu'il ne mette votre vie en péril. Dans un tel cas, après l'avoir tué ou capturé, il faut en aviser le ministère », expliqua un porte-parole à *La Presse*.

La semaine suivante, le ministère de l'Environnement décida de laisser Lacoursière tranquille. Mais le service des enquêtes spéciales de la police ne lâchait toujours pas le morceau. Pendant des mois, on a fait pression sur la Couronne pour que des accusations criminelles soient déposées. Les avocats du ministère public ont fini par faire comprendre aux enquêteurs que la preuve était insuffisante pour accuser le policier de quoi que ce soit.

Même si elle s'est somme toute bien terminée, l'affaire du raton laveur a laissé un goût amer à Lacoursière, qui n'a pas apprécié être discrédité de la sorte par certains de ses collègues. Pour la deuxième fois de sa carrière, il a décidé d'adopter un profil bas, se concentrant à nouveau sur ses études en histoire de l'art. Il s'est relancé, sans états d'âme, dans la lutte contre la petite criminalité, ajoutant notamment à son palmarès l'arrestation de celle qu'on avait surnommée « la voleuse à la tire de Côte-des-Neiges » ! En à peine quatre mois, cette mère de famille de 20 ans avait commis pas moins de 197 vols de sacs à main et de porte-monnaie, aux dépens de vieilles dames principalement.

*

Lacoursière ne s'est pas complètement assagi pour autant. Au printemps 1996, moins d'un an après l'épisode du raton laveur, il se remit en travers des autorités. Le sergent-détective et un de ses amis, Gaëtan Trottier, propriétaire d'un hôtel-restaurant du Vieux-Montréal, surveillaient de près le sort qui allait être réservé à un terrain vague et poussiéreux qui se trouvait en face du quartier général de la police, alors situé rue Bonsecours.

Pendant des années, les dirigeants et d'autres employés de la police y avaient garé leur voiture personnelle de façon plus ou moins encadrée. Un jour, les résidants du quartier apprirent que la Ville, propriétaire du terrain, songeait à le vendre à une station d'essence adjacente, qui voulait y construire un lave-auto, ou à le céder au service de police, qui envisageait de le transformer en parking asphalté.

Aucun des deux projets n'emballait les riverains, bien au contraire. Lacoursière et Trottier prirent donc la tête d'un groupe de résidants qui récoltèrent 600 $ pour acheter et planter une dizaine d'arbres sur le terrain, faisant fi de la chaîne métallique qui en interdisait l'accès. Leur but: prendre possession du lieu pour le transformer en parc et ainsi déjouer les plans de la Ville.

Le conseiller municipal Sammy Forcillo, brusquement éjecté du comité exécutif du maire Pierre Bourque cinq mois plus tôt, finit par donner son appui au projet en lui accordant une subvention de 25 000 $ qui servit à la pose de tourbe et à l'installation de bancs.

Les citoyens donnèrent au parc le nom de Gertrude-Beaupré-Trottier, mère de Gaëtan Trottier et pionnière de la renaissance du Vieux-Montréal dans les années 1960. Pour l'« inauguration » du parc, le 3 mai 1997, Lacoursière n'oublia pas de téléphoner à son cousin Éric Trottier, journaliste à *La Presse*, qui accepta une fois de plus de parler de lui. Le parc existe toujours aujourd'hui, faisant la joie des jeunes familles qui vivent aux alentours. Il porte désormais le nom de François-Dollier-de-Casson, aumônier militaire et supérieur du séminaire de Saint-Sulpice, qui traça et nomma les premières rues de Montréal, en 1672.

*

La hiérarchie policière n'a pas tenu rigueur à Lacoursière pour ce nouveau coup d'éclat, tout de même modeste par rapport aux précédents. En juin 1997, un mois après l'« inauguration » du parc Gertrude-Beaupré-Trottier, on accepta de le muter au centre d'enquêtes du centre-ville, à partir duquel il allait pouvoir suivre plus facilement l'activité dans les galeries. Sans qu'il le réalise trop, un rêve l'habitait de

plus en plus : celui de devenir enquêteur spécialisé en œuvres d'art.

Son nouveau patron, Denis Bergeron, s'était déjà occupé
des dossiers artistiques quelques années auparavant, mais depuis 1996, plus personne n'en avait la responsabilité. « Je t'attendais pour que tu reprennes ça », dit-il à Lacoursière, qui
fut agréablement surpris par cette proposition inattendue.

La direction était d'accord, mais il ne fallait pas le crier
sur les toits, parce que dans la police, les enquêtes sur ces
« crimes de riches » n'étaient pas très valorisées. De plus,
comme Lacoursière était passablement occupé par des dossiers d'introductions par effraction, de vols qualifiés et de
tentatives de meurtre, il pouvait difficilement consacrer
plus du quart de son temps aux crimes liés à l'art. Mais
c'était un début. Il n'était pas question de laisser filer cette
chance.

Le sergent-détective rencontra de la résistance lorsqu'un
nouveau supérieur apparut dans le décor, au printemps 1998.
Celui-ci exécrait plus que tout les enquêtes sur les œuvres
d'art et il ne se lassait pas de le répéter à Lacoursière. Il voulait que tous les crimes, y compris ceux touchant le milieu de
l'art, passent par la même « grille de tamisage », conçue pour
juger de la pertinence ou non de lancer une enquête.

Dans le cadre de cette évaluation préliminaire, les policiers doivent déterminer, pour chaque affaire, quelles sont les
probabilités de trouver des suspects et, s'il s'agit d'un vol, de
retracer les biens disparus.

Or, à l'époque, la grille ne tenait pas compte de la parti-
cularité des œuvres d'art, dont la valeur réelle est, dans bien
des cas, autant patrimoniale que financière. Il est plus important de recueillir toute l'information disponible sur un Riopelle volé que sur une chaîne stéréo qui subit le même sort.
Et pour cela, il faut ouvrir une enquête, obtenir les déclarations

des victimes et des témoins, consulter des galeristes, des encanteurs et des experts, ce qui prend inévitablement du temps. Mais c'est cette démarche qui peut faire la différence entre la récupération *in extremis* d'une œuvre et sa perte à jamais.

Le nouveau patron ne comprenait pas cette distinction. Convaincu de son bon droit, et sachant que la haute direction des enquêtes l'appuyait, Lacoursière se mit à défier ce gêneur. Il plaça sur son bureau un petit classeur à trois compartiments portant les étiquettes suivantes : *MUST*, *SHOULD* et *COULD*. Il déposait presque systématiquement les dossiers du supérieur dans le panier *COULD*, réservant le panier *MUST* à ses enquêtes sur les œuvres d'art ! De plus, le sergent-détective utilisait le code d'accès d'un lieutenant complice pour rallonger dans l'ordinateur le délai maximal accordé à ses enquêtes artistiques, le faisant passer de 30 à 120 jours. Bien entendu, le patron fulminait. Il a fini par partir, en proie à un épuisement professionnel.

*

Au printemps 1999, Lacoursière reçut un appel de Serge Randez, le grand patron de la section des enquêtes sur les fraudes financières. Randez ne connaissait pas Lacoursière personnellement, mais il avait entendu parler de lui abondamment. Il n'était pas sans savoir que c'était un policier plutôt insubordonné. Or, contrairement à d'autres lieutenants, cela ne l'effrayait pas. La hardiesse de Lacoursière et ses techniques d'enquêtes non conventionnelles l'intéressaient trop pour qu'il passe à côté. Et il y avait plus. Visiteur assidu de musées et collectionneur d'armes blanches, Randez trouvait essentiel que la police de Montréal s'occupe sérieusement des crimes reliés aux œuvres d'art.

Il fit donc à Lacoursière une offre que celui-ci pouvait difficilement refuser.

« Je veux que tu viennes travailler pour moi, lui dit-il. Tu pourrais t'occuper des œuvres d'art pendant une bonne partie de ton temps. Ça te tente ? »

Bien sûr, Lacoursière ne se fit pas prier pour accepter.

« Mais si tu le veux bien, je vais aller faire le tour des galeries et des musées pour voir quelle est ta réputation dans le milieu, dit Randez à Lacoursière.

– Oui, pas de problème. T'aurais pu ne pas m'en parler ! Je n'ai pas peur de la réputation que j'ai. C'est sûr qu'il y en a qui ne m'aiment pas, mais en général c'est des crapules que j'ai déjà arrêtées. »

La tournée fut concluante et Randez soumit un rapport recommandant à la direction de confier les dossiers concernant les œuvres d'art à Lacoursière à partir de septembre 1999, mais seulement à demi-temps. Le créneau était encore mal perçu dans la police et Randez jugea qu'il valait mieux commencer doucement.

Pour Lacoursière, c'était bien, mais ce n'était pas assez. Il commença donc à maquiller ses rapports. Pendant des mois, dans les documents officiels, la haute direction était ainsi amenée à croire que le sergent-détective ne consacrait que la moitié de son temps à pourchasser les voleurs de tableaux et les faussaires alors que, dans les faits, c'était plus des trois quarts de ses heures qui y passaient.

Les cachotteries cessèrent un an et demi plus tard : Lacoursière avait réussi suffisamment de bons coups pour ne plus avoir à craindre les états d'âme de la hiérarchie. Il avait enfin atteint son but. Il devenait le seul policier spécialisé en œuvres d'art au Canada et l'un des rares dans le monde. Il allait enfin pouvoir transposer dans sa carrière professionnelle sa passion pour l'art et les artistes.

Pour en arriver là, le sergent-détective avait bien sûr pu compter sur ses études en histoire de l'art. Mais plus que tout, c'est en se servant des médias qu'il était parvenu à ses fins. Ce n'était pas la première fois qu'il recourait à cette arme puissante : dès qu'il l'avait pu, il avait multiplié les interventions dans les journaux, à la télévision et à la radio. Il avait commencé en 1991 avec son cousin Éric Trottier, qui amorçait alors sa carrière de journaliste à *La Presse*. Cette collaboration les servait tous les deux : Trottier obtenait des scoops et Lacoursière se faisait connaître.

Petit à petit, le policier s'était rendu compte que, lorsqu'il obtenait de la visibilité dans les médias pour ses bons coups, ses patrons lui donnaient « plus de corde ». Par exemple, il avait pris du galon en participant à un reportage sur les jeunes de la rue du journaliste Patrice Roy, de Radio-Canada, qui l'avait particulièrement bien fait paraître en attirant l'attention sur son travail de terrain au centre-ville.

Dès le moment où il avait eu l'ambition de devenir enquêteur spécialisé en œuvres d'art, Lacoursière avait su qu'il allait devoir recourir aux médias. Son pari était simple : placer ses patrons devant le fait accompli. Il se disait que si son travail était mieux connu, la population prendrait conscience de l'importance de combattre les crimes reliés aux œuvres d'art. Et que, par ricochet, les policiens et ses patrons n'auraient d'autre choix que d'y consacrer des ressources.

Lacoursière n'hésitait pas à communiquer aux journalistes de l'information sur des enquêtes en cours avant même que des accusations ne soient portées, question de couper l'herbe sous le pied aux receleurs ou de mettre en garde la population contre un faussaire.

Au sein de la police, cette façon de procéder faisait jaser. En fait, elle suscitait la méfiance. Dans des réunions auxquelles participait le sergent-détective, certains n'hésitaient pas à

lancer, même en sa présence : « Ne parlez pas trop, Lacoursière est là et ça va se ramasser dans les médias ! » Plus d'une
fois dans sa carrière, on l'a sommé par écrit de cesser de
s'adresser aux journalistes.

L'état-major de la police montréalaise, puis celui de la SQ
– où Lacoursière allait travailler de 2003 à 2008 – ont fini
par jeter du lest. Ils ont reconnu que la présence dans les
médias de l'enquêteur en œuvres d'art donnait une image
très favorable de leur organisation. De son côté, Lacoursière
a fait l'effort de se montrer un peu moins intempestif dans
ses interventions. Le jeu en a valu la chandelle : pendant plusieurs années, la hiérarchie l'a largement laissé tranquille.

Au fil du temps, le sergent-détective a même été témoin
d'un drôle de phénomène : ses collègues sollicitaient de plus
en plus ses conseils sur la façon de traiter avec le quatrième
pouvoir. « À qui je devrais parler pour que ça sorte comme
ça ? » lui demandaient-ils. Lacoursière partageait alors avec
eux son carnet de contacts dans les médias, en prenant bien
soin de les mettre en garde contre les journalistes qu'il jugeait
« peu fiables ». En son for intérieur, il savourait cette modeste
mais néanmoins douce revanche.

6

Le vol du Musée des beaux-arts de Montréal

C'est à Montréal que fut perpétré, en 1972, l'un des plus importants vols d'œuvres d'art encore non résolu dans le monde. Alain Lacoursière n'a pas pu faire autrement que de s'y intéresser, depuis le temps qu'il en rêvait.

Dans la nuit du lundi 4 septembre 1972, vers 1 h 30 du matin, un filou grimpa dans un arbre, puis sauta sur le toit du Musée des beaux-arts de Montréal, rue Sherbrooke Ouest. On procédait à la réfection de la verrière et des ouvriers avaient laissé traîner une longue échelle que l'intrus s'empressa de tendre à ses deux complices. Le trio n'avait pas trop à craindre le système d'alarme: celui-ci avait été partiellement désactivé pour la durée des travaux.

Les bandits laissèrent tomber une corde de nylon d'une quinzaine de mètres à travers un puits de lumière afin de pénétrer dans l'auguste institution. Un gardien qui venait de terminer sa ronde à l'étage s'apprêtait à faire du thé dans la cuisine lorsqu'il fut accosté par deux hommes masqués, qui lui ordonnèrent de s'allonger par terre. Pour prouver leur sérieux, l'un d'eux tira un coup de feu au plafond.

Le bruit attira l'attention des deux autres gardiens, au rez-de-chaussée. Ils accoururent, mais presque aussitôt, ils furent à leur tour bâillonnés, ligotés et transportés dans la salle où leur collègue se trouvait déjà. Un des assaillants resta avec eux et fit le guet, les deux autres partant à l'aventure.

Le pillage pouvait commencer. En moins d'une heure, les voleurs décrochèrent 35 des plus beaux tableaux du musée et les regroupèrent dans la pièce de la verrière. Ils commencèrent à sortir leur butin par une porte qui donnait sur le garage du musée, puisqu'ils comptaient se servir d'une camionnette du musée pour prendre la fuite.

Mais voilà que l'un des brigands fit accidentellement retentir une alarme. En quelques secondes, la bande ramassa ce qu'elle put et, aussi incroyable que cela puisse paraître, prit la fuite à pied, probablement pour rejoindre une voiture garée à proximité. Les crapules laissèrent derrière elles une quinzaine de toiles prêtes à partir, dont un Picasso, un El Greco et un Tintoret.

Assez rapidement, l'un des gardiens parvint à se libérer de ses liens et alerta la police. L'heure était au bilan, et il était lourd. Avaient disparu 18 tableaux, la plupart de maîtres européens, de même que 37 bijoux anciens. Valeur à l'époque : deux millions de dollars. Les auteurs de ce coup fumant n'étaient pas des néophytes et ils n'étaient pas partis avec n'importe quoi.

Parmi les œuvres dérobées, notons *Paysage avec chaumières* de Rembrandt Harmenszoon van Rijn, *Lionne et lion dans une caverne* d'Eugène Delacroix, *La rêveuse à la fontaine* et *Jeune fille accoudée sur le bras gauche* de Jean-Baptiste Camille Corot, *Tête de jeune homme* de Pierre Paul Rubens, *Tête* d'Honoré Daumier, *Paysage avec rochers et ruisseau* de Gustave Courbet, *Nature morte au poisson* de Jan Davidszoon de Heem ainsi que *Portrait du général de brigade Sir Robert Fletcher* de Thomas Gainsborough. À lui seul, le petit Rembrandt de 25 sur 39 cm valait un million de dollars en 1972. Ce vol d'œuvres d'art demeure, encore aujourd'hui, le plus « fructueux » de toute l'histoire canadienne.

Face à ce cambriolage rusé, les enquêteurs cachèrent mal leur découragement. Ils en savaient bien peu : selon les gardiens, deux des suspects avaient les cheveux longs et portaient des vêtements de sport. Au moins un des trois s'exprimait en anglais. Dans les jours qui suivirent, les policiers furent submergés de renseignements provenant de diverses sources. Ils tentèrent de suivre plusieurs pistes, mais en vain.

Quelques semaines plus tard, on reprit espoir lorsque les voleurs firent savoir qu'ils étaient prêts à rendre leur capture moyennant une rançon d'un demi-million de dollars. Sans en glisser mot aux médias, les autorités, dont le directeur du musée à l'époque, David Giles Carter, amorcèrent de longues négociations avec les racketteurs.

Pour prouver leur bonne foi, ceux-ci déposèrent, à la demande de Carter, un tableau de Jan Bruegel l'Ancien, *Paysage avec charrettes et vaches*, dans un casier de la gare Centrale de Montréal. Puis ils expédièrent aux policiers des polaroïds de toutes les œuvres volées, avant d'abaisser la rançon demandée à 250 000 $.

Ils acceptèrent finalement l'offre de Carter de rendre un deuxième tableau contre un versement de 5 000 $, à condition de ne pas faire l'objet de filature. Le directeur du musée avait soutenu que l'argent serait livré par le représentant d'une compagnie d'assurances. En réalité, c'est à un policier qu'on confia le rôle du messager. Or, en voyant passer près du lieu du rendez-vous, à Longueuil, plusieurs véhicules qui avaient toutes les apparences de voitures de police banalisées, les bandits mirent fin aux tractations. Les assureurs du musée durent donc finalement se résigner à verser à l'institution des indemnités totalisant deux millions de dollars.

La police a bien sûr récupéré le Bruegel de la gare Centrale, mais on ne révélera la chose que 10 ans plus tard, dans les années 1980. Qui plus est, le public n'a jamais revu le tableau.

Il se trouve dans la voûte du musée, à l'abri des regards. Pourquoi cette discrétion? Des expertises subséquentes ont démontré qu'il ne s'agissait pas d'une toile du maître, mais plutôt d'un de ses disciples. Les voleurs n'étaient pas fous!

Et le comble de l'ironie, c'est qu'avec une bonne partie des indemnités des compagnies d'assurances, le musée a également acquis un tableau qui n'était pas un authentique! La grande toile, intitulée *Les léopards*, était présentée comme étant l'œuvre de Rubens, mais Marie-Claude Corbeil, de l'Institut canadien de conservation, a établi dans les années 1990 qu'il s'agissait d'une copie. Les anachronismes étaient nombreux. D'abord, les dimensions du tableau étaient inférieures à celles inscrites dans les documents historiques. Et plus fondamentalement, les pigments rouges qui se trouvent sur la toile furent inventés en 1687, 37 ans après la mort du maître!

Dans les registres du musée, l'œuvre est désormais «attribuée à l'atelier de Pierre Paul Rubens». L'institution a dû faire de même avec *L'agonie au jardin des oliviers*, une œuvre qu'on croyait être de Francisco de Goya, mais qu'on présente aujourd'hui comme étant simplement réalisée «à la manière» du célèbre peintre espagnol.

Au fil des ans, des informateurs ont continué de téléphoner à la police au sujet du vol du Musée des beaux-arts de Montréal. C'est ainsi qu'en 1973, on versa 10 000 $ à un individu qui prétendait pouvoir restituer les tableaux volés. Or, ce n'était qu'une simple arnaque. Des années plus tard, le FBI indiqua à la police montréalaise que les œuvres se trouvaient possiblement en Amérique du Sud. Mauvaise piste. Puis, en 1982, un avocat entra en contact avec les policiers, prétendant pouvoir les conduire aux toiles en échange de 250 000 $. Bien sûr, il n'en était rien. La récompense de 100 000 $ offerte par les assureurs n'aura rien donné.

Les innombrables culs-de-sac de l'enquête sur le vol de 1972 ne rebutaient pas Lacoursière qui, en 1994, décida d'aller consulter le dossier aux archives de la police, où il dormait depuis des années. En fait, les documents n'étaient pas loin de la déchiqueteuse. Le sergent-détective voulait d'abord et avant tout voir, par curiosité personnelle, les photos et les rapports d'enquête de l'époque. Il chercha ensuite à aller plus loin, mais hélas!, aucune piste ne montrait le moindre potentiel de déblocage.

En 1999, un policier de la GRC le contacta pour lui dire que, selon une de ses sources, les tableaux du musée étaient enterrés dans la cour arrière de la résidence d'un avocat des Cantons-de-l'Est. La source était toutefois bien peu crédible : c'était un toxicomane qui racontait n'importe quoi pour tenter de recouvrer sa liberté. Comme de raison, il fut incapable de dire précisément où habitait l'avocat en question.

Les années passèrent et, en 2002, lors d'un vernissage à la Maison de la culture Frontenac dans l'est de Montréal, Lacoursière rencontra par hasard Frédérick Nakos, un collectionneur d'œuvres d'art et fabricant de boîtes de bois de Saint-Ours, dans le Bas-Richelieu. L'homme aborda de son propre gré le vol de 1972 en racontant qu'il fréquentait l'UQAM au même moment et que les étudiants de l'institution se faisaient régulièrement expulser du Musée des beaux-arts.

Lacoursière fut intrigué parce qu'il savait qu'à l'époque la police avait suivi et photographié des étudiants de l'UQAM dans le cadre de son enquête. Il fit donc croire à Nakos qu'à l'approche du trentième anniversaire du cambriolage, une récompense d'un million de dollars allait être offerte à quiconque pouvait fournir des renseignements permettant de retrouver les tableaux volés.

Le sergent-détective laissa passer quelques semaines puis, sans s'annoncer, il alla rendre visite à Nakos au début de 2003.

« Salut Frédérick !

– Hein ! Qu'est-ce que tu fais ici ?

– Bien, tu m'avais dit de venir voir ton atelier ! »

Avenant, Nakos fit faire le tour du propriétaire à Lacoursière, mais ne lui en apprit pas plus long sur le vol de 1972.

Cela n'a pas empêché le policier de contacter régulièrement Nakos dans les années qui ont suivi, juste au cas où… Puis en 2007, dans le cadre du tournage du documentaire *Le Colombo de l'art*, d'Yves Bernard et Bernard Lafrenière, Lacoursière eut l'occasion d'organiser un rendez-vous à Saint-Ours. Le sergent-détective s'y présenta muni d'un faux chèque de deux millions de dollars, prétextant que le montant de la récompense avait été doublé. Nakos resta coi. Le policier fit une deuxième tentative pour le déstabiliser en lui lançant un « On creuse où ? » directement devant la caméra. Nakos ne réagit pas plus. Cependant, il ne nia pas qu'il ait pu être filé ou même interrogé par la police à propos du crime, en 1972.

À l'été 2010, au cours d'un entretien téléphonique, Frédérick Nakos a toutefois réfuté avoir joué quelque rôle que ce soit dans l'affaire du Musée des beaux-arts de Montréal. Selon lui, le vol a été perpétré par des employés de l'UQAM, possiblement des professeurs et des appariteurs qui avaient été soupçonnés d'avoir effectué un important cambriolage à l'université, quelques semaines auparavant.

Le mystère demeure donc entier sur ce vol mythique. Certains croient que les voleurs, incapables d'écouler la marchandise et craignant d'être attrapés par la police, ont détruit les œuvres, peut-être en les jetant dans le fleuve Saint-Laurent. Difficile à imaginer quand on sait que les toiles pourraient valoir aujourd'hui une cinquantaine de millions de dollars. De surcroît, un tel scénario s'est rarement produit dans l'histoire.

En fait, la plupart des experts s'entendent pour dire que les tableaux vont réapparaître tôt ou tard. Lacoursière croit qu'ils sont encore entre les mains des commanditaires du coup, ou à tout le moins de criminels, que ce soit au Canada ou ailleurs dans le monde. Les receleurs savent pertinemment qu'à cause de la notoriété du vol il est impossible de remettre les œuvres sur le marché légitime. Il faut simplement espérer que leurs héritiers auront la générosité de les remettre au musée le moment venu.

À cet effet, les gouvernements pourraient faciliter la résolution du crime en accordant l'immunité à quiconque serait en mesure de rendre une ou plusieurs des œuvres volées en 1972. Une telle offre empêcherait certes la condamnation des responsables du cambriolage, mais 38 ans plus tard, qui s'en indignerait réellement? Il ne faut pas oublier que, même si les criminels étaient reconnus coupables, rien ne garantirait le retour des œuvres.

Dans le Code civil du Québec, la période de prescription pour un recel est de tout juste trois ans, de sorte que les possesseurs actuels des 18 tableaux sont en droit de les conserver s'ils les ont acquis de bonne foi. Seuls le Musée national des beaux-arts du Québec, le Musée de la civilisation et le Musée d'art contemporain de Montréal échappent à cette disposition, puisqu'ils font partie des musées nationaux, dont les œuvres sont imprescriptibles et inaliénables.

Alain Lacoursière a longtemps voulu mettre fin à cette anomalie. En 1998, alors qu'il s'apprêtait à terminer son baccalauréat en histoire de l'art, il songeait sérieusement à entreprendre une maîtrise. Il jonglait avec deux possibilités : réaliser un catalogue raisonné de l'œuvre de Serge Lemoyne, ou encore proposer un renforcement des lois sur la prescription en matière d'œuvres d'art.

Dans le cadre de ses travaux préliminaires sur ce dernier sujet, Lacoursière avait suggéré au gouvernement du Québec de s'inspirer de la France et de l'Italie en élargissant l'imprescriptibilité à l'ensemble des musées et des collections privées. Ainsi, quiconque se retrouverait avec une œuvre volée provenant de ces collections, qu'il l'ait acquise de bonne ou de mauvaise foi, serait obligé de la restituer à son propriétaire légitime, sans limite dans le temps. Après tout, personne ne peut contester que ces œuvres appartiennent au patrimoine collectif.

Mais, par trois fois, les gouvernements péquistes de Lucien Bouchard et de Bernard Landry ont refusé de donner suite à la proposition de Lacoursière. Face à ce cul-de-sac, le policier a abandonné son projet de maîtrise en 2002.

*

Un scénario semblable au vol de 1972 allait se répéter près de 20 ans plus tard à Boston. Le 18 mars 1990, des voleurs déguisés en policiers réussirent à entrer dans le musée Isabella Stewart Gardner. Ils ligotèrent les deux gardiens en service et subtilisèrent 13 tableaux, dont *Le concert*, de Johannes Vermeer, qui deviendra par le fait même l'œuvre volée ayant la plus grande valeur au monde, soit environ 200 millions de dollars américains, ainsi que des œuvres de Rembrandt, d'Edgar Degas et d'Édouard Manet. Il s'agit du plus important vol d'œuvres d'art de l'histoire, ses pertes se chiffrant à au moins 300 millions de dollars américains.

Comme dans l'affaire du musée montréalais, de nombreux citoyens ont communiqué des renseignements aux policiers dans les mois suivant le crime, mais l'enquête n'a pas avancé d'un iota. Puis soudain, en 1994, le musée Gardner reçut une lettre de la part d'une personne anonyme. Celle-ci soutenait pouvoir faciliter la restitution des œuvres moyennant la somme de 2,6 millions de dollars américains ainsi qu'une pleine immunité pour les voleurs et les receleurs.

Pour répondre à la missive et montrer qu'elle était intéressée à discuter, l'institution devait faire ajouter le chiffre « 1 » au taux de change entre le dollar américain et la lire italienne, publié dans le quotidien *Boston Globe* du 1er mai 1994. Ce qui fut fait. Mais le mystérieux personnage envoya au musée une deuxième lettre dans laquelle il s'inquiétait d'être arrêté, puis se tut. Depuis ce temps, Washington a accepté d'accorder l'immunité à quiconque pourrait contribuer à rendre les tableaux, mais en vain jusqu'à maintenant.

Les autorités ont exploré la piste internationale. Au début des années 1990, un agent du FBI s'est rendu au Japon pour vérifier une information selon laquelle la toile *La tempête sur la mer de Galilée*, le seul paysage marin peint par Rembrandt, avait refait surface dans la collection privée d'un riche artiste ayant des liens avec le crime organisé. Or, il ne s'agissait que d'une reproduction de piètre qualité. Quelques années plus tard, un autre agent de la police fédérale américaine s'est envolé pour Paris après avoir entendu dire que le controversé homme d'affaires français Jean-Marie Messier avait acquis plusieurs des Rembrandt volés. Il n'en était rien.

Dans ce domaine, les optimistes prônent la patience, aimant rappeler que certaines œuvres volées ont été retrouvées 50 ou 80 ans après leur disparition. Ce sont là des cas extrêmes, mais il est clair que les voleurs et les receleurs savent depuis longtemps qu'il vaut mieux ne pas chercher à revendre trop vite des œuvres volées.

*

Avant le cambriolage de 1972, le précédent vol d'importance commis dans un musée québécois remontait au dimanche 2 mai 1965. Vers 21 h, les deux gardiens en service dans ce qui est aujourd'hui le Musée national des beaux-arts du Québec, sur les plaines d'Abraham, s'étaient installés dans la chaufferie pour y regarder un épisode de la célèbre série télévisée américaine *Perry Mason*. Ils ne se doutaient pas encore que la réalité s'apprêtait à rejoindre la fiction.

Soudain, on sonna à la porte de service. Un gardien alla voir ce qui se passait et aperçut une main tendant un carton sur lequel on pouvait lire le nom du conservateur du musée. Intrigué, il ouvrit la porte et vit surgir un homme masqué et armé qui lui ordonna aussitôt de se retourner. Deux autres assaillants firent irruption. Le trio ligota rapidement les deux gardiens, malgré le passé de lutteur professionnel de l'un d'entre eux.

Au terme du cambriolage, 28 tableaux, dont des œuvres de Pierre-Auguste Renoir, Krieghoff, Suzor-Coté, Horatio Walker et Frederick Simpson Coburn, d'une valeur totale de 800 000 $ à l'époque, avaient disparu. La plupart des toiles provenaient de la fameuse collection de 65 œuvres léguée par la famille de l'ex-premier ministre Maurice Duplessis. Le crime sema la consternation dans la capitale.

La Sûreté provinciale s'activa, mais comme les voleurs avaient laissé bien peu de traces, leur enquête s'enlisa rapidement. Ce n'est que quatre ans plus tard qu'il y aura déblocage. À l'automne 1969, l'épouse du ministre fédéral et collectionneur Eric Kierans contacta le corps policier. Un inconnu cherchait à revendre au couple les toiles qui avaient jadis appartenu à Duplessis... pourtant l'ennemi juré de Kierans !

Le vol avait été perpétré pour financer le Parti nationaliste chrétien, qui prônait « la souveraineté catholique de la race canadienne-française » et réclamait le départ des Juifs du

Québec... On retrouva les 28 tableaux dans une grande poubelle au domicile de l'un des bandits. Celui qu'on accusait d'avoir volé les tableaux, Léo Tremblay, sera reconnu coupable de recel, un verdict qui sera toutefois cassé en Cour d'appel, deux ans plus tard.

*

Malgré le resserrement continuel des mesures de sécurité dans les musées, ceux-ci continuent d'être régulièrement la cible des voleurs, partout dans le monde. Il y a actuellement des centaines d'œuvres de Pablo Picasso, de Joan Miró et de Marc Chagall qui manquent à l'appel, des années après avoir été dérobées. Interpol estime que tout juste 20 pour cent des œuvres d'art volées finissent par être retrouvées. Les autres restent entre les mains des criminels.

C'est sans compter les nombreux vols de moindre envergure, souvent commis par des employés. La plupart du temps, toutefois, le grand public n'en entend pas parler, les institutions préférant éviter cette mauvaise publicité qui, craignent-elles, pourrait dissuader les collectionneurs de leur faire don de leurs œuvres.

En février 2005, une informatrice téléphona à Alain Lacoursière. Un coffret de sept gravures de la série *Auprès de mon lac* et une encre sur papier de Riopelle s'apprêtaient à être mis aux enchères. « Ces œuvres ne peuvent pas être sur le marché parce qu'elles appartiennent au Musée d'art de Joliette », dit-elle au sergent-détective.

France Gascon, qui dirigeait alors l'institution de Lanaudière, confirma rapidement que les œuvres avaient disparu sans qu'on s'en rende compte. Lacoursière obtint auprès de l'encanteur le nom du consignateur des pièces et fit préparer un mandat de perquisition. En compagnie de son partenaire

Jean-François Talbot, il se présenta chez le suspect, Marc-André Morin Larocque, dont le visage lui rappelait quelque chose.

« Je vous attendais, dit-il en voyant Lacoursière.

– Comment ça ?

– Quand je suis allé mettre les œuvres en consignation chez l'encanteur, tu étais là et on s'est croisés.

– Ah oui, c'est là que je t'ai vu…

– Je savais que tu me suivais. »

Ce n'était pas exact : Lacoursière n'était aucunement sur la trace du voleur, puisqu'il ignorait tout du crime. Sans la vigilance de l'informatrice, l'affaire serait probablement passée inaperçue. Il faut dire que les musées ne font pas leur inventaire tous les six mois. En fait, plusieurs d'entre eux ne le font qu'aux trois ou quatre ans, sans compter que certains inventaires muséaux ne sont toujours pas informatisés…

Chez Morin Larocque, à Saint-Paul, près de Joliette, les policiers ont également retrouvé un album comprenant cinq lithographies de la collection *Derrière le miroir*, portant la valeur totale des œuvres de Riopelle qui s'y trouvaient à au moins 125 000 $. Mais ce n'était pas tout : l'homme alors âgé de 26 ans avait aussi subtilisé un calice français en argent du XIXe siècle évalué à 25 000 $, deux coffrets en bois contenant 18 gravures de Rodolphe Duguay, une sérigraphie du peintre Jacques Hurtubise et un poème de Claude Péloquin.

Titulaire d'un diplôme en histoire de l'art, Morin Larocque était un employé contractuel du musée, où il travaillait comme technicien aux installations et aux équipements. À ce titre, il possédait la clé de toutes les portes de l'édifice. Pour justifier le vol, commis pendant le temps des Fêtes, il prétendit qu'il n'avait pas été payé assez cher pour son contrat d'un an. L'incident poussera l'institution à restreindre l'accès des employés à ses réserves.

L'homme a plaidé coupable à une accusation de vol et a été condamné à purger une peine d'emprisonnement de quinze mois avec sursis. Mince consolation pour lui : il aura au moins eu le temps de savourer son champagne du jour de l'An dans un calice d'argent du XIXe...

7

Un tableau, plusieurs « propriétaires »

Quand il est question de crimes d'œuvres d'art, on pense d'abord aux vols et aux faux. Le marché de l'art, opaque et peu encadré, constitue pourtant un terrain de jeu en or pour les aigrefins de tout acabit. L'un des plus tristement célèbres en la matière a été nul autre qu'Yvan Demers. Pendant des années, Alain Lacoursière a été témoin des effets pervers que son système a eu sur le marché québécois de l'art.

En novembre 1994, quatre ans après son somptueux mariage avec la chanteuse Michèle Richard, Demers reçut la visite de la Sûreté du Québec. Les policiers procédèrent à six perquisitions au domicile du couple, dans deux autres résidences et dans trois galeries des Laurentides appartenant à un cousin d'Yvan Demers, François Demers. Ils saisirent une centaine de tableaux ainsi qu'une cinquantaine de caisses de documents contenant notamment des factures, des contrats de vente, des certificats d'évaluation et des listes de professionnels du secteur de la santé.

La SQ détailla le stratagème. Les Demers et un complice, André Laporte, sollicitaient médecins, dentistes, pharmaciens et orthopédistes de tout le Québec, mais également de l'Ontario, qui étaient à la recherche d'abris fiscaux. Ils leur proposaient l'achat de tableaux d'artistes canadiens, principalement québécois, pour leur permettre de profiter de la déduction pour amortissement qui y est associée. Le prix était relativement modique, disons 300 $ pièce.

Peu de temps après la première transaction, on informait l'acheteur que l'œuvre qu'il venait d'acquérir intéressait quelqu'un d'autre et qu'il était possible de la revendre avec un profit de quelque 30 pour cent. L'investisseur acceptait généralement la proposition. Mais au lieu de lui remettre le produit de la vente, les fraudeurs lui offraient plutôt, maintenant qu'il était en confiance, d'acheter un autre tableau, plus cher, souvent une œuvre de l'artiste montréalais Stanley Cosgrove. Le professionnel devait donc verser une nouvelle somme d'argent aux «commerçants» pour combler la différence entre le prix des deux toiles.

Ce manège d'achat et de revente se poursuivait ainsi jusqu'à ce que les montants deviennent importants, de l'ordre de plusieurs milliers de dollars pour une seule peinture. Or, il n'était pas rare que le même tableau puisse être vendu à plus d'une personne en même temps!

Pour ce faire, l'un des membres du trio téléphonait à des clients pour leur dire que leur œuvre était sollicitée pour une exposition à l'étranger. Flattés, ceux-ci pouvaient difficilement résister à une offre pareille. Mais au lieu d'être exposé, le tableau était revendu à un autre. Lorsque le premier acheteur commençait à s'inquiéter, on prétextait auprès du second qu'il fallait prêter la toile à un musée pour en tirer des lithographies et on la renvoyait au plaignant. Quelques mois plus tard, on rappelait le premier acheteur en lui disant qu'il serait opportun d'exposer le tableau dans une foire. La peinture était alors revendue à une troisième victime, à qui l'on suggérait fortement de laisser l'œuvre en consignation dans une galerie pour des raisons de sécurité. Et ainsi de suite.

Au bout de quelques mois, les escrocs devenaient injoignables et leurs «clients» réalisaient qu'ils avaient été vulgairement escroqués, et qu'ils ne posséderaient même pas le tableau pour lequel ils avaient payé. Les plus chanceux récupéraient leurs œuvres, qui ne valaient toutefois qu'une fraction du prix d'achat. Dans certains cas, il s'agissait d'œuvres de peintres québécois connus. Mais dans d'autres, c'étaient des paysages peints à la chaîne à la suite de commandes spéciales placées par Demers auprès d'artistes en manque d'argent. Ou encore de faux, purement et simplement.

L'enquête policière avait démarré à Québec, où l'on avait enregistré les premières plaintes. Elle laissait croire qu'il y avait une vingtaine de victimes, qui avaient été flouées d'environ 850 000 $. La SQ contacta Lacoursière, qui avait commencé à suivre les crimes liés aux œuvres d'art à partir de son poste de Côte-des-Neiges.

La police de Montréal n'avait reçu aucune plainte en lien avec les pratiques du clan Demers, mais le sergent-détective crut bon d'aller tâter le terrain dans quelques galeries de la métropole. Les propriétaires de certaines d'entre elles lui confièrent que des clients s'y étaient présentés avec des tableaux d'artistes mineurs qu'ils avaient payés 1000, 2000 ou 3000 $. Les clients tombaient des nues lorsqu'on leur disait que leurs toiles ne valaient pas plus de 200 ou 300 $ chacune.

Lacoursière assista les enquêteurs de la SQ en leur communiquant la valeur réelle des œuvres qu'ils saisissaient. On s'est finalement rendu compte qu'il fallait plutôt parler d'au moins 2000 victimes et de pertes pouvant atteindre quatre millions de dollars. Certains avaient vu s'envoler entre 30 000 et 250 000 $. Quant au nombre de tableaux saisis, il frôlait désormais la barre des 500. À juste titre, les policiers se sont laissé aller aux superlatifs et ont évoqué une « fraude artistique » sans précédent dans les annales du crime québécois.

Le réseau était fort bien organisé. Dans une des galeries, une quinzaine de personnes étaient chargées de faire de la sollicitation téléphonique pour recruter de nouvelles victimes. «Ces fraudeurs sont des forts en gueule, du genre qui sont capables de vendre un frigidaire à des Esquimaux», expliqua au *Soleil* un porte-parole de la SQ, Camille Gagnon.

Dans *La Presse*, le galeriste Éric Devlin signala que la pratique était bien connue dans le milieu de l'art, en soulignant qu'il était difficile de l'éradiquer. «La fraude sur la valeur des œuvres tient des techniques de vente sophistiquées, du capitalisme le plus sauvage et de la cupidité des acheteurs», résuma-t-il.

Devlin mit en garde les acheteurs potentiels. «Jamais une bonne galerie ne vous fera miroiter un profit à court terme sur l'achat d'une œuvre d'art. L'art est un investissement […] à moyen ou à long terme. Il est cependant possible de spéculer à court terme, mais il faut alors réunir des conditions particulières : période inflationniste, artiste bien connu ou en voie de l'être et galeries d'envergure internationale. Il s'agit alors d'un marché planétaire qui n'a rien en commun avec les petits tâcherons des Laurentides qui s'esquintent sur des paysages d'hiver comme on en peignait il y a 100 ans.»

Les tentacules de l'entreprise des Demers et de Laporte s'étendaient jusque dans l'Ouest canadien. À la fin décembre 1995, alors qu'aucun des trois sbires n'avait encore été accusé, des huissiers vidèrent la maison d'Yvan Demers et de Michèle Richard. Ils exécutaient un bref de saisie avant jugement qu'avait demandé un avocat agissant pour un homme d'affaires de Calgary. Celui-ci, qui avait déboursé environ 100 000 $ pour des tableaux, s'estimait lésé et poursuivait Demers devant les tribunaux. Moins d'un mois plus tard, Michèle Richard réussit à récupérer les biens – parmi lesquels on trouvait une Jeep, une moto Harley-Davidson, un bateau, un tracteur à gazon et un piano à queue ! – puisqu'ils lui appartenaient en propre. La chanteuse n'avait absolument rien à voir avec toute cette affaire.

Ce n'est qu'en octobre 1996, près de deux ans après les premières perquisitions, qu'Yvan Demers, François Demers et André Laporte furent inculpés de complot et de fraude. Trente chefs d'accusation en tout pour des pertes chiffrées à 1,2 million de dollars. Au final, la fraude avait été beaucoup plus importante que cela : jusqu'à 3000 victimes, détroussées d'une vingtaine de millions de dollars. Mais, comme c'est souvent le cas, la preuve recueillie ne permettait pas de porter des accusations couvrant l'ensemble de l'escroquerie. En juin 1998, on déposa néanmoins une dizaine de nouvelles accusations de fraude contre les trois escrocs, en plus de les inculper pour blanchiment d'argent. Joli dossier !

Le procès sur cette affaire commença le 14 septembre 1999 au palais de justice de Laval. Dès le lendemain, Yvan Demers essuya un coup dur lorsque ses deux coaccusés décidèrent de reconnaître leur culpabilité. En avril 2000, ce fut à son tour de causer la surprise en annonçant qu'il ne présenterait pas de défense. Ce qui devait arriver arriva : le 5 mai 2000, le juge Paul Chevalier, de la Cour du Québec à Saint-Jérôme, le reconnut coupable de 47 des 49 chefs retenus contre lui.

En juillet, Yvan Demers fut condamné à six ans d'emprisonnement, tandis que François Demers et André Laporte écopèrent respectivement de peines de deux ans moins un jour et de trois ans. Dans l'espoir d'éviter la prison, Yvan Demers avait proposé d'acheter une pleine page de publicité dans un journal pour s'excuser de ses agissements, une offre que le juge rejeta du revers de la main. Le magistrat souligna que Demers avait déjà fait de la prison pour une fraude semblable commise à la fin des années 1970. Il s'agissait de la même combine, mais au lieu d'œuvres d'art, c'étaient des terrains qui avaient été vendus à plusieurs acheteurs en même temps.

Yvan Demers, alors âgé de 55 ans, «manifeste une absence persistante de volonté à se soumettre aux lois», constata le juge Chevalier, qui ne prit pas au sérieux les «remords» des accusés, exprimés seulement après que ceux-ci eurent pris conscience de la solidité de la preuve accumulée contre eux. Les deux Demers avaient même eu le culot, pendant les deux années qui avaient séparé les accusations de leur passage devant le tribunal, de relancer plusieurs clients pour leur proposer de nouvelles transactions!

Yvan Demers fut libéré de prison en 2003, après avoir purgé environ la moitié de sa peine. En 2009, il fut reconnu coupable de vol, de fraude et de complot – des crimes commis dans l'année précédant son procès de 1999! On le condamna à deux ans moins un jour d'emprisonnement avec sursis.

*

Le *modus operandi* du trio s'inspirait bien sûr de la fraude immobilière qu'avait orchestrée Yvan Demers à la fin des années 1970, mais également de pratiques qui avaient eu cours dans certaines galeries d'art québécoises dans les années 1980.

À l'époque, avec la multiplication des ventes aux enchères de tableaux de grands maîtres à des prix exorbitants à New York, Londres et Paris, nombreux étaient ceux qui voulaient investir dans l'art. Voyant dans cet engouement une façon d'accroître leurs affaires, des galeries s'étaient mises à offrir des services sur mesure à ces investisseurs qui, dans plusieurs cas, n'étaient rien d'autre que des spéculateurs déçus par la Bourse.

Ces galeries proposaient à leurs clients d'acheter des tableaux et de les placer en consignation afin qu'ils puissent être revendus avec profit, moyennant une commission de 5 ou 10 pour cent. Certaines galeries allaient jusqu'à promettre un rendement en pourcentage qui pouvait atteindre 30 pour cent par transaction. Parfois, on prétendait vendre les œuvres à des prix inférieurs à ceux du marché justement pour garantir aux acquéreurs une marge bénéficiaire alléchante.

À l'instar d'Yvan Demers, les galeries proposaient au départ des toiles de quelques centaines de dollars qui mettaient peu de temps à être revendues. La valeur des tableaux proposés par la suite augmentait graduellement, tout comme, hélas!, la difficulté de les écouler sur le marché. Souvent, les clients ne voyaient pas les tableaux qu'ils achetaient. Après tout, c'étaient les profits qui les attiraient, pas les œuvres elles-mêmes. Inquiets, les investisseurs finissaient par rappeler les galeristes, qui devenaient soudainement introuvables.

Lorsqu'ils étaient finalement mis au pied du mur, les commerçants invoquaient la mauvaise conjoncture économique et les difficultés inhérentes à la revente de tableaux de grande valeur. Ils tentaient de se faire rassurants en soutenant que les œuvres d'art perdent rarement de leur valeur. Dans certains cas, ils jetaient le blâme sur les «erreurs de jugement» que tout investisseur peut commettre, que ce soit sur le marché de l'art ou en Bourse. Après tout, soulignaient-ils, la vaste majorité de leurs clients étaient satisfaits.

Une bonne partie des «investisseurs» recrutés par ces galeries étaient des professionnels ou des gens d'affaires, comme les victimes du réseau d'Yvan Demers. Plusieurs galeries ont été condamnées, en cour civile, à rembourser des clients qui avaient acheté, à fort prix, des tableaux qui se sont révélés faux, accompagnés de certificats d'authenticité fallacieux – ou encore des toiles authentiques affreusement surévaluées. Au moins un galeriste a plaidé coupable à des accusations criminelles pour de tels procédés.

*

En 1997 et en 1998, après que Demers et compagnie eurent été accusés, mais avant qu'ils ne soient déclarés coupables, un homme qui avait travaillé avec eux entreprit de se servir du même stratagème, cette fois-ci à partir d'une galerie de Montréal. Il embaucha des téléphonistes pour solliciter des gens d'affaires et des professionnels. Le fonctionnement était le même que dans l'affaire Demers : vente de tableaux à prix modiques, reventes rapides avec profit, vente de toiles plus chères, puis disparition du commerçant. Dans ses notes, Lacoursière écrivit, à propos du pseudo-galeriste : « Il veut corriger les erreurs qu'a faites Yvan Demers en 1994. » Beau programme.

Rapidement, cependant, plusieurs acheteurs dénoncèrent l'homme à la police. Parmi eux se trouvait un notaire qui disait avoir été floué de 150 000 $. Lacoursière refusa toutefois de prendre sa plainte en apprenant que le professionnel avait perdu 250 000 $ aux mains du clan Demers quelques années auparavant. « Votre client, c'est juste un innocent, asséna-t-il à l'avocate du pauvre homme. Un notaire, ce n'est pas censé connaître la loi et avoir un minimum de jugement ? Je n'ai pas de temps à perdre avec des affaires comme ça. »

Une autre victime opta pour l'humilité et l'humour. Oncologue de grande réputation, l'homme avait acheté un soi-disant Riopelle qui n'était en fait qu'une vulgaire lithographie marouflée sur toile réalisée par un faussaire. Il avait déboursé pas moins de 72 000 $ pour le « tableau », si on peut qualifier ainsi une telle chose. « Je vais l'amener au chalet, annonça-t-il à Lacoursière. Je vais le couper en petits morceaux et je vais le brûler un soir en buvant un bon scotch. Ça va au moins me donner un peu de plaisir pour le prix que j'ai payé ! »

La canaille n'a pas pu sévir très longtemps. L'enquêteur en œuvres d'art le suivait à la trace. Excédé par cette surveillance, le commerçant malhonnête confia un jour à un galeriste: «Lacoursière, il m'écœure assez que je déménage à Laval!» Mais même cette tentative de diversion a fait long feu. Le marché de l'art avait été plus qu'échaudé par les magouilles de la bande à Demers et les victimes se faisaient beaucoup plus difficiles à appâter.

Faute de preuves suffisantes, les procureurs de la Couronne décidèrent donc, en 2000, de ne pas porter d'accusations contre l'homme. Pour cette raison, il est impossible ici de révéler son identité.

*

L'escroquerie du clan Demers a eu des répercussions néfastes sur le milieu de l'art québécois pendant plusieurs années. Des artistes se sont servis des prix exagérés que les fraudeurs avaient demandés à leurs victimes pour hausser leur cote sur le marché. Or, dans plusieurs cas, leurs œuvres ne valaient pas grand-chose.

Les exemples les plus flagrants se retrouvèrent dans l'édition de 1993 du *Guide Vallée*, qui avait également été publié en 1983 et en 1989. L'ouvrage était confectionné par un certain Félix Vallée. Comme d'autres éditeurs de publications du genre, il offrait à des peintres d'y inscrire les prix auxquels se vendaient leurs œuvres, moyennant un tarif qui variait d'une personne à l'autre. Bien sûr, les artistes ne se gênaient pas pour abuser de cette carte blanche, prenant souvent leurs rêves de gloire pour la réalité.

Un jour, Alain Lacoursière décida de téléphoner à des dizaines de peintres pour leur demander d'où venaient ces prix enflés. Certains bafouillèrent des explications peu crédibles, évoquant au mieux des ventes privées.

«Comment en êtes-vous arrivée à ces prix-là pour vos tableaux, demanda ainsi le sergent-détective à une femme de

Laval, dont le principal gagne-pain était un modeste emploi dans un magasin d'horticulture.

– C'est M. Vallée et moi qui avons fixé les prix, répondit-elle. Je n'ai jamais vendu de tableau de ma vie, mais j'aimerais vendre à ces prix-là. Je suis allée voir dans des galeries et c'est les prix qu'on demande pour des tableaux dans mon style.

– Bien oui!»

D'autres finirent par avouer que les valeurs affichées découlaient des transactions de Demers et de ses sbires. Ainsi, des œuvres qui ne se vendaient pas plus de 1000 $ sur le marché pouvaient être inscrites à 60 000, 100 000 ou même 120 000 $ dans le *Guide Vallée*! Or, même après avoir été confrontés par Lacoursière, certains artistes se rebiffaient.

«Avez-vous vendu ce tableau-là dans une galerie? s'enquit le policier.

– Oui, oui, je l'ai vendu à Mont-Tremblant, répondit le peintre.

– Mais vous ne me ferez pas accroire que vous avez vendu ça dans les 100 000 $!

– Oui, ça s'est vendu à ce prix-là!

– À part les ventes frauduleuses d'Yvan Demers, on oublie ça. De vos Indiens en canot, j'en ai vus à 300 $ à Québec parce qu'ils n'étaient plus capables de les écouler. C'était marqué "Solde" à part ça.»

Inutile de dire que le pauvre homme n'apprécia pas trop la conversation. Dur pour l'ego…

Alain Lacoursière contactait les artistes dans le cadre d'une enquête qu'il menait sur Félix Vallée. En 1998, certains d'entre eux avaient porté plainte à la police. Ils disaient avoir payé pour faire lister leurs œuvres dans la quatrième édition du *Guide Vallée* et ne plus croire que la publication allait voir le jour, puisque sa production s'enlisait.

Le sergent-détective se rendit chez Vallée, à l'Île-des-Sœurs, à Montréal, pour le rencontrer. Il vit un septuagénaire rongé par la maladie, qui l'assura que son ouvrage allait paraître. Le vieil homme soutenait qu'il avait investi dans la publication tout l'argent versé par les artistes, mais reconnaissait que ses problèmes de santé et le manque de fonds avaient stoppé le tout.

La justice ne s'acharna pas contre Félix Vallée. Aucune accusation ne fut déposée contre lui. D'abord en raison de son âge avancé, mais surtout parce qu'il n'avait pas démontré d'intention criminelle. Certes, les artistes n'avaient pas obtenu ce pour quoi ils avaient payé, mais Lacoursière en vint à la conclusion que Vallée souhaitait réellement mener son projet à terme. Le policier dut donc rappeler les artistes pour leur dire que leur seul recours était une poursuite civile au succès bien incertain. Félix Vallée mourra quelques années plus tard.

Son guide lui aura toutefois survécu : encore aujourd'hui, des galeries s'en servent, malgré ses défauts évidents, pour vérifier la valeur des œuvres de certains artistes.

8

Le monde des faussaires

Les faussaires ont toujours fait partie du monde de l'art. Dès le IIe siècle avant Jésus-Christ, les Romains se sont lancés dans la copie de chefs-d'œuvre de l'art grec qu'ils vendaient comme des originaux. Avec la montée en flèche de la valeur des tableaux des grands peintres, au XXe siècle, les imitateurs de tout acabit sont devenus nombreux, cherchant à profiter de la manne. Y compris au Québec, naturellement. Le hic, c'est que la vente de faux est beaucoup plus difficile à faire condamner que le vol ou le recel. Pour Alain Lacoursière, ce sera toutefois un terrain de jeu captivant, qui lui donnera ses enquêtes les plus passionnantes.

Jean Paul Riopelle fait partie des peintres qui ont le plus retenu l'attention des faussaires au Québec. On comprend facilement pourquoi : ses œuvres se vendent à prix fort depuis des années et en plus, son style abstrait est plus facile à imiter que les infinis détails d'une nature morte de l'école flamande. Bien sûr, les experts savent généralement faire la différence entre un vrai et un faux Riopelle, mais pas les néophytes, qui constituent le plus souvent la cible des faussaires.

En mars 1998, un informateur, dont nous devons taire l'identité, téléphona à Lacoursière pour l'informer que des gravures rehaussées à l'huile attribuées à Riopelle, mais apparemment fausses, étaient en vente dans une galerie de Westmount. Après quelques vérifications, le sergent-détective décida de dépêcher un agent double chez le galeriste. Par crainte de mettre le commerçant sur ses gardes, il ne voulait surtout pas y débarquer lui-même à bord d'une voiture de police.

L'agent double se fit passer pour un client intéressé par les gravures. Le galeriste lui indiqua que chacune d'entre elles se vendait 30 000 $, mais qu'à 25 000 $, c'était marché conclu. Datées de 1986, les œuvres étaient accompagnées de certificats d'authenticité délivrés par la galerie. Comme tout concordait avec le mandat de perquisition que la police avait préalablement obtenu, l'agent double téléphona à Lacoursière pour qu'il vienne saisir les quatre tableaux et qu'il mette le propriétaire de la galerie westmountaise, Philippe-Arnaud Gauthier (nom fictif), en état d'arrestation.

L'affaire suscita l'intérêt des médias. Comme c'était la première fois de sa carrière qu'il avait l'occasion de braquer les projecteurs sur les crimes reliés aux œuvres d'art, Lacoursière en profita pour donner un aperçu de son travail et de l'état de la situation au Québec et au Canada, n'hésitant pas à en mettre plein la vue.

« Montréal est une plaque tournante pour le trafic d'œuvres d'art volées », affirma-t-il avec aplomb à *La Presse*, en s'appuyant sur des éléments que des enquêteurs du FBI avaient partagés avec lui au fil des ans. Puis il ne put s'empêcher d'exagérer un peu en extrapolant à partir de données d'Interpol : « En fait, 20 pour cent de toutes les œuvres d'art volées dans le monde transitent par Montréal », avança-t-il.

Le lendemain, des photos des faux Riopelle et le nom de Philippe-Arnaud Gauthier se retrouvèrent côte à côte dans les journaux. Ébranlé, le galeriste contacta les médias pour se défendre. En entrevue à *La Presse*, il eut du mal à réprimer ses sanglots.

« J'ai voué 25 ans de ma vie au milieu de l'art, déclara-t-il. La concurrence est très dure dans ce milieu. C'est la guerre.

Malgré tout, j'ai bâti ma réputation en travaillant avec acharnement. Pensez-vous que je risquerais de tout perdre en vendant des faux tableaux qui ne valent que quelques milliers de dollars?» Sous le coup de deux accusations de fraude, Gauthier se disait persuadé que les gravures étaient de véritables œuvres de Jean Paul Riopelle. «Depuis le temps que je suis dans le domaine, je le vois immédiatement quand on m'apporte un tableau douteux», plaida-t-il.

Le galeriste raconta qu'une femme, à qui nous donnerons le nom fictif de Lucie Bourgoin, lui avait apporté les tableaux l'automne précédent en soutenant les avoir obtenus de sa mère, qui aurait eu une liaison avec un ancien agent de Riopelle. «Elle n'avait pas du tout le profil d'un fraudeur, je n'avais aucune raison de croire que c'étaient des faux», releva-t-il. Le commerçant disait ne pas avoir fait authentifier les quatre lithographies en raison du piètre état de santé de Riopelle, qui allait mourir quatre ans plus tard. Il avait tout de même passé les œuvres sous une lampe ultraviolette pour s'assurer qu'elles n'avaient pas été réalisées peu de temps auparavant.

Au passage, Gauthier reprocha aux policiers d'avoir bâclé leur enquête. «Je ne sais pas pourquoi la police fait ça, mais moi je sais que je n'ai rien fait de mal», martela-t-il.

Quoi qu'il en soit, Lacoursière tenta de joindre Lucie Bourgoin, mais en vain. Un jour, le sergent-détective discuta du dossier avec un de ses contacts dans le milieu de l'art. Celui-ci lui confia qu'une femme du même nom s'était déjà présentée dans une galerie parisienne, en 1993 ou 1994, pour vendre des lithographies de Riopelle qui s'étaient elles aussi révélées fausses.

Quelques mois plus tard, grâce au système informatique de la police, Lacoursière finit par repérer l'adresse de Bourgoin, qui logeait dans un appartement de la rue Saint-Hubert, à Montréal. Sans crier gare, il sonna à sa porte. Il lui demanda si elle était allée placer des Riopelle à la galerie de Westmount. Elle répondit par l'affirmative, mais se défendit nerveusement en soutenant que les tableaux provenaient d'un notaire. L'histoire ne tenait pas la route, mais le policier décida de laisser la femme tranquille, puisqu'il était à court de pistes prometteuses.

En fouillant plus loin dans les registres de la police, Lacoursière tomba sur la fiche de Marcel Alain Paré (nom fictif), un ancien *chum* de Bourgoin. Le nom de Paré lui disait quelque chose : dans le milieu de l'art, certains parlaient de lui comme d'un peintre faussaire, ou en tout cas comme d'un habile copiste. Le problème, c'est que personne ne savait où il se trouvait, si ce n'est qu'il habitait peut-être dans le quartier Centre-Sud, à Montréal.

En décembre 1998, Lacoursière avait rendez-vous à l'hôpital Notre-Dame pour aller passer une gastroscopie. Soudain, en montant à pied la rue Champlain, il aperçut, à l'approche de la rue Sherbrooke, un homme avec une queue de cheval qui ressemblait étrangement à une photo de Paré qu'il avait déjà vue.

« Marcel ! lui cria le policier. Ça fait longtemps que je te cherche !

— Ça fait longtemps que je t'attends, lui répliqua l'homme, alors âgé de 44 ans.

— Est-ce que je peux te voir deux minutes ?

— Euh, je m'en vais chez moi, pas loin d'ici.

— J'ai un examen à aller passer. Est-ce que je peux aller chez toi après ?

— Oui, mais je n'ai rien à voir avec l'affaire de la galerie de Westmount.

— Je vais pouvoir te parler ?

— Oui, tu n'as qu'à passer. Je vais être en train d'attendre ma fille pour dîner. »

Lacoursière alla subir son examen. Deux heures plus tard, il se rendit chez Paré. L'homme ne roulait pas sur l'or : vivant de l'aide sociale, il chauffait son modeste appartement avec son four et la compagnie de téléphone venait de lui couper sa ligne. Le logement était pourtant rempli d'œuvres d'art, dont une de Serge Lemoyne.

Le policier aborda le sujet de la mystérieuse femme. Cherchant à mettre son interlocuteur à l'aise, il lui offrit de l'aider à couper les légumes pour le repas. Puis, au bout d'un moment, il réserva toute une surprise au suspect.

« En passant, il faut que je te dise que tu es en état d'arrestation pour fraude, lança-t-il, frondeur. Tu as le droit de téléphoner à ton avocat et tu n'es pas obligé de parler.

– Tu veux dire que t'es dans ma cuisine, que t'es en train de couper des légumes pour le repas de ma petite et que tu me mets en état d'arrestation ?

– Ouais, c'est à peu près ça !

– Je te connais, mais j'ai bien envie de te demander ta badge ! Tu es sûr que ça marche de même ?

– Pourquoi pas ? »

La fillette de 12 ou 13 ans arriva et son père lui servit à manger. Apparemment peu intimidé par cette situation peu banale, le peintre continua de discuter avec Lacoursière. Il jura n'avoir jamais réalisé de faux – seulement des tableaux « à la manière de… ».

La distinction est importante. Au Canada et dans plusieurs autres pays, il n'est aucunement illégal de peindre des œuvres « à la manière de… » ou « dans le style de… ». Il est également permis de les vendre et de les revendre, même si elles sont « signées » du nom de l'artiste dont elles sont « inspirées », pour autant qu'on ne les présente pas comme des œuvres authentiques.

Lacoursière boucla son enquête et soumit le dossier aux procureurs de la Couronne. En février 1999, deux mois après sa visite chez Paré, il annonça aux médias le dépôt d'une accusation de fraude contre celui-ci. Le sergent-détective n'était pas peu fier de son coup : il attirait enfin l'attention sur celui qui était vraisemblablement l'auteur d'une cinquantaine de faux Riopelle en circulation depuis 1993.

Les tableaux, des huiles sur toile et des lithographies rehaussées, avaient été vendus au Québec, mais aussi en Ontario et en France. Certains se sont même retrouvés sur le site d'enchères en ligne eBay. On cibla également le galeriste Philippe Lamarre (nom fictif) qui, selon l'enquête, avait vendu des faux faits par Paré.

Lamarre vendait des tableaux d'artistes mineurs à prix fort. Ainsi, il pouvait demander plus de 10 000 $ pour des tableaux qui se vendaient 1500 $ à l'encan. Comme bien d'autres avant lui, le commerçant proposait à ses clients d'acheter des œuvres et de les revendre rapidement pour en tirer un bon profit.

Selon la preuve recueillie par Lacoursière, Lamarre avait acquis d'une autre galerie au moins six lithographies rehaussées faites par Paré. La galerie les avait présentées à Lamarre comme étant simplement « attribuées à Riopelle », de façon à montrer que leur authenticité était douteuse.

Lamarre avait vendu à un médecin une des lithographies, de la série *Mouches à Marier*, pour 70 000 $. Or, une œuvre comparable véritablement réalisée par Riopelle se vendait alors quelque 4000 $ dans un encan et 11 000 $ dans une galerie. Il n'y avait là rien d'illégal – dans notre système capitaliste, on peut vendre au prix qu'on veut si l'on trouve un acheteur consentant. Le problème, c'était d'avoir vendu les tableaux comme de véritables Riopelle alors qu'il y avait de fortes raisons de croire qu'il s'agissait de faux.

Le galeriste assura qu'il n'avait rien à se reprocher. «J'en ai acheté six ou sept, tous de bonne foi, et j'ai les reçus pour prouver d'où ils viennent», déclara-t-il au quotidien *The Gazette*, précisant avoir payé chaque lithographie entre 4000 et 8000 $. Il jurait n'avoir jamais entendu parler de Marcel Alain Paré.

Ce dernier sentit lui aussi le besoin de clamer son innocence dans les médias. Il alla jusqu'à accepter de se faire prendre en photo par *La Presse*. Le titre de l'article: «Moi, faussaire? Qu'ils le prouvent!» Lacoursière fut surpris de voir cet homme qu'il avait traqué si longtemps étaler soudainement sa vie dans les journaux.

«Regardez-moi deux minutes, lança Paré à la journaliste de *La Presse*. Je suis connu dans le milieu de l'art. J'ai commencé à travailler en 1973 et tout le monde sait que les artistes crèvent de faim, même les plus grands. On n'a qu'à penser à Serge Lemoyne, qui est mort dans la misère. Pensez-vous que je suis un gars qui a les moyens d'avoir des Riopelle en sa possession? Pensez-vous que moi, qui ai l'air d'un hurluberlu, je peux me présenter dans une galerie en disant que j'ai des Riopelle à vendre et qu'on va me les acheter sans poser de questions? Voyons donc!»

Le peintre souligna la difficulté de détecter les imitations dans le marché de l'art contemporain: «Il n'y a jamais personne qui est capable de prouver que c'est des faux. Les peintres produisent tellement d'œuvres qu'ils ne peuvent pas se les rappeler toutes.» Il se disait néanmoins accablé par son inculpation imminente: «Je n'oserai plus sortir. C'est la honte suprême pour un artiste. C'est comme si on accusait un écrivain d'avoir plagié.»

L'homme était un drôle d'oiseau: en 1983, il avait fait transporter, devant le palais de justice de Montréal, un char d'assaut en béton de 12 tonnes équipé d'un puissant système de son. Il voulait dénoncer la guerre.

Les autorités ont rapidement laissé tomber les accusations contre Paré et Lamarre, les preuves se révélant insuffisantes. Lacoursière n'a jamais réussi à trouver un galeriste prêt à affirmer sous serment que le peintre lui avait présenté les tableaux comme de vrais Riopelle. Bien sûr, aucun commerçant n'avait intérêt à avouer qu'il avait été victime d'une telle imposture. L'affaire aura tout de même eu le mérite de rappeler l'existence des faussaires au grand public et, qui sait, de rendre leur « travail » un peu plus difficile.

Quant à Philippe-Arnaud Gauthier, il fut acquitté sur toute la ligne dans cette affaire à l'issue de son procès, en mars 2001. Dans sa décision, le juge Jean-Pierre Bonin estima que Gauthier avait fait preuve de bonne foi en collaborant et en acceptant que les gravures en litige soient examinées. « J'entretiens un doute raisonnable sur la connaissance coupable que [M. Gauthier] pouvait avoir de l'auteur de ces gravures, et en conséquence je l'acquitte », statua-t-il.

Gauthier n'a pas été le seul à être coincé avec des faux Riopelle : de nombreux autres galeristes l'ont également été au cours des dernières années. Un célèbre encanteur anglo-saxon a même déjà failli reproduire sur la page couverture d'un de ses catalogues un Riopelle qui était, en fait, un faux. Ce n'est qu'au dernier moment que la maison s'est rendu compte de sa méprise.

Il reste que dans les années précédentes, Philippe-Arnaud Gauthier avait été poursuivi des dizaines de fois devant les tribunaux civils par des clients qui soutenaient avoir été floués. Certains de ces recours ont été déboutés par la justice, alors que plusieurs autres ont fait l'objet de règlements hors cour dont on ne connaît pas la teneur.

En 1998 toutefois, la Cour supérieure du Québec condamna Gauthier à rembourser près de 90 000 $ à un homme d'affaires à qui il avait vendu, en 1989, des œuvres surévaluées et un faux Suzor-Coté. L'acquéreur n'avait qu'à débourser 77 pour cent de la « valeur » des œuvres qu'il achetait. Le marchand proposait de les revendre aussitôt à leur « prix réel ». Il conservait une commission de cinq pour cent et remettait le solde à l'investisseur. L'entente avait fonctionné pendant quelques mois, jusqu'au jour où Gauthier était devenu incapable de revendre les tableaux, puis de rembourser son client. La juge Louise Lemelin en vint à la conclusion que le galeriste avait « induit en erreur » l'acheteur « par dol » (tromperie).

*

Si Marcel Alain Paré est bel et bien l'auteur des dizaines de tableaux « à la manière de » Riopelle qui se sont retrouvés sur le marché entre 1993 et 1999, il mérite certainement le titre du plus prolifique faussaire du maître québécois. Non seulement connaissait-il tous les matériaux que le célèbre peintre utilisait, mais aussi plusieurs de ses techniques. Il faut dire que Paré avait pu étudier Riopelle de près. Comme il était une connaissance d'un des intimes du peintre, il avait eu la chance de le côtoyer à quelques reprises dans son atelier de Sainte-Marguerite-du-Lac-Masson.

Paré faisait souvent preuve d'une grande ingéniosité. En 2000, Lacoursière entra dans la galerie d'un luxueux hôtel montréalais. Il vit un tableau de 41 sur 51 cm, daté des années 1950, qui était attribué à Riopelle.

« Ce n'est pas de lui, annonça-t-il au maître des lieux.

— Hé, on se calme ! Je l'ai payé 100 000 $, ce tableau-là !

— Je te le dis !

– Je vais faire une affaire avec toi : si tu es capable de me démontrer hors de tout doute que c'est un faux, je te le remets. »

On fit donc faire des expertises sur le tableau. Les spécialistes ne découvrirent aucun anachronisme dans les matériaux employés par l'artiste, que ce soit la toile ou la peinture à l'huile.

Les experts eurent toutefois un doute quant à l'authenticité du tampon qu'on trouvait derrière la toile. Au terme de leur enquête, ils conclurent que le tampon ne datait pas des années 1950. Le tableau était, par conséquent, un faux.

Les spécialistes retournèrent le tableau à Lacoursière, qui voulut aller plus loin pour percer le mystère. Le sergent-détective fit le tour des commerces montréalais où l'on aurait pu produire un tel tampon. Un jour, il entra dans un atelier du Vieux-Montréal, où l'on reconnut sans détours en avoir fabriqué un.

« Un tampon de Saint-Germain-des-Prés, on ne doit pas vous commander ça souvent, glissa-t-il au commerçant.

– Non ! C'est un homme dans la cinquantaine qui nous a demandé ça.

– Avez-vous son nom dans vos registres ?

– Non, mais je me rappelle de lui, par exemple. Il avait une queue de cheval qui lui allait jusque dans le milieu du dos. »

À ces mots, Lacoursière reconnut immédiatement Marcel Alain Paré et apprit jusqu'où il pouvait aller pour faire ses tableaux « à la manière de » Riopelle. Dans cette affaire, le galeriste montréalais, qui s'était procuré l'œuvre auprès d'un commerçant torontois, essuya une perte sèche de 100 000 $. Faute de preuves, personne n'a jamais été arrêté. La toile achetée à prix fort a abouti dans le bureau de Lacoursière, où elle est allée retrouver un des faux Riopelle saisis à la galerie de Westmount en 1998. On décore son milieu de travail comme on peut...

*

Les faussaires sont souvent des artistes qui, dans un passé plus ou moins lointain, ont tenté de vendre leurs propres créations sous leur propre nom, mais avec un succès mitigé. Or, convaincus de leur talent et frustrés de ne pas recevoir l'attention qu'ils croient mériter, ils renoncent difficilement à un métier qui les passionne véritablement. À la recherche d'une façon de faire fructifier leur travail, ils se rendent vite compte que le faux peut devenir une avenue intéressante sur le plan financier s'ils sont prêts à se passer de la gloire.

Même si, la plupart du temps, leurs aptitudes relèvent plus des qualités techniques que du génie créatif, les faussaires détestent qu'on ne les considère pas comme des artistes. Alain Lacoursière a pu le constater par lui-même. En octobre 1999, à Québec, il donnait une conférence devant quelque 200 personnes en présence du conservateur du Musée national des beaux-arts du Québec lorsqu'un homme leva la main pour poser une question.

« Ça prend quand même quelqu'un qui a du talent pour faire des choses comme ça, dit-il en pointant les peintures de faussaires que Lacoursière venait de montrer à l'assistance.

— Ça ne prend pas de talent, mais juste de la technique, rétorqua le policier. Il n'y a pas d'originalité là-dedans.

— Mais en reproduisant une œuvre, on peut en renouveler le style. C'est une forme de création.

— Voyons donc! C'est comme celui qui a inventé le bouton à trois trous: ce n'est pas une lumière! lui asséna le sergent-détective, donnant des sueurs froides au conservateur.

– En tout cas, vous n'avez pas raison », répliqua l'homme en quittant la salle.

Une fois la poussière retombée, Lacoursière glissa au conservateur : « C'est un faussaire, je l'ai déjà arrêté ! Il vient ici pour faire valoir qu'il a du talent. »

Réal Lessard, un peintre québécois né en 1939 à Manson-ville, dans les Cantons-de-l'Est, a lui aussi cherché à se don-ner du prestige comme faussaire, mais à un niveau bien plus élevé. Dans son livre *L'amour du faux*, publié en 1988, Lessard prétendait avoir peint la plupart des tableaux vendus dans le cadre de la plus grande escroquerie de l'histoire des faux, celle orchestrée par le Français Fernand Legros dans les années 1960 et 1970.

À l'âge de 18 ans, Lessard avait rencontré Legros lors d'un voyage à Miami. Pendant plusieurs années, le Québécois avait travaillé pour le sulfureux marchand d'art, vendant des ta-bleaux douteux dans tous les États-Unis et en Europe. En jouant de ruse, Legros abusait de la bonne foi d'experts et de proches des peintres plagiés. Il obtenait ainsi de leur main des certificats d'authenticité qu'il transformait en permis pour frauder.

Si l'on en croit Lessard, plusieurs des faux qu'il a peints se retrouvent encore aujourd'hui dans des collections presti-gieuses aux États-Unis et au Japon. Pour prouver que son talent est bien réel, l'homme s'est fait un plaisir de repro-duire un Modigliani, un Matisse et un van Dongen devant les caméras de télévision, dans la foulée de la parution de son livre.

Or, on attribue généralement la paternité des dizaines de faux vendus par Legros au peintre hongrois Elmyr de Hory, qui s'est donné de nombreux pseudonymes au fil du temps et qui a fait l'objet du film *Vérités et mensonges* d'Orson Welles, en 1973. En fait, selon plusieurs sources, Legros a partagé avec Lessard une partie des juteux profits qu'il tirait de la revente des copies de Picasso, Matisse, Modigliani et Renoir faites par Hory. Comme quoi dans ce domaine, le faux est partout!

Lessard vit aujourd'hui au Maroc. Il continue d'«imiter» les œuvres de grands maîtres européens, allant jusqu'à affirmer qu'il «complète, d'une certaine façon, l'œuvre inachevée de [ses] prédécesseurs». Ces dernières années, il a exposé au Maroc, à Amsterdam et à Paris. En 2007, Lessard avait accepté de rencontrer Lacoursière à Bruxelles dans le cadre du tournage du documentaire *Le Colombo de l'art*, mais il ne s'est pas présenté au rendez-vous. Il n'a jamais donné suite aux nombreuses demandes d'entrevues faites pour le présent livre.

*

Le faussaire le plus célèbre des dernières décennies a sans doute été le Français David Stein, qui aurait eu pas moins de 15 pseudonymes. D'abord journaliste et pianiste de jazz, il a pris conscience de son talent lorsqu'un ami lui a fait remarquer, au début des années 1960, que ses dessins ressemblaient à ceux de l'artiste multidisciplinaire Jean Cocteau.

Il s'est mis à vendre ses imitations de Cocteau, puis s'est lancé dans la reproduction d'œuvres de Picasso, Chagall, Modigliani, Braque, Matisse, Klee et Miró. À la fois marchand d'art et peintre, il a voyagé dans toute l'Europe, avant d'ouvrir des galeries à New York et à Palm Beach, en Floride. Il a peint et vendu plus de 400 faux tableaux.

En septembre 1966, Marc Chagall découvrit une vingtaine de fausses gouaches qui lui étaient attribuées dans une galerie new-yorkaise. Il porta plainte et Stein fut arrêté l'année suivante. Reconnu coupable de contrefaçon et de vol, il fut emprisonné. Extradé en France, il fut à nouveau condamné à la prison, où il continua à peindre, cette fois-ci sous son propre nom.

En 1988, Stein participa à Montréal au tournage de *The Moderns*, un film d'Alan Rudolph qui portait justement sur une histoire d'amour et de faux tableaux dans le Paris des années 1920. Stein y jouait le rôle d'un critique d'art. De plus, il peignit pour la production des imitations de Matisse et de Modigliani. En 1990, il publia son autobiographie : *Trois Picasso avant le petit déjeuner*.

Au milieu des années 1990, un galeriste montréalais organisa dans un hôtel du Vieux-Montréal une vente aux enchères qui comprenait notamment des œuvres « à la manière » de Matisse et de Picasso faites par Stein. Elles ressemblaient en tout point aux faux qu'il avait vendus à prix fort dans les années 1960 – les signatures contrefaites en moins. L'homme était alors recherché en France, mais le mandat d'arrestation qui le visait n'était pas exécutable au Canada.

Qu'importe, Lacoursière était intrigué et il décida de se présenter à l'encan. Curieusement, de nombreux membres de la mafia s'y étaient aussi donné rendez-vous. L'arrivée du sergent-détective ne passa pas inaperçue. Des clients s'empressèrent aussitôt de quitter les lieux, ce qui n'était pas pour plaire au galeriste. Lorsqu'on réalisa que Lacoursière avait emmené un journaliste et un caméraman avec lui, la salle se vida. Les enchères s'écrasèrent.

Dans la cohue, le policier remarqua, à l'avant de la salle, un homme portant barbe et chapeau dont le visage ne lui était pas totalement étranger. Il le fixa, puis se fit de plus en plus insistant dans son regard. L'individu attendit que Lacoursière tourne la tête pour se lever et quitter les lieux en longeant un mur. Le sergent-détective le suivit jusqu'à l'extérieur.

«Monsieur Stein, un instant!» lui cria-t-il.

Trop tard: le faussaire était en train de s'engouffrer dans un taxi en baissant la tête. En moins de temps qu'il ne lui en fallait pour faire un faux Picasso, il avait disparu. Son déguisement ne lui aura pas permis de passer tout à fait inaperçu, mais au moins il lui aura évité une confrontation avec un policier montréalais coriace.

*

Pierre Luisi, alias Joseph Leisser, a été le premier faussaire à être condamné au Canada. En octobre 1994, la police de Montréal lui mit la main au collet. Alors âgé de 60 ans, il était soupçonné d'avoir vendu, en deux ans, une soixantaine d'œuvres attribuées aux peintres québécois Jean Paul Riopelle, Albert Rousseau, Léo Ayotte, René Richard et Niska (François Lortie), qui n'étaient rien d'autre que des faux faits de sa main.

Lors de la perquisition effectuée dans son appartement de LaSalle, les policiers découvrirent pas moins de 70 faux tableaux et une toile sur laquelle il s'exerçait à imiter la signature des peintres qu'il copiait. L'homme fit face à 14 chefs d'accusation de fraude, de fabrication et d'utilisation de faux pour des tableaux produits entre août 1993 et octobre 1994.

Luisi avait commencé à dessiner et à peindre à l'âge de 16 ans, ce qui ne l'avait pas empêché d'opter sagement pour la carrière d'agent d'immeubles. Autodidacte, il avait appris avec des livres spécialisés, puis en multipliant les visites dans les musées et les encans. Comme bien d'autres avant lui, il avait choisi de devenir faussaire après avoir tenté de faire carrière sous son propre nom.

«J'ai essayé de vendre mes propres peintures, que je signais "Da Luisi", mais les gens préféraient investir dans des artistes

connus, alors j'ai décidé que je leur donnerais de gros noms»,
déclara l'homme aux policiers au moment de son arrestation,
selon un article publié en 1995 dans le quotidien *The Gazette*.

Il avait débuté en imitant Niska, un artiste non figuratif
qui avait connu un certain succès dans les années 1970 et
1980. Pour bien l'étudier, il avait acheté quelques-uns de ses
tableaux. Rapidement, il s'était mis à réaliser des «créations
inspirées» du peintre montréalais. Ne restait plus qu'à les
vendre.

Au début, il pouvait demander tout juste 50 $ pour un
faux Niska, mais ses prix allaient vite dépasser les 1000 $ par
toile pour des faux Rousseau, Ayotte, Richard et Riopelle –
des artistes beaucoup plus connus. Luisi n'avait pas tardé à se
rendre compte que l'opération allait s'avérer très payante,
puisqu'il ne mettait que quelques heures à peindre ses faux.
Cette manne arrivait à point nommé: la récession du début
des années 1990, qui avait durement frappé le secteur immo-
bilier, avait rendu ses finances exsangues.

«Toute ma vie, deux passions m'ont fasciné plus que
tout: vendre et peindre», raconta-t-il à *The Gazette* en 1995.

Pour recruter ses clients, Pierre Luisi plaçait des petites
annonces dans *Le Journal de Montréal* et *La Presse*. En présence de ses acheteurs potentiels, il savait se montrer perspicace. Il racontait qu'il mettait régulièrement des tableaux
en vente parce qu'il représentait la succession de son père,
un notaire qui avait connu Richard, Rousseau et Ayotte. Il
s'adaptait aussi à ses clients, annonçant des prix plus élevés
aux médecins et aux gens d'affaires qu'aux chauffeurs de
taxi!

Pour rassurer les acquéreurs sur la valeur des œuvres, il
fabriquait de fausses étiquettes de galeries et de faux certificats d'évaluation comportant des prix plus élevés que ceux

qu'il demandait, ce qui donnait l'illusion d'une aubaine à ses clients.

Le faussaire avait appris son métier rapidement. Ses premiers acheteurs avaient failli le démasquer en reniflant le faux Rousseau de 61 sur 76 cm que Luisi leur avait tendu! Ils avaient bien sûr senti la peinture fraîche, puisque la toile ne datait que de trois semaines.

Pour s'en sortir, le contrefacteur avait inventé une histoire. Il avait prétendu que l'odeur provenait probablement d'un liquide nettoyant utilisé pour restaurer des dizaines d'œuvres endommagées lors d'un incendie survenu au manoir de son père, près de Québec. Les clients l'avaient cru sur parole et Luisi avait touché 3000 $ pour cette première imposture. Mais l'aigrefin avait eu sa leçon: par la suite, il n'allait mettre en vente que des peintures qui avaient eu le temps de bien sécher au soleil.

Pour éviter les comparaisons fâcheuses avec les œuvres authentiques des peintres, Luisi n'essayait jamais de reproduire intégralement un tableau. Il préférait emprunter des éléments à plusieurs œuvres différentes et les assembler dans une nouvelle composition «originale», qu'il s'efforçait bien sûr d'exécuter dans un style qui ressemblait autant que possible à celui de l'artiste plagié. Il pouvait ainsi prendre la rivière d'une peinture pour la jumeler à la forêt d'une photo et aux maisons inspirées d'un dessin.

Le manège a duré plusieurs années. Grâce aux revenus qui en découlaient, celui qu'on allait surnommer le «Lézard» pouvait se permettre de passer deux ou trois mois par année dans le Sud, aux côtés de sa compagne. «On s'est payés la traite», confiait-il lors d'une récente entrevue. «Je savais que tôt ou tard, ça allait se terminer. Quand tu fais un mauvais coup, profites-en le plus possible pendant que ça dure.»

Un jour, Pierre Luisi a senti que l'arnaque allait peut-être tirer à sa fin. Son instinct ne l'a pas trahi. En fait, c'est nul autre que Jean Paul Riopelle qui allait étaler la duperie au grand jour.

Vers la fin de 1993, un collectionneur se présenta chez Luisi et lui offrit 3000 $ pour un « Riopelle » que le faussaire ne trouvait pas tout à fait réussi. Mais incapable de résister, Luisi prit l'argent et n'y pensa plus. Or, au début de 1994, un homme d'affaires racheta le tableau pour 16 000 $. Une galerie renommée de Montréal avait trouvé le moyen de le certifier comme authentique.

Le nouveau propriétaire de la toile demanda au galeriste de prendre contact avec Riopelle à Sainte-Marguerite-du-Lac-Masson. Il voulait se faire prendre en photo avec le maître. Celui-ci accepta, mais lorsqu'il aperçut le tableau, quelques jours plus tard, il réserva une petite surprise à son invité. Riopelle ne reconnaissait pas l'œuvre.

Il retourna la peinture et y inscrivit, à l'endos : « Ce tableau est un faux. Ce n'est pas de moi. » Puis il apposa théâtralement sa signature avec un grand geste de la main. Peu de temps après, l'artiste vieillissant porta plainte à la police. L'homme qui avait acheté le tableau était accablé : il avait versé des milliers de dollars pour ce qui n'était rien d'autre qu'une croûte.

Trois mois après la visite de l'homme d'affaires chez Riopelle, le célèbre peintre téléphona une nouvelle fois aux policiers. Un deuxième acheteur lui avait demandé d'être immortalisé à côté de ce qui se révélera être un autre faux. L'artiste était furieux.

Peu de temps après, un troisième acheteur se manifesta auprès de Mario Quévillon, qui était alors responsable des crimes reliés aux œuvres d'art à la police de Montréal. Luisi lui avait vendu deux faux Ayotte et un faux Richard. Trois galeristes avaient exprimé un doute sur l'authenticité des toiles, ce qui avait poussé l'acquéreur à retourner voir le faussaire. Frondeur, celui-ci lui avait offert de lui rembourser seulement la moitié de son investissement!

Luisi avait l'habitude de prétendre qu'il avait probablement été floué lui-même par un autre vendeur et pour montrer sa «bonne foi», il proposait une entente qui prévoyait de «séparer les pertes en deux». Le faussaire soutenait qu'un tel marché était équitable pour les deux parties, puisqu'il permettait à chacun d'éviter les frais d'une bataille judiciaire!

En octobre 1994, les policiers envahirent le petit appartement de Pierre Luisi et le surprirent en train de mettre la dernière touche à un faux Rousseau de bonne taille. Les enquêteurs saisirent 45 peintures d'une valeur totale potentielle oscillant entre 300 000 et 400 000 $.

Le lendemain, au moment de quitter sa cellule du poste de police d'Outremont, Luisi confia aux policiers qu'un Richard qui devait être mis en vente aux enchères le soir même était de lui! Personne n'avait soulevé de doute sérieux quant à l'authenticité du tableau au cours des quatre jours qu'avait duré l'exposition préalable à l'encan. Évaluée à 10 000 $, l'œuvre fut retirée juste avant que les enchères ne débutent. Luisi l'avait vendue deux mois plus tôt au propriétaire d'un hebdomadaire de la Rive-Sud pour 1500 $.

Avant que Riopelle ne soit mis au parfum de la tromperie, les policiers avaient été quelque peu confondus par Luisi, qui possédait un certain talent. Les enquêteurs avaient donc consulté le marchand d'art torontois Walter Moos, qui connaît bien l'œuvre de Riopelle, puis avaient fait tester les pigments d'un des tableaux de Luisi. Comme il n'y avait aucune trace des pigments qu'affectionnait le maître, on avait obtenu la certitude qu'il s'agissait bien d'un faux.

En mai 1995, Luisi se reconnut coupable de 11 chefs de fraude et de contrefaçon et fut condamné à neuf mois de prison, dont il ne purgera qu'un mois et demi en vertu de sa bonne conduite.

Plusieurs des faux saisis furent déchiquetés à la fourrière municipale d'Outremont en juin 1995, y compris un «Riopelle» dont Luisi était particulièrement fier. Un autre faux Riopelle a toutefois échappé à la destruction grâce à l'intervention du Musée des beaux-arts du Canada, qui a insisté pour qu'il soit préservé à des fins d'éducation et de recherche. Longtemps, il a décoré le bureau de Jacques Duchesneau, alors chef de la police montréalaise. Quant aux tableaux qui n'ont pas été saisis, ils sont probablement encore accrochés chez ceux qui les ont achetés, à moins qu'ils n'aient été remis sur le marché...

Aujourd'hui âgé de 76 ans, Pierre Luisi vit toujours dans le même appartement de LaSalle. On y retrouve encore, pêle-mêle, une vingtaine de tableaux de sa main qui témoignent de son passé de faussaire. À sa sortie de prison, il a tenté de relancer sa «carrière» de peintre sous son propre nom, mais il a rapidement abdiqué devant la difficulté de la chose. Pour s'occuper depuis la mort de sa compagne, en 2008, le retraité passe des heures devant la télé à regarder des documentaires animaliers et des combats extrêmes.

Mais quand on entre dans la cuisine de Luisi, c'est comme s'il n'avait jamais abandonné l'idée de redevenir peintre. Tout est resté pratiquement comme au jour de son arrestation. Sur deux grandes tables, qui occupent presque toute la pièce, sont étalés pinceaux, contenants de peinture et livres d'art. Un chevalet est prêt à être déployé. «Je me dis toujours que je pourrais recommencer à peindre n'importe quand», dit le vieillard, par ailleurs en excellente forme.

*

En janvier 2010, un émule de Luisi, Richard McClintock, de Québec, plaida coupable à plus de 70 chefs d'accusation de fraude et de fabrication de faux pour avoir réalisé près de 90 imitations de toiles de Paul-Émile Borduas, Jean Paul Riopelle, Alfred Pellan, Marcelle Ferron et d'une vingtaine d'autres peintres.

La faiblesse des lois canadiennes explique en partie la facilité avec laquelle les faussaires se lancent sur le marché. Comme rien n'interdit la réalisation de faux tableaux, et même de signatures contrefaites, il est difficile pour les imitateurs de talent de résister à la perspective d'un coup d'argent rapide. Certes, vendre un faux en le présentant comme une œuvre authentique d'un autre artiste est un crime, mais cette preuve est souvent difficile à faire devant les tribunaux, les accusés ayant beau jeu de plaider l'ignorance ou la bonne foi.

En France, il en va tout autrement : un faux artistique est saisissable dès sa découverte, comme le sont au Canada les contrefaçons de passeports, de billets de banque, de cartes de crédit et de timbres.

Lacoursière a appris l'existence de cette lacune juridique à la dure. À ses débuts comme enquêteur en œuvres d'art, il traitait les faux comme des tableaux volés : il les saisissait. Rapidement, toutefois, il s'est rendu compte qu'il lui fallait le plus souvent les remettre à leurs propriétaires, puisque ceux-ci invoquaient la bonne foi. En l'absence d'éléments de preuve directs, comme des pièces à conviction retrouvées chez le faussaire, des factures frauduleuses, des déclarations trompeuses de vendeurs et des témoignages détaillés de victimes, il est très difficile de démontrer une intention criminelle et de déposer des accusations.

Pour combler les déficiences de la loi et mettre des bâtons dans les roues des faussaires, Lacoursière a entrepris, en 2001, de faire expertiser des tableaux suspects mis en vente dans certaines galeries. Lorsqu'un doute subsistait au terme de l'examen, il remettait au commerçant une lettre – ou il lui envoyait un courriel – stipulant qu'il existait un litige sur l'authenticité de la toile, de façon à rendre plus difficile sa revente. « Si vous mettez ce tableau en vente en le présentant comme un vrai, vous pourriez être accusé de fraude », prévenait-il.

Bien sûr, le commerçant ou son client pouvait toujours détruire le document, mais comme Lacoursière en conservait une copie dans ses dossiers, la police était en mesure d'intervenir si l'œuvre se retrouvait soudainement sur le marché avec une fausse attribution. Au fil des ans, Lacoursière a rédigé une quarantaine de ces lettres et courriels. À sa connaissance, aucun des tableaux visés n'a été revendu comme un authentique, du moins au Québec.

Le sergent-détective a par la suite tenté d'étendre son emprise jusque sur Internet, mais il a vite été confronté à l'absence de frontières qui caractérise la grande toile. Il a notamment contacté un certain Arturo Massicotte, prétendument installé en Espagne, qui avait mis en vente sur le site d'enchères eBay un soi-disant Picasso pour lequel se montrait intéressé un Montréalais. Or, le siège d'eBay est situé en Californie, alors que le serveur où était hébergé le compte de courriel de Massicotte se trouvait à Taiwan. Le flic québécois a vite abandonné la partie...

9

Le petit flic à l'assaut de Cinar

En 1999, la maison de production Cinar était le *success story* québécois des affaires et du divertissement. L'entreprise fondée en 1976 par le couple composé de la Québécoise Micheline Charest et du New-Yorkais Ronald Weinberg avait connu une ascension fulgurante depuis son entrée en Bourse, en 1993. Ses émissions pour enfants étaient vendues aux quatre coins du monde. Ses revenus annuels atteignaient 151 millions de dollars, et ses profits nets, 22 millions de dollars. Valeur boursière : près de deux milliards de dollars.

La poursuite civile qu'avait intentée le créateur montréalais Claude Robinson contre Cinar pour vol de droits d'auteurs, en juillet 1996, n'avait pas encore terni la réputation de la firme, qui était portée aux nues par le milieu québécois de la production télévisuelle et cinématographique. La détermination de Robinson, d'Alain Lacoursière et de journalistes d'enquête de la télévision de Radio-Canada allait changer la donne à tout jamais.

Dans sa poursuite, Robinson réclamait 2,5 millions de dollars à Cinar et à d'autres producteurs, les accusant d'avoir plagié son projet de série télévisée pour enfants, *Les aventures de Robinson Curiosité*, qu'il leur avait présenté au milieu des années 1980.

Le 4 septembre 1995, jour de la fête du Travail, l'illustrateur et concepteur venait de terminer le ménage de sa maison, voulant faire plaisir à sa femme. Il avait allumé le téléviseur et avait eu la surprise de sa vie en voyant la publicité d'une émission pour enfants coproduite par Cinar, dont la diffusion commençait quatre jours plus tard : *Robinson Sucroë*.

« C'est ma face que j'ai vue à l'écran », avait confié Robinson à *La Presse*, en soulignant qu'il s'était inspiré de lui-même pour créer *Robinson Curiosité*. « C'est comme ça, j'ai une face de bande dessinée. J'ai toujours fait rire les enfants. » Il avait été si estomaqué par cette découverte qu'il avait sombré dans une profonde dépression.

Robinson Sucroë ressemblait étrangement à Robinson Curiosité, tant par son apparence physique – barbe, chapeau, lunettes rondes – que par ses traits de caractère – curieux, rêveur, insouciant. Qui plus est, six des personnages secondaires de *Sucroë* s'apparentaient grandement à ceux de *Curiosité*. L'un d'eux s'appelait Boum Boum dans *Curiosité* et… Van Boum Boum dans *Sucroë* !

Weinberg a longtemps nié avoir eu connaissance du projet *Robinson Curiosité* ou avoir même rencontré Claude Robinson. Pourtant, ce dernier avait retenu les services de Cinar en 1986 pour aller, entre autres, présenter son concept aux studios Disney, à Los Angeles !

Weinberg et Charest soutenaient que l'auteur de *Robinson Sucroë* était le Français Christophe Izard, à l'origine de plusieurs séries pour enfants, dont *L'île aux enfants*, qui avait connu beaucoup de succès dans l'Hexagone. Or, Claude Robinson avait présenté *Les aventures de Robinson Curiosité* à Izard lors d'une foire tenue à Cannes, en 1987.

Dans sa défense, Cinar prétendait que les similitudes entre *Sucroë* et *Curiosité* étaient mineures et qu'elles étaient le fruit de coïncidences liées au fait que les œuvres se voulaient toutes deux des parodies du classique de l'écrivain britannique Daniel Defoe, *Robinson Crusoé*. À l'en croire, Claude

Robinson faisait de la «projection malhonnête» en établissant des ressemblances entre les personnages secondaires de *Curiosité*, qui étaient des animaux, et ceux de *Sucroë*, qui étaient des êtres humains.

Izard affirmait s'être inspiré non seulement de Defoe, mais aussi de ses propres émissions antérieures, dont un épisode de la série *Les Poï-Poï* intitulé *N'est pas Robinson qui veut*, datant de 1980. Comme l'œuvre avait été diffusée au Canada, il laissait entendre que le plagiaire était peut-être, en fait, Robinson!

Mais ce que Cinar ignorait, c'est qu'en s'entêtant à combattre Claude Robinson, elle courait à sa perte. Ulcéré par l'attitude de la maison de production, l'artiste était en train de se transformer en un redoutable enquêteur, qui n'allait pas limiter sa recherche de la vérité à sa seule situation personnelle.

*

En mai 1999, l'avocat Marc-André Blanchard, maintenant juge à la Cour supérieure du Québec, téléphona à Lacoursière.

«Tu t'occupes des œuvres d'art? De tout ce qui est de l'art? demanda-t-il.

– C'est quoi l'affaire?

– L'utilisation de prête-noms pour retirer des crédits d'impôts de production télé.

– Ça va relever du fédéral à un moment donné.

– Ouais, mais pourrais-tu faire quelque chose pour lui?

– Je peux le rencontrer.»

Lui, c'était Claude Robinson. Il expliqua à Lacoursière que Cinar ne lui avait pas seulement volé ses droits d'auteur avec la série *Robinson Sucroë*. L'entreprise avait également utilisé des prête-noms canadiens pour mettre la main sur des crédits d'impôts de Québec et d'Ottawa.

Cinar pouvait ainsi faire croire que ses séries, même si elles étaient écrites par des Américains, étaient composées de « contenu canadien », une exigence incontournable pour toucher les juteux crédits d'impôts. Le gouvernement fédéral accordait alors, chaque année, pour 1,3 milliard de dollars de crédits d'impôt à l'industrie du cinéma et de la télévision, tandis que Téléfilm Canada lui versait 165 millions de dollars en subventions.

C'est en voyant le nom d'Érica Alexandre au générique de *Robinson Sucroë* que Claude Robinson s'était mis sur la piste de l'affaire des prête-noms. Personne ne connaissait cette femme qui avait prétendument collaboré à une dizaine de séries de Cinar. Un jour, en plaçant les noms des membres de la famille Charest-Weinberg sur un tableau, il avait compris.

Érica Alexandre était en fait un prête-nom composé à partir des prénoms des deux fils du couple Charest-Weinberg, Éric et Alexandre. La lettre *a* d'Érica venait de l'initiale du nom complet du cofondateur de l'entreprise : Ronald A. Weinberg.

Lors d'un interrogatoire serré, en février 1999, Weinberg avait fini par admettre devant Claude Robinson et son avocat qu'Érica Alexandre n'était, en fait, nulle autre qu'Hélène Charest, la sœur de Micheline. La femme avait ainsi empoché, sans avoir écrit une seule ligne, près d'un million de dollars en cinq ans.

Le dessinateur soupçonnait Cinar d'avoir recouru à plusieurs autres prête-noms. L'un d'entre eux était Thomas LaPierre, fils de l'ex-sénateur Laurier LaPierre, alors président du conseil d'administration de Téléfilm Canada, organisme qui avait son mot à dire dans l'octroi des crédits d'impôts à la production audiovisuelle !

Lacoursière testa la crédibilité de Robinson. Celui-ci réussit facilement l'épreuve en répondant aux questions avec aplomb, puis en exhibant la volumineuse documentation qu'il avait conservée et minutieusement classée.

Restait un obstacle de taille : la légitimité de Lacoursière comme policier dans cet épineux dossier. Le sergent-détective savait qu'en enquêtant là-dessus, il naviguerait en eaux fédérales, chasse gardée de la GRC. Mais il n'allait pas se laisser démonter pour si peu.

Il se trouva un prétexte : l'affaire tombait dans le vaste domaine des fraudes, qui faisait partie du terrain de jeu de la police de Montréal. Il commença à se pencher sur le stratagème, mais il décida de ne pas ouvrir de dossier officiel pour éviter que ses patrons lui demandent de leur faire un rapport chaque semaine sur l'évolution de l'enquête.

Pendant l'été 1999, Lacoursière obtint la confirmation que le recours à des prête-noms était effectivement contraire à la loi. Il corrobora également un fait troublant : Cinar avait placé Claude Robinson sous écoute électronique. Pour ce faire, le sergent-détective donna rendez-vous à l'illustrateur dans un lieu public à Montréal et lui remit une enveloppe remplie de papiers sans intérêt. Sur l'un d'eux était écrit : «Coucou, on va le savoir qui te suit.» Dans l'après-midi, ils évoquèrent la remise de l'enveloppe au cours d'une conversation téléphonique.

Or, quelques jours plus tard, un des avocats de Cinar demanda à Robinson : «N'est-il pas vrai que vous êtes en possession d'un document policier?» L'artiste éclata de rire et révéla à ses adversaires le piège que lui et Lacoursière leur avaient tendu. Cinar était vraiment prête à tout pour intimider Robinson.

Le 7 octobre 1999, Lacoursière tenta le tout pour le tout. Il se rendit chez Thomas LaPierre, qui habitait à quelques rues de chez lui, dans l'ouest de Montréal. Il n'était pas encore sept heures et demie lorsqu'il cogna à sa porte. Le sergent-détective voulait surprendre LaPierre dans sa vulnérabilité matinale. Touché : LaPierre était encore en vêtements d'intérieur, café à la main, alors que sa femme se préparait à partir avec leur fille de trois ou quatre ans. Voulant mettre le jeune père à l'aise, Lacoursière joua avec l'enfant en attendant qu'il soit prêt à lui parler.

Quelques minutes plus tard, Thomas LaPierre fit monter l'enquêteur dans son bureau, à l'étage. Pendant de longues minutes, Lacoursière s'efforça de gagner sa confiance en lui parlant de son travail et en montrant son intérêt pour le monde de la télévision. Graduellement, il entra dans le vif du sujet en lui expliquant ce qu'il savait de l'affaire des prête-noms chez Cinar.

« Je sais que cette fraude a été orchestrée en haut lieu, mais j'ai besoin de votre témoignage pour faire avancer mon enquête et faire inculper les responsables », lui dit-il, en laissant planer la possibilité de déposer des accusations contre lui s'il ne collaborait pas. LaPierre finit donc par plier l'échine. Il accepta que ses réponses aux questions de Lacoursière soient consignées dans une déclaration officielle pouvant être utilisée en cour.

« Donc vous avez écrit tous les épisodes de *Robinson Sucroë*, *Le monde irrésistible de Richard Scary*, *Chris Cross* et de 15 autres séries ?

— Bien non, pas tous.

— Pourquoi pas tous ?

— J'ai eu un contrat pour deux épisodes de *Chris Cross*, mais je ne les ai pas écrits.

— C'est-à-dire que vous les avez fait écrire ?

— Ce n'est pas moi qui les ai fait écrire.

— Écoutez monsieur LaPierre. Je vois que vous êtes mal à l'aise, mais c'est une enquête criminelle que je mène. Je comprends parfaitement que vous soyez réticent à parler de choses qui sont discutables ou litigieuses, mais je vous demande de me dire la vérité, c'est tout.

– Cinar m'a demandé de sous-traiter à un scénariste américain.

– Pourquoi?

– J'imagine que c'était pour avoir le nom d'un Canadien accrédité.

– Parce que ça rapporte d'avoir un Canadien accrédité?

– Oui, pour les crédits d'impôts, j'imagine.

– Qui avez-vous engagé?

– Don Rifkin et Gary Cohen, de New York.

– Vous avez donc rencontré ces deux scénaristes et fait un contrat?

– Non, je n'ai jamais rencontré ces deux hommes.

– Qui a passé le contrat et reçu le matériel?

– Cinar. »

Thomas LaPierre remit alors au sergent-détective des lettres, des contrats et des chèques attestant du subterfuge. L'homme, alors âgé de 34 ans, encaissait les chèques de droits d'auteur que lui envoyait Cinar et versait aussitôt la même somme aux scénaristes américains.

«Nous suggérerions que vous payiez Stansfield (la compagnie de Cohen) et Don Rifkin directement, à partir de votre compte personnel, une fois que vous aurez reçu l'argent de Cinar», avait ainsi écrit Weinberg dans une lettre expédiée à LaPierre en mars 1993. Bien sûr, Cinar interdisait formellement aux prête-noms de révéler le stratagème.

«Mais qui vous forçait à faire cela et qu'est-ce que ça vous rapportait? demanda Lacoursière à LaPierre. Pourquoi le faisiez-vous?

– Je pensais que ça me donnerait du mérite: mon nom apparaissait au générique. Et parce que mon employeur me le demandait. »

LaPierre ajouta qu'au moment des faits, entre 1992 et 1996, il débutait dans le métier et ignorait que l'utilisation de prête-noms était illégale. Il soutint n'avoir tiré «presque rien» de l'opération sur le plan financier.

En retournant à son véhicule, Lacoursière savait qu'il venait de recueillir un important élément de preuve. Dans les circonstances, il se voyait mal suggérer à la Couronne de déposer des accusations contre Thomas LaPierre, qui est aujourd'hui un auteur et producteur chevronné. Non seulement LaPierre avait-il coopéré à l'enquête, mais surtout il n'avait manifesté aucune intention frauduleuse. Et bien sûr, les véritables responsables du délit étaient ailleurs.

Là résidait le problème le plus sérieux de Lacoursière : le sergent-détective savait que tôt ou tard, on lui mettrait des bâtons dans les roues. «Ce n'est pas un p'tit flic de la police de Montréal qui va aller au bout de ça», se disait-il.

Lacoursière se rappelait que la GRC avait abandonné, au printemps 1997, une première enquête criminelle sur Cinar, amorcée à la suite d'une plainte portée par Claude Robinson au sujet de ses droits d'auteur. Le Bloc québécois accusera plus tard le gouvernement de Jean Chrétien d'être intervenu politiquement pour mettre un terme aux investigations. Il faut dire que Micheline Charest avait présidé, en 1997 justement, la campagne de financement du Parti libéral du Canada.

Le lendemain ou le surlendemain de sa visite chez Thomas LaPierre, Lacoursière communiqua avec Téléfilm Canada et la Société de développement des entreprises culturelles du Québec pour leur annoncer les résultats de son enquête. Sur le coup, les personnes responsables affirmèrent être disposées à le rencontrer.

Mais le lundi de la semaine suivante, des avocats le rappelèrent en lui demandant avec insistance ce qu'il voulait et

s'il possédait un mandat de la cour pour agir ainsi. Visiblement, quelque chose ne tournait pas rond dans ce dossier. Il
allait falloir que la chose sorte dans les médias avant que le
dossier ne soit transféré à la GRC, où il risquait sérieusement
de sombrer dans l'oubli.

*

Parallèlement à l'investigation de Lacoursière, les journalistes
Pierre Tourangeau et Sophie Langlois, de la télévision de
Radio-Canada, menaient depuis plusieurs mois leur propre
enquête sur cette affaire complexe. En fait, leurs découvertes
étaient encore plus substantielles que celles du policier. Langlois avait notamment passé des heures à analyser les géné-
riques des séries de Cinar pour y repérer les prête-noms, puis
à parler à des dizaines d'artisans qui avaient travaillé aux
émissions. Lacoursière s'était d'ailleurs servi du travail de
Tourangeau et de Langlois pour mener l'interrogatoire de
Thomas LaPierre.

Le 12 octobre, Langlois demanda à Lacoursière de lui
accorder une entrevue à la caméra. Il accepta, mais à la condition de faire comme s'il s'agissait d'une rencontre à l'impro-
viste, dans le parking de l'édifice où se trouvait son bureau,
question de ne pas ameuter ses patrons. Le sergent-détective
confirma qu'il enquêtait sur une affaire de crédits d'impôts,
mais s'abstint de nommer Cinar. L'extrait ne sera diffusé que
plus tard cette semaine-là.

Le lendemain, le mercredi 13, le commandant de la section
des crimes économiques de la police montréalaise convoqua
Lacoursière dans son bureau. Il venait d'apprendre l'existence
de l'enquête sur Cinar et il n'était pas d'humeur à plaisanter.

«Est-ce que c'est vrai que tu travailles sur un dossier de
crédits d'impôts? Ça ne nous regarde pas…

– Oui, ça va être pour transférer.

– Tu me tiens au courant. Et tu ne parles pas aux médias. »

L'ordre arrivait trop tard : Lacoursière avait déjà donné son entrevue à Radio-Canada. Sentant la soupe chaude, il photocopia tout son dossier et le cacha en lieu sûr.

Le jeudi 14, en début de soirée, Sophie Langlois réussit finalement à parler à Micheline Charest au téléphone. Celle-ci lui confirma l'existence des prête-noms, n'y voyant aucun problème. Cet aveu en poche, la journaliste brûlait d'envie de voir son reportage au *Téléjournal* le soir même, malgré le peu de temps qu'il lui restait pour le boucler. Mais la direction du service de l'information décida d'en reporter la diffusion au lendemain, voulant le faire vérifier de nouveau par des avocats. Manque de chance : le lendemain matin, *Le Journal de Montréal* publia, sous la plume de Laurent Soumis, un article faisant état de l'arnaque des prête-noms, sans toutefois mentionner le nom de Cinar.

Le même jour, vers 11 h 25, le député bloquiste Stéphane Bergeron se leva à la Chambre des communes, à Ottawa, et se servit de son immunité parlementaire pour révéler publiquement l'existence de l'enquête que menait Lacoursière sur Cinar. La ministre du Patrimoine, Sheila Copps, tomba des nues. Comme l'avait voulu le sergent-détective, elle n'était pas au courant de l'investigation, mais elle se garda bien d'exhiber son ignorance en Chambre.

« Monsieur le Président, comme la ministre a présumément fait des vérifications, est-elle en mesure d'affirmer que la maison de production Cinar, contributrice à la caisse du Parti libéral du Canada, et dirigée par Mme Micheline Charest, qui aurait notamment présidé une soirée-bénéfice du Parti libéral du Canada en présence du premier ministre, n'est pas visée par ces enquêtes ? lança Bergeron.

— Monsieur le Président, je n'ai aucunement discuté de l'enquête avec qui que ce soit, parce que c'est une enquête de la police, répondit la ministre. Je respecte cela et je ne touche pas aux affaires de la police.»

Quelques minutes plus tard, Radio-Canada diffusa finalement le reportage de Tourangeau et Langlois, y compris l'entrevue avec Lacoursière. Celui-ci décida qu'il valait mieux s'esquiver. Il alla dîner dans le centre commercial adjacent à son bureau. À son retour, les réactions ne se firent pas attendre. Le premier à téléphoner à Lacoursière fut son supérieur immédiat, qui le fit venir dans son bureau.

«Qui a appelé le Bloc québécois? lâcha-t-il.

— Je ne le sais pas! Mais je te dis que ce n'est pas moi.

— Je vais être obligé de te suspendre. Je t'avais dit de ne pas t'adresser aux médias. C'était un ordre.

— Oui, et puis?

— Je te suspends. Tu ne t'occupes plus de ce dossier-là. La GRC s'en vient, ils ont vu le reportage.

— C'est beau.

— Tu vas rencontrer les gars de la GRC avec nous.

— Je n'irai pas avec vous autres: je suis suspendu. Je vais être chez moi! Tu dis que vous avez vu le reportage? Ça fait deux jours qu'il pleut et tu dis qu'il fait beau soleil? C'est bon ça! Tu me rappelleras et tu parleras à mon avocat.»

Lacoursière prit la porte. Son patron le suivit, le suppliant une fois de plus d'aller rencontrer la GRC avec lui. Devant l'intransigeance du policier rebelle, le gros bonnet n'eut d'autre choix que de le «réintégrer dans ses fonctions», deux minutes à peine après l'avoir suspendu.

La réunion avec les quatre ou cinq représentants de la police fédérale fut houleuse.

«Nous allons reprendre le dossier, fit le grand patron des fraudes de la GRC. Ça relève de nous, c'est fédéral.

– Non, ça s'est passé au coin d'Amherst et de René-Lévesque, répliqua Lacoursière, insolent.

– C'est une fraude qui touche à une société d'État fédérale et à Revenu Canada. Est-ce qu'on peut avoir l'original de la déclaration de Thomas LaPierre?

– Non, je le garde.

– Tu vas nous remettre l'original.

– J'ai promis à ce gars-là que j'allais conserver l'original. Vous avez une copie. Si ça va en cour, vous n'aurez qu'à me faire témoigner et je déposerai l'original devant le juge.

– Ce n'est pas comme ça que ça marche.

– Ce n'est pas comme ça que ça marchait.»

Furieux, le supérieur de Lacoursière le fit sortir de la salle de réunion.

«Tu vas leur remettre l'original.

– Non!

– On va fouiller!

– Fouille où tu voudras, tu ne le trouveras pas.

– Tu as apporté des documents policiers chez vous? C'est illégal!

– Ils ne sont pas chez nous. Ils sont dans un poste de police à Montréal, et il y en a pas mal. Règle ton problème avec la GRC. Tu ne l'auras pas, l'original.»

Lacoursière ne voulait pas remettre la déclaration de Thomas LaPierre parce qu'il se méfiait de la GRC dans ce dossier. À ce jour, le document n'a pas bougé: il se trouve toujours caché quelque part dans un des bureaux de la police de Montréal.

*

Le scandale Cinar venait d'éclater. L'entreprise amorçait son déclin, qui allait être encore plus rapide que sa montée au firmament. Ce jour-là, 10 minutes avant sa fermeture, la Bourse de Toronto arrêta toute transaction sur les actions de Cinar à cause des révélations sur les crédits d'impôts. En quelques heures, le titre avait déjà perdu 18 pour cent de sa valeur. La dégringolade allait se poursuivre les jours suivants.

«Nous n'étions pas au courant que nous étions sous enquête», s'étonna la vice-présidente aux communications de Cinar, Louise Sansregret, dans une entrevue au *Devoir*.

En soirée, une porte-parole de la ministre Copps annonça que celle-ci avait demandé à la GRC d'examiner ces allégations de fraude. Téléfilm Canada lança pour sa part une enquête administrative. Quelques jours plus tard, Cinar mit en place un comité de vérificateurs externes. La firme ne niait pas les faits, mais soutenait qu'ils remontaient à plusieurs années. Elle assurait que l'affaire n'aurait pas d'«impact défavorable important» sur sa situation financière ou sur ses résultats.

Or, l'affaire des crédits d'impôts a mené à un scandale encore plus grave, qui allait sonner le glas de Cinar. Le comité de vérificateurs révéla, le 7 mars 2000, que la direction de l'entreprise avait transféré 122 millions de dollars américains aux Bahamas à l'insu du conseil d'administration.

Micheline Charest et Ronald Weinberg quittèrent aussitôt la barre de la firme qu'ils avaient fondée 24 ans plus tôt. Le lendemain, après une interruption de 24 heures des transactions en Bourse, l'action de Cinar fondit de 48 pour cent pour clôturer à moins de 15 $. Plus tard, on allait découvrir que le couple fondateur avait fait rénover sa résidence de Westmount et son chalet du lac Memphrémagog aux frais de Cinar.

En décembre 2000, l'entreprise remboursa 7,9 millions de dollars aux gouvernements provinciaux et 5,1 millions de dollars à Ottawa pour les crédits d'impôts qu'elle avait indûment touchés, en plus de renoncer à une somme de 9,7 millions de dollars qu'elle s'attendait à recevoir pour des productions plus récentes. À cela s'ajoutaient le versement d'impôts impayés de 4,8 millions de dollars, plus les intérêts, ainsi qu'un remboursement de 2,6 millions de dollars à Téléfilm Canada. Facture totale : 30,2 millions de dollars.

Puis, en mars 2002, la Commission des valeurs mobilières du Québec imposa une amende de deux millions de dollars au couple Charest-Weinberg et leur interdit pendant cinq ans d'occuper un poste de direction dans toute société cotée en Bourse. Plus tard cette année-là, Cinar réglera les recours collectifs intentés par des investisseurs canadiens et américains en versant plus de 25 millions de dollars. En 2004, l'entreprise sera vendue à des investisseurs pour 190 millions de dollars, puis rebaptisée Cookie Jar.

Dans toute cette avalanche de millions, il ne faut pas perdre de vue qu'entre 1993 et 1998, les contributions gouvernementales octroyées à Cinar ont totalisé 75 millions de dollars, soit bien plus que les profits de 54 millions engrangés par l'entreprise pendant la même période.

Plus choquant encore, aucune accusation criminelle n'a été déposée à ce jour contre les dirigeants de Cinar. Le ministère fédéral de la Justice a statué en 2001 que la deuxième enquête de la GRC, qui avait suivi les traces de celle de Lacoursière, n'était pas d'intérêt public! Avait-on oublié que c'était la ministre Sheila Copps qui l'avait commandée?

Puis en dernière analyse, Ottawa tranchera en décembre 2003 que la preuve recueillie était insuffisante. La police fédérale s'apprêtait pourtant à interroger les principaux responsables chez France Animation et Ravensburger, coproducteurs de *Robinson Sucroë*. Quant au volumineux rapport d'enquête de la Sûreté du Québec sur le présumé détournement de 122 millions de dollars américains aux Bahamas, terminé en septembre 2008, il traîne toujours sur le bureau d'un des substituts du procureur général.

Pour sa part, celui qui a été à l'origine de la chute de Cinar a dû attendre jusqu'au 26 août 2009 pour remporter sa toute première victoire dans cette longue affaire. Dans une décision de plus de 240 pages, le juge Claude Auclair, de la Cour supérieure du Québec, condamna Cinar, Charest, Weinberg et d'autres producteurs de *Robinson Sucroë* (France Animation, Ravensburger et RTV Family) à verser plus de 5,2 millions de dollars à Claude Robinson. Or, l'artiste devait alors 2,4 millions de dollars à ses avocats.

« L'objectif de l'octroi de dommages punitifs est de prévenir des cas semblables et de punir ces bandits à cravate ou à jupon, afin de les décourager de répéter leur stratagème et de sanctionner leur conduite scandaleuse, infâme et immorale », martela le magistrat, reprochant aux défendeurs d'avoir fraudé et menti à la cour.

Cinar et compagnie ont évidemment porté le litige en appel, de sorte que Robinson n'a encore touché aucune indemnité financière.

L'affaire Cinar a montré les limites du travail policier, surtout lorsque la politique s'en mêle. Mais elle a aussi fait de Lacoursière et de Robinson de bons amis. Quand la déprime assaillait l'artiste, Lacoursière l'invitait à manger au restaurant. Plus d'une fois, il l'a reçu chez lui. Notamment le jour de la publication du jugement Auclair, le policier voulant l'éloigner du battage médiatique qui allait inévitablement s'ensuivre.

Pendant ce séjour à la maison de campagne de Lacoursière, Robinson reprit place derrière un chevalet pour la première fois en 14 ans. Et c'est nul autre que Lacoursière qu'il peignit, le représentant songeur, le visage coloré et les cheveux en bataille. Sur le veston noir du sergent-détective, typique de sa tenue quotidienne, on pouvait discerner des mots qui résumaient le combat de Robinson, mais aussi la vocation de Lacoursière : dessin, art, Riopelle, Borduas, vérité, mensonge, SQ, Charest, Cinar. L'œuvre illustre la page couverture du présent livre.

10

L'art au service des motards et de la mafia

Vendredi 13 octobre 2000. En début de soirée, des policiers entrèrent dans un commerce de la rue Notre-Dame, à Laval. Ils avaient obtenu un mandat pour saisir des armes à feu illicites et de la drogue. À l'intérieur, ils aperçurent, à travers une vitre, quantité de tableaux et de sculptures.

Si la perquisition avait eu lieu 15 ou 20 ans plus tôt, ils n'y auraient probablement pas prêté attention, puisque la police accordait alors fort peu d'importance aux œuvres d'art. On préférait saisir de l'équipement électronique et des véhicules, laissant ainsi entre les mains des suspects des biens qui avaient souvent une valeur beaucoup plus grande. Or, en 2000, le rôle d'Alain Lacoursière était assez largement connu chez les policiers de la région montréalaise, de sorte qu'on ne tarda pas à lui téléphoner.

« Est-ce qu'on peut défoncer ?

– Un instant ! Je ne sais pas ce qu'il y a là-dedans. Je vais aller voir ça. »

Sur place, Lacoursière constata que les tableaux et les sculptures ressemblaient étrangement à des œuvres qui avaient été volées au cours des mois précédents dans des résidences et des galeries de l'île de Montréal. Il autorisa les policiers à forcer la porte, puis commença à faire l'inventaire. Il y avait 45 œuvres d'art, dont des peintures religieuses, six bronzes du Britannique Harry Marinsky, un tableau de l'artiste britanno-colombienne Molly Lamb Bobak et une sculpture en fibre de verre d'André Pelletier, de Saint-Jean-Port-Joli. Valeur totale : près de 1,5 million de dollars.

Soudain, Lacoursière remarqua la présence de fils qui tombaient du plafond suspendu. Il monta sur une table et tendit la main pour aller inspecter les entrailles de la structure. Il se retrouva rapidement avec une quinzaine de paquets de C4, un puissant explosif, sous les doigts. Le chic policier spécialisé en œuvres d'art se retrouvait dans de beaux draps !

Ignorant si la dynamite était reliée à un détonateur susceptible de se déclencher au moindre mouvement, ses collègues ne voulurent courir aucun risque et appelèrent les spécialistes en désamorçage d'engins du SWAT, l'escouade tactique de la police de Montréal. Arriva un agent vêtu d'une veste antibombe et d'un immense casque. Il jeta un coup d'œil aux paquets d'explosifs juchés dans le plafond.

« Heille, ça ne te tente pas de t'enlever de là ? lança-t-il à Lacoursière, moqueur.

– Qu'est-ce que tu penses ! Ça fait 15 minutes que j'essaye de ne pas bouger !

– C'est beau, tu peux y aller, il n'y a pas de détonateur. »

Au terme de sa brève enquête, Lacoursière établit que les œuvres étaient issues de quatre vols perpétrés en 1999 et en 2000 : trois dans des résidences cossues de l'ouest de l'île de Montréal, puis un autre à la galerie Kastel de Westmount. En tout, une centaine d'œuvres avaient été subtilisées lors de ces cambriolages, commis par de petits criminels pour rembourser des dettes de drogue qu'ils devaient à des membres de gang.

« Ce qui provient de la galerie d'art a été choisi plus rapidement, probablement près de la porte en raison du système d'alarme, expliqua le sergent-détective à *La Presse*. Il y a entre

20 et 25 pour cent de toute la marchandise qui représente une bonne valeur sur le marché. »

Les policiers arrêtèrent Joseph Ghaleb, 45 ans, homme de confiance du chef présumé des Hells Angels, Maurice « Mom » Boucher. Ghaleb se spécialisait dans le prêt usuraire et le blanchiment d'argent, notamment par le truchement d'œuvres d'art. On l'accusa de recel et d'avoir été en possession d'explosifs et d'une arme prohibée – une carabine de calibre .22 semi-automatique à canon tronçonné. En décembre 2000, Ghaleb plaida coupable à un chef d'accusation de recel d'œuvres d'art, pour lequel il reçut une peine de six mois de prison. À cela s'ajoutèrent huit mois de plus à l'ombre pour s'être reconnu coupable de deux des quatre chefs reliés aux explosifs et aux armes à feu.

En novembre 2004, un inconnu abattit Ghaleb devant sa résidence de la rue de Gascogne, à Laval. La police conclura à un règlement de comptes, mais on ne retrouvera jamais les meurtriers. L'homme de 49 ans avait plusieurs ennemis, puisqu'il était proche à la fois des Hells Angels et de la mafia italienne. Les policiers le soupçonnaient d'avoir commis l'attentat contre le journaliste Michel Auger, quelques semaines avant la saisie des œuvres d'art, mais on ne l'avait jamais accusé. Son casier judiciaire était chargé : menaces de meurtre, voies de fait armées, possession d'armes prohibées.

*

Alain Lacoursière savait depuis longtemps que le crime organisé se servait de tableaux pour blanchir de l'argent sale. Il se rappelait que dans les années 1990, un éminent membre de la mafia montréalaise avait « légitimé » sa maison de 230 000 $ avec une toile attribuée à Paul-Émile Borduas. Le mafioso avait présenté au fisc une facture prouvant qu'il avait payé l'œuvre 20 000 $ au marché aux puces de Saint-Ouen, en banlieue parisienne, et une autre montrant qu'il l'avait revendue 250 000 $ à un Australien vivant en Floride, quelques années plus tard. Il avait même produit une photo où on le voyait aux côtés de la toile. Il s'agissait d'un faux Borduas, mais qu'importe !

Il venait ainsi de faire croire qu'il avait payé sa résidence avec le gain en capital tiré de la revente du tableau, alors qu'il l'avait plutôt achetée avec les revenus provenant de ses activités criminelles. Tout ce que le fisc a pu faire, c'est de lui réclamer les impôts impayés sur les profits de 230 000 $ qu'il avait « oublié » de déclarer !

Le retentissement qu'a eu l'affaire Ghaleb a permis à Alain Lacoursière de faire comprendre à la hiérarchie policière l'importance du trafic d'art pour le crime organisé et, du coup, le bien-fondé de son travail. Lors des préparatifs en vue de la méga-opération antimotards baptisée Printemps 2001, on décida donc de le mettre dans le coup. On l'invita à participer à la grande réunion, tenue dans un ancien cinéma, au cours de laquelle les dirigeants de la police expliquèrent à un millier d'enquêteurs les tenants et aboutissants de l'offensive.

Certains s'interrogèrent sur la pertinence de s'attarder à l'art dans une telle affaire, mais la hiérarchie ne broncha pas, soulignant que les Hells Angels se servaient régulièrement d'œuvres comme monnaie d'échange dans le trafic d'armes et de drogue.

Comme prévu, l'opération Printemps 2001 se traduisit par la saisie de nombreuses œuvres d'art, que Lacoursière dut évaluer une à une. La plupart d'entre elles n'avaient pas été volées, mais avaient servi à blanchir de l'argent.

Dans le somptueux manoir de l'un des bras droits de « Mom » Boucher, les policiers retrouvèrent une quarantaine d'œuvres acquises « légitimement » ainsi que deux bronzes du sculpteur Marc-André Fortier, volés ceux-là.

Cette dernière découverte surprit Lacoursière. Les dirigeants du crime organisé se font habituellement un point d'honneur de ne jamais entreposer de biens volés chez eux, de façon à éviter que la police y trouve un prétexte pour obtenir un mandat de perquisition qui pourrait lever le voile sur des crimes bien plus graves. À moins de croire à une simple distraction du motard, la seule explication possible était la suivante : en achetant les bronzes, l'homme se serait fait avoir par le vendeur, qui aurait omis de lui dire qu'il s'agissait de biens volés. Même une crapule peut se faire flouer !

Il est courant que des membres du crime organisé achètent des œuvres légitimes dans des galeries qui ont pignon sur rue pour les revendre dans une autre galerie au même prix, quelque temps plus tard. Il s'agit en fait d'un stratagème pour blanchir de l'argent. La galerie qui rachète le tableau, souvent contrôlée par l'organisation criminelle en sous-main, produit une facture dont le montant est le double, voire le triple du prix de vente réel. Armé d'un tel document, un criminel qui a payé 10 000 $ pour un tableau peut prétendre l'avoir cédé pour 40 000 $, de telle sorte qu'il vient de blanchir 30 000 $.

Ce ne sont toutefois pas ces œuvres « au fort pouvoir blanchissant » qui retinrent le plus l'attention d'Alain Lacoursière dans le cadre de cette vaste opération. En descendant au sous-sol de la résidence d'un motard, Lacoursière découvrit, parmi un lot d'articles disparates étalés pêle-mêle, un tableau de 1,5 sur 1,2 m de Serge Lemoyne – un vrai de vrai.

« Combien ça vaut ? s'enquit un collègue.

– À peu près 25 000 $ », répondit l'enquêteur en œuvres d'art.

Puis il demanda à l'un des policiers présents de lui passer un couteau. Il empoigna l'outil et, d'un coup sec, il fit une incision dans la toile par l'arrière du tableau.

« Wô ! Qu'est-ce que tu fais là ? » s'énerva le collègue.

Lacoursière agrandit l'entaille avec ses mains et découvrit, comme il s'y attendait, un double fond. On avait monté le tableau sur un deuxième faux-cadre, de sorte qu'il comportait deux toiles superposées au lieu d'une seule. Entre les deux toiles, qui étaient séparées d'environ 3 cm, se trouvait une cache d'environ 30 cm², juste assez grande pour contenir deux pistolets ou un kilogramme de cocaïne.

Le trucage de l'œuvre était plutôt réussi. En la secouant, il était impossible de deviner ce qui s'y dissimulait. Mais Lacoursière avait eu la puce à l'oreille en remarquant que le tableau était plus lourd que la normale et que l'arrière de la toile était quasi immaculé. Connaissant bien Lemoyne et son côté brouillon, l'enquêteur avait senti que quelque chose n'allait pas.

Pour un trafiquant, un tableau constituait, à une époque pas si lointaine, un excellent véhicule pour camoufler de la drogue ou des armes. Les douaniers ne les passaient pas systématiquement aux rayons X, surtout ceux de grande dimension. Sans compter que le transport de l'œuvre elle-même, si sa valeur était suffisamment élevée, pouvait remplacer un transit d'espèces sonnantes et trébuchantes. Voyager avec un tableau, fût-il de grande taille, soulevait souvent moins de questions que se promener avec une valise remplie de billets. Ce n'est pas pour rien que le trafic d'art est, selon certains spécialistes, le quatrième en importance dans le monde après celui de la drogue, de l'argent et des armes.

*

Dans les années 1990 et 2000, il arrivait assez régulièrement que la mafia ou le Gang de l'Ouest commandent à des exécutants le vol de certaines œuvres d'art dans des galeries ou des résidences. Les voleurs ne recevaient pour seule rémunération qu'une mince fraction de la valeur marchande des tableaux ou des sculptures livrés. Les organisations criminelles se réservaient la plus grande part des profits en revendant les œuvres à des clients qu'elles avaient préalablement recrutés.

De leur côté, les Hells Angels acceptaient depuis longtemps d'être payés avec des œuvres d'art. Pour les petits revendeurs de drogue qui devaient d'importantes sommes d'argent aux Hells, le cambriolage de galeries pouvait donc se révéler une avenue intéressante. En pleine nuit, ils subtilisaient les œuvres relativement faciles à transporter qui leur semblaient valoir le plus cher. Et surtout, ils n'oubliaient pas d'apporter avec eux la fiche descriptive comprenant le nom de l'œuvre et son prix.

En règle générale, les Hells attribuaient le dixième de la valeur inscrite sur la fiche accompagnant la toile ou la sculpture. Ainsi, sur réception d'un tableau affiché à 4000 $ dans une galerie, ils effaçaient 400 $ de dettes – ou livraient pour 400 $ de drogue. Ils pouvaient ensuite proposer les pièces ainsi obtenues aux gangs colombiens ou italiens dans le cadre de transactions de drogue.

Les œuvres d'art volées par les cambrioleurs qui ont sévi dans des résidences cossues de la région de Montréal, dans les années 1990, atterrissaient souvent entre les mains du crime organisé, selon la police. Les truands pouvaient se servir d'œuvres volées pour payer leur drogue ou pour rembourser leurs dettes auprès des revendeurs. Ils pouvaient aussi effectuer des vols commandés par des organisations criminelles, celles-ci étant toujours à la recherche de tableaux et de sculptures pour blanchir de l'argent.

Évidemment, les gangs étaient rarement intéressés à conserver un vaste inventaire de tableaux et de bronzes. Parfois, ils les «passaient» dans des ventes aux enchères en province, où les pièces se noyaient parmi les autres lots. En cela, ils étaient aidés par des encanteurs qui fermaient les yeux sur la provenance douteuse de certaines œuvres et qui, de surcroît, omettaient de vérifier le nom des vendeurs – une formalité pourtant élémentaire.

Lacoursière a déjà déposé des accusations contre un encanteur à l'éthique élastique, puis les a retirées, faute de preuves suffisantes pour démontrer une intention criminelle. La police a néanmoins réussi à forcer le commerçant, fautif mais millionnaire, à faire un don de 25 000 $ à un organisme caritatif. Et depuis cet épisode, l'encanteur a quelque peu resserré ses pratiques et collabore avec les autorités.

Quand des œuvres d'art volées prennent le chemin du reste du Canada ou de l'étranger, elles deviennent très difficiles à retracer. En fait, même lorsqu'elles demeurent au Québec, certaines pièces s'avèrent pratiquement impossibles à retrouver.

Ainsi, la Montréalaise qui s'est fait voler une dizaine de bronzes de Suzor-Coté en 1992 est pratiquement certaine de ne jamais les revoir, à son grand désespoir. Les sculptures de ce genre sont généralement tirées à huit exemplaires et numérotées. Or, la dame ne connaît pas les numéros de ses bronzes. Ceux-ci ont probablement été vendus et revendus plusieurs fois dans des encans et des galeries d'art sans que les policiers puissent les saisir, puisque ces derniers n'ont jamais eu la certitude qu'il s'agissait bien des sculptures qui ont été volées.

*

En 2003, malgré l'efficacité de l'opération Printemps 2001, la police continuait de surveiller les activités des Hells Angels, notamment par le biais de l'écoute électronique. Un jour de juin, les policiers de la salle d'écoute de la SQ convoquèrent Lacoursière. Ils filaient un individu qui se promenait d'une galerie d'art à l'autre en essayant d'obtenir un certificat d'authenticité pour un tableau.

« C'est quoi le tableau ? demanda Lacoursière.

– Un Résanne ? se risqua l'un des policiers de la salle d'écoute.

– Un Cézanne, tu veux dire.

– Ils semblent dire que ça vaut plusieurs millions.

– On verra bien. »

En fait, dans leurs conversations téléphoniques espionnées par la police, les motards avançaient que la toile valait pas moins de 16 millions de dollars. Y voyant le moyen parfait de blanchir une importante somme d'argent provenant du trafic de drogue, ils échafaudaient un plan élaboré pour la vendre aux enchères dans une célèbre maison anglo-saxonne, que nous ne nommerons pas pour des raisons évidentes.

« On a déjà nos entrées chez ***, dit l'un des hommes.

– Comment allez-vous faire ça ?

– Le mois prochain, le tableau va passer à l'encan. Je vais envoyer deux gars à New York le racheter pour nous autres. Ça va nous coûter à peu près deux millions de dollars de commission.

– Parfait. T'as mon OK. »

L'hôtel des ventes se faisait pourtant tirer l'oreille, doutant de l'authenticité de l'œuvre. On demanda aux vendeurs de l'envoyer à New York afin qu'on puisse l'examiner. Les bandits prétendirent que la toile provenait d'une succession et qu'ils ne l'avaient pas en leur possession. Ils offrirent d'expédier une photo et rassurèrent les encanteurs en leur confiant que deux acheteurs étaient déjà sur les rangs.

Pour justifier le recours à une maison de vente aux enchères qui prend au passage une onéreuse commission, les truands racontèrent qu'ils voulaient respecter leur parole et continuer de traiter avec l'institution, comme convenu au départ, tout en se réservant la possibilité de vendre à une tierce personne à un prix plus élevé.

La fourberie finit par convaincre les dirigeants de la maison de vente aux enchères, qui salivaient probablement à la pensée de leur juteuse commission. Ils firent tout de même rédiger par leurs avocats une lettre dans laquelle ils se dégageaient de toute responsabilité en rapport avec cette curieuse transaction.

Les gangsters prévoyaient miser sur le tableau jusqu'à 16 ou 16,5 millions de dollars, mais pas davantage, question de ne pas éveiller les soupçons. Une fois l'œuvre adjugée, on verserait la commission à l'hôtel des ventes, avant de proposer de conclure la transaction en privé, comme cela se fait souvent. Dans les faits, on n'échangerait aucun chèque, la manœuvre ne visant qu'à obtenir une preuve écrite de paiement pour «légitimer», auprès du fisc, la provenance de millions de dollars issus, dans ce cas-ci, de lucratifs prêts usuraires.

Payer une commission d'un peu plus de 10 pour cent pour camoufler l'origine de 16 millions de dollars représente une aubaine: avec d'autres méthodes, les criminels doivent débourser jusqu'à 25 pour cent de la somme à blanchir.

Or, les malfaiteurs n'auront pas eu le temps de passer à l'acte. À 6 h 30, un bon matin de juillet 2003, une centaine de policiers lancèrent l'opération Ambition. Ils visaient le réseau de prêt usuraire de Robert «Ti-Bras» Baillargeon, établi dans toute la région de Montréal. On demanda à Alain Lacoursière de se rendre dans une galerie de Laval.

Sur place, le sergent-détective trouva le fameux tableau. Une femme avait demandé à l'établissement de l'entreposer. En fait, il appartenait à un certain Benoit Laliberté, qui l'avait offert en garantie pour emprunter une importante somme d'argent – près de 50 000 $ – à Baillargeon, un sympathisant des Hells Angels. Quelques mois plus tôt, les deux hommes avaient tenté d'acheter, ensemble, l'ancienne usine Hyundai de Bromont pour la transformer en un gigantesque studio de cinéma, un projet qui avait avorté.

Le président de la galerie accepta que Lacoursière saisisse le tableau sur-le-champ. Le policier le plaça dans sa voiture personnelle et téléphona à son patron pour lui annoncer que la perquisition était terminée.

« Un instant! Tu ne t'en iras pas comme ça avec un tableau de 16 millions de dollars!

– Pourquoi pas?

– Le SWAT va aller te voir!»

Peu de temps après, deux voitures et deux motos de police arrivèrent devant la galerie. Direction : Musée des beaux-arts de Montréal, où l'on entreposera la toile le temps de décider ce qu'on en fera. Le cortège arriva devant l'auguste institution tous gyrophares allumés. Des policiers débarquèrent armés de leurs carabines.

«Alain, ils ne vont pas rentrer dans le musée comme ça? s'inquiéta le conservateur du musée, interloqué par ce branle-bas.

– Ils font un gros show, rétorqua Lacoursière. Laisse-les faire, qu'est-ce que tu veux que je te dise…»

Après des vérifications dans les banques de données internationales, le sergent-détective confirma que l'œuvre n'avait pas été rapportée volée. Il examina le tableau sous une lampe ultraviolette, ce qui lui permit de constater que la toile de lin et le faux-cadre s'apparentaient à ceux utilisés à la fin du XIXe siècle. Mieux encore, il s'agissait d'une composition impressionniste qui n'était pas étrangère à l'œuvre de Cézanne.

Il fallait tout de même pousser les recherches plus loin. Quelques semaines plus tard, on décida de faire expertiser le tableau par des spécialistes. Le même manège se répéta : le SWAT escorta l'équipée jusqu'au laboratoire, à quelques heures de route de Montréal.

Les experts procédèrent à une analyse détaillée de la toile en la soumettant aux rayons X, aux lumières ultraviolette et infrarouge, puis en effectuant un prélèvement de micropigments. Leur travail suscitait un vif intérêt : après tout, s'il s'agissait d'un véritable Cézanne, c'était probablement le premier à circuler aussi librement au Québec, voire au Canada.

Le tableau avait toutes les apparences d'un authentique Cézanne. Seulement, ses dimensions de 46 sur 51 cm n'étaient pas typiques de l'œuvre du célèbre peintre français. Même chose pour le gesso, l'apprêt minéral appliqué sous la peinture, qui n'était pas du type employé par Cézanne. Il y avait donc des indices techniques qui laissaient croire à un faux, mais il ne s'agissait pas d'une preuve hors de tout doute.

Prochaine étape : faire analyser l'œuvre, présentée comme un paysage de l'Estaque, à Marseille, par un conservateur du Musée des beaux-arts du Canada. Le spécialiste affirma que la structure de l'église représentée dans le tableau était espagnole, alors que Cézanne n'a jamais peint de paysages de ce pays. On se rapprochait dangereusement d'un faux. Mais Lacoursière voulait en avoir le cœur net une fois pour toutes.

Il prit contact, en Suisse, avec Walter Feilchenfeldt, l'autorité suprême en ce qui concerne Cézanne. Le policier envoya une photo du tableau à l'expert, qui le rappela le lendemain.

« Voulez-vous que nous allions vous le montrer en personne, glissa Lacoursière, espérant pouvoir justifier un voyage dans le pittoresque pays alpin.

– Non, ce n'est pas la peine. C'est très bien fait, mais c'est une copie d'époque. Je l'ai déjà vue. Un cabinet d'avocats de Montréal m'en avait envoyé des photos il y a quelques années. »

« Ti-Bras » Baillargeon avait donc pris un faux Cézanne qui valait à peine 2000 $ en gage d'un prêt d'un demi-million de dollars. Alain Lacoursière est aujourd'hui convaincu que Baillargeon et Laliberté croyaient véritablement, du moins au début, qu'il s'agissait d'un tableau authentique.

En mai 2006, Baillargeon, alors âgé de 55 ans, et son bras droit, Nicolas Pécé, 43 ans, plaidèrent coupables à des accusations réduites de prêt usuraire et de recel d'argent. Baillargeon écopa d'une peine fort clémente de 12 mois « à purger dans la communauté », mais on lui confisqua la somme de 1,2 million de dollars en liquide. À l'origine, Baillargeon et Pécé étaient également accusés de blanchiment d'argent et de gangstérisme.

Laliberté s'en tira encore mieux : inculpé des mêmes crimes, il ne se reconnut coupable que de recel d'argent et eut droit à une absolution inconditionnelle. En plus, il a réussi à récupérer son tableau au bout de quelques mois, puisque posséder un faux n'est pas illégal au Canada. Il soutenait l'avoir obtenu d'une tante qui l'avait payé 5000 $ dans un marché aux puces de la Caroline du Sud. Lacoursière, qui l'exhibait fièrement comme trophée de chasse dans son bureau, a été bien peiné de devoir s'en départir.

Selon l'enquête policière, Laliberté avait emprunté plusieurs centaines de milliers de dollars à Baillargeon, une somme garantie par le faux Cézanne et par d'autres actifs. Laliberté avait injecté une partie de l'argent dans des entreprises et versé le reste aux investisseurs qu'il avait sollicités pour ses projets, plusieurs d'entre eux s'inquiétant de la viabilité de leur placement. En 2008, il sera reconnu coupable d'avoir trompé des investisseurs et condamné à payer une amende de près de 900 000 $.

Au moment des arrestations, le réseau de Baillargeon comptait une centaine de clients, principalement des gens d'affaires et des professionnels qui éprouvaient des difficultés financières. En règle générale, la valeur des prêts oscillait entre 3000 et 30 000 $, mais elle pouvait atteindre jusqu'à un million de dollars. Les créances totalisaient plusieurs millions de dollars. Taux d'intérêt exigé : 60 pour cent par an !

*

L'audacieuse opération que Baillargeon et ses sbires préparaient avec le faux Cézanne était exceptionnelle. Quand les criminels veulent se départir d'œuvres excédentaires, il s'agit généralement de pièces moins controversées et de bien plus faible valeur, qui s'écoulent sans trop de problèmes dans des encans moins prestigieux que ceux organisés par les grandes maisons new-yorkaises.

En 2006, Alain Lacoursière eut l'occasion de constater de visu à quel point le procédé est simple et répandu. En un tour de main, les gangs peuvent faire retrouver le chemin de la légalité à des œuvres au lourd passé – qu'elles aient été volées ou qu'elles aient servi à blanchir de l'argent.

En avril, des agents affectés à l'écoute électronique apprirent à Lacoursière qu'un ancien policier recyclé en courtier en œuvres d'art de la région de Québec, Richard Sanschagrin, était sous enquête pour une importante affaire d'importation de drogue. Lacoursière le connaissait un peu pour lui avoir déjà parlé.

Un jour, il eut l'intuition de se rendre, avec son partenaire Jean-François Talbot, dans un encan québécois – que nous n'identifierons pas puisque son propriétaire n'a été accusé de rien dans cette affaire. Lacoursière voulait voir si par hasard son homme ne s'y trouverait pas. Comme de fait, il y était. Le sergent-détective lui mit la main sur l'épaule alors qu'il lui faisait dos, en pleine discussion avec deux hommes.

« Salut Richard !

– Tabarnak, répondit Sanschagrin, presque livide. Tu ne m'avais pas dit que tu venais ici ce soir ! »

Lacoursière fit la conversation au courtier en œuvres d'art. Devant eux, la vente aux enchères, qui avait débuté quelques minutes plus tôt, peinait à décoller. Rares étaient les lots qui trouvaient preneur, plusieurs acheteurs se montrant timides en présence du policier. Nerveux, Sanschagrin multipliait les appels téléphoniques au lieu de miser sur des lots. L'encanteur, que Lacoursière avait salué en entrant, était évidemment furieux de la tournure des événements.

Le sergent-détective se sentait comme un chien dans un jeu de quilles et il n'en était pas peu fier. Le réseau de Sanschagrin vendait-il des tableaux aux enchères pour blanchir l'argent sale provenant du trafic de coke ?

En mai 2006, les policiers arrêtèrent Richard Sanschagrin en même temps qu'une vingtaine d'autres suspects, dont le caïd Yvan Cech, dans le cadre de l'opération Fusion. Sanschagrin et Cech furent accusés d'avoir importé, en passant par le Venezuela et la République dominicaine, des centaines de kilos de cocaïne colombienne.

Dans la foulée du raid, la police saisit plus de 2000 œuvres qui étaient conservées dans un entrepôt et dans les résidences de certains des trafiquants. Lacoursière alla les inspecter pour voir s'il ne s'y cachait pas des tableaux volés. Négatif. Il ne s'agissait que de tableaux de faible valeur, de pastiches et de faux de bas calibre, du genre faciles à vendre et à racheter... Au moins le quart d'entre eux portaient des étiquettes de la maison de vente aux enchères où les policiers avaient surpris

Sanschagrin. Sur certaines des œuvres, on trouvait deux ou trois autocollants du même encanteur, signe infaillible de transactions à répétition.

Les policiers n'ont pas réussi à prouver hors de tout doute raisonnable que les tableaux avaient bel et bien servi au blanchiment d'argent. Il faut toutefois dire qu'ils préféraient concentrer leurs efforts sur les accusations d'importation de stupéfiants et de gangstérisme.

Les tableaux ont quand même été saisis pour une bonne cause : rembourser au fisc les impôts et taxes impayés par Sanschagrin au fil des ans. Selon Revenu Québec, l'importation de la coke lui avait rapporté au moins 2,4 millions de dollars, alors qu'il avait déclaré, entre 2000 et 2004, des revenus annuels moyens d'à peine 37 557 $! Outre les tableaux, évalués globalement à 500 000 $, Sanschagrin possédait des propriétés valant près d'un million de dollars au total. En 2009, Sanschagrin et Cech seront condamnés à 12 ans de prison.

*

La mafia italienne est encore plus friande d'œuvres d'art que les motards. Elle retient les services d'experts pour évaluer les tableaux et les sculptures qu'elle veut acheter – que ce soit sur le marché noir ou dans des galeries tout ce qu'il y a de plus légitimes. Les mafiosi revendent ensuite les pièces à des collectionneurs qui recherchent des aubaines ou à des galeries qu'ils contrôlent, afin de blanchir de l'argent. Lors de perquisitions, la police montréalaise a retrouvé des catalogues d'œuvres que la mafia met à la disposition d'acheteurs potentiels, au pays comme à l'étranger. Pendant des années, ces recueils étaient imprimés sur papier ; aujourd'hui, ils prennent la forme de fichiers électroniques conservés sur clés USB.

Il est également possible de passer par le crime organisé pour commander des œuvres volées aux États-Unis ou en Europe, où le choix est beaucoup plus vaste qu'au Canada, vu le grand nombre de galeries et de musées qu'on y trouve.

C'est ainsi que *Head of a Woman*, un tableau du célèbre peintre flamand Antoine Van Dyck, s'est retrouvé dans une rue du centre-ville de Montréal en 1994. Deux hommes s'apprêtaient à vendre l'œuvre, d'une valeur se situant entre 500 000 $ et un million de dollars, à un mystérieux acheteur.

La toile avait été volée quatre ans plus tôt par six cambrioleurs, dont un Montréalais, dans un château d'Irlande. D'après la police, elle devait servir de monnaie d'échange dans une transaction aux États-Unis, qui avait toutefois avorté au dernier moment pour une raison inconnue. John Chambers et John-Louis Saint-Amand, deux résidants de la région de Montréal dans la cinquantaine, furent arrêtés et firent face à des accusations de recel, que la Couronne laissera toutefois tomber quelques mois plus tard.

Pour faire fonctionner cette sorte de «courtage» d'œuvres d'art volées, les organisations criminelles retiennent généralement les services d'un Pony Express, du nom d'un service de distribution du courrier à cheval qui a existé entre le Missouri et la Californie en 1860-1861. Le système s'inspirait des exploits du cavalier canadien-français François-Xavier Aubry, qui avait relié le Nouveau-Mexique au Missouri en tout juste cinq jours et demi, en 1848.

Le crime organisé, que ce soit la mafia italienne, le Gang de l'Ouest ou les Hells Angels, verse disons 5000 $ – une moitié au départ, l'autre au retour – à la personne qui jouera le rôle du Pony Express. On lui achète un billet d'avion pour une ville comme Paris ou Amsterdam et on lui demande de se présenter à un rendez-vous fixé d'avance avec un autre messager – celui du groupe qui a volé l'œuvre d'art quelque part en Europe. L'échange se fait facilement à l'aide d'un mot de passe, la toile ayant déjà été payée par transfert électronique d'argent. Prix d'achat : 50 000 $, soit 10 pour cent de sa valeur marchande de 500 000 $, puisqu'il s'agit d'une œuvre volée.

Après quelques jours de tourisme, le Pony Express revient à Montréal avec son tableau sous le bras. Aux douaniers, il déclare être en possession d'une photolithographie sur toile d'une valeur de 125 euros. Parfois, on va jusqu'à camoufler un tableau à l'huile en peignant à l'aquarelle par-dessus. Le messager passe quelques jours à Montréal avant de reprendre le chemin de l'aéroport, cette fois-ci pour se rendre aux États-Unis. C'est là que le gang a trouvé un acheteur pour l'œuvre, au prix de 250 000 $. Arrivé à New York ou à Chicago, le Pony Express attend dans un hôtel voisin de l'aéroport. Soudain, il reçoit un appel et quelques minutes plus tard, un chauffeur de taxi vient chercher le tableau en prononçant à son tour un code secret. Le tour est joué !

En revendant pour 250 000 $ une toile qui lui a coûté 50 000 $, plus 10 000 $ pour la rémunération du Pony Express, son hébergement et ses frais de subsistance, l'organisation criminelle vient de réaliser un joli profit de 190 000 $, soit un rendement de plus de 200 pour cent en quelques jours à peine.

Ce stratagème a notamment servi à faire transiter par Montréal un petit tableau de Corot volé en Europe et revendu à New York pour trois quarts de million de dollars américains, au début des années 1990. Passer par le Canada permet de profiter de douanes relativement peu pointilleuses. De plus, avec des papiers canadiens, on peut redonner sa « virginité » à une œuvre de provenance douteuse, du moins aux yeux d'un acheteur complaisant.

Aussi étonnant que cela puisse paraître, une œuvre d'art qui entre au pays par l'entremise d'un Pony Express est moins susceptible d'être examinée par les douaniers que si elle était importée par la poste. Le Pony Express que Lacoursière a bien connu ne s'est jamais fait prendre avec des tableaux aux douanes. En fait, la seule fois où il a été intercepté par les douaniers, c'était pour avoir rapporté quatre bouteilles de vin dans ses valises. Il a été détenu pendant trois heures à l'aéroport, mais les agents fédéraux ne l'ont jamais inquiété pour le Corot de 125 000 $ qu'il portait sous le bras lors du même transit!

*

À quelques reprises, Lacoursière a récupéré des œuvres volées en les «rachetant». Pas avec les budgets de la police, généralement insuffisants pour financer de telles opérations, mais avec des sommes d'argent versées par les assureurs des pièces. Il a ainsi mis la main, en 1999, sur un violon qui portait une étiquette le présentant comme un Stradivarius. Ce n'en était pas un, mais l'instrument valait tout de même 200 000 $. Il faisait partie de ces biens dont le crime organisé ne veut plus lorsqu'il devient trop clair qu'ils ont été volés. La valeur de ces objets discrédités chute alors sur le marché noir, incitant les motards ou la mafia à s'en départir rapidement à faible prix. Ils les confient alors à des exécutants fidèles qui ont l'habitude de traiter avec la police. Ils leur disent: «Prends ça, au moins tu vas te faire quelques milliers de dollars.» Ce n'est certes pas faux, mais les gangs s'arrangent habituellement pour tirer la plus grande part des profits de ces transactions.

En l'occurrence, les receleurs avaient tenté de vendre le violon à des commerçants à plusieurs reprises, mais en vain.

L'objet était «brûlé». Un jour, un intermédiaire du Gang de l'Ouest, que nous appellerons James Campbell, contacta donc Lacoursière en lui demandant 15 000 $ pour le violon. L'instrument appartenait à une musicienne professionnelle de Québec. Sa compagnie d'assurances, qui venait de lui verser 200 000 $ pour compenser le vol, accepta de débourser les 15 000 $.

Campbell fixa un rendez-vous pour la remise du violon. L'instrument arriva comme convenu, mais par taxi. Quelqu'un l'avait hélé au centre-ville, lui avait donné l'endroit où il devait se rendre et avait payé la course à l'avance. Il était donc impossible de savoir qui était le voleur ou le receleur. La violoniste récupéra son instrument chéri en remboursant à l'assureur l'indemnité qu'elle avait touchée après le vol. Campbell tira 5000 $ de l'opération, le reste allant aux receleurs. Tout le monde était content, sauf l'état-major de la police, qui n'avait pas de suspect…

Quelques mois plus tard, le même Campbell prit de nouveau contact avec Lacoursière. Cette fois-ci, il soutenait qu'une de ses connaissances était prête à rendre une toile d'un peintre italien du XIXᵉ siècle moyennant 5000 $. Le tableau avait été volé dans une galerie de Québec.

Campbell avait même une idée pour la mise en scène. Un vendredi après-midi, il donnerait rendez-vous au «vendeur» dans le cabinet de dentistes où sa femme travaillait, dans le nord de Montréal. Le bureau serait libre, puisqu'il serait alors fermé pour la fin de semaine. Campbell s'y rendrait avec Lacoursière pour conclure la transaction.

Par précaution, et comme le veut le protocole de la police dans de telles circonstances, Lacoursière arriva sur place en compagnie de trois collègues. L'un d'eux se cacha dans une pièce connexe à celle où allait avoir lieu l'échange, tandis que les deux autres attendaient dans une voiture garée en face de l'édifice. Le sergent-détective était nerveux : ce n'était pas tous les jours qu'il participait à une telle mission. La tension était certes moins élevée que pendant les *deals* de drogue auxquels il avait pris part plusieurs années auparavant, mais tout de même.

L'heure du rendez-vous avait sonné et personne ne s'était encore présenté. Plus les minutes passaient, plus Lacoursière se disait que l'affaire allait tomber à l'eau. En même temps, il savait que son interlocuteur s'était montré plutôt fiable depuis qu'il le connaissait, c'est-à-dire depuis plus de cinq ans.

Finalement, on sonna à la porte. Campbell alla ouvrir. Surprise : ce n'était pas le vendeur, mais plutôt le livreur d'une entreprise de messagerie ! Lacoursière cacha mal sa déception : il espérait mettre la main au collet du possesseur du tableau. Les deux policiers qui patientaient dans la voiture étaient là juste pour ça !

Au moins, le livreur n'arrivait pas les mains vides. Il posa le tableau le long d'un mur. Lacoursière commença à l'interroger dans l'espoir d'en savoir plus.

« Où t'as pris ça ?

— Sur la rue Valdombre, à Saint-Léonard.

— Tu vas venir nous montrer où c'est exactement. On va te suivre.

— Je n'ai pas le temps ! Il faut que je finisse mon itinéraire.

— Tu n'as qu'à appeler ton boss et à lui dire que tes livraisons vont prendre un peu de retard à cause de la police… »

Lacoursière passa les menottes à Campbell et le fit monter dans sa voiture de police banalisée. Il craignait que le receleur soit dans les parages pour récupérer son argent auprès de Campbell et il ne voulait pas faire voir que celui-ci collaborait avec lui. Le sergent-détective appela ensuite des renforts.

Des policiers allaient suivre, de loin, le camion de messagerie et la voiture banalisée dans l'espoir de voir surgir le receleur.

Arrivés à l'adresse où le livreur était allé chercher le tableau, les policiers comprirent vite qu'ils avaient affaire à des habitués de ce genre de transactions. La dame qui habitait à l'adresse indiquée n'avait vu aucun employé d'une compagnie de messagerie ce jour-là. Selon toute vraisemblance, le détenteur du tableau avait attendu le livreur debout dans la rue, près de sa voiture. Dès qu'il l'avait vu arriver, il s'était dirigé près de la porte attenante au garage de la maison, où il avait préalablement déposé le tableau. Il avait feint de sortir de la résidence aussitôt qu'il avait vu le livreur se diriger vers lui. Il avait ensuite remis l'œuvre et signé les papiers d'expédition dans l'entrée de garage, comme si de rien n'était. En procédant ainsi, il venait de brouiller les pistes... et d'embarrasser une pauvre femme.

De retour au poste de police, Lacoursière retira les menottes à Campbell et le remit en liberté. Campbell ne s'était pas montré offusqué de ce traitement particulier : son arrestation factice était prévue d'avance. Il avait déjà participé à plusieurs scénarios du genre. Une fois, il avait même feint de résister aux policiers, qui l'avaient violemment poussé au sol pour lui passer les menottes.

Même si le receleur n'avait pas daigné se rendre au rendez-vous, Lacoursière versa les 5000 $ à Campbell en échange du tableau. Dieu seul sait si l'intermédiaire les a véritablement remis au détenteur du tableau. L'argent venait de l'assureur de la galerie de Québec, qui était on ne peut plus heureux de la tournure des événements. Comme l'œuvre avait une valeur estimée entre 150 000 et 200 000 $US, il venait ainsi d'économiser beaucoup d'argent.

Lacoursière téléphona à un journaliste pour qu'il répande la bonne nouvelle. Mais bien sûr, le sergent-détective prit bien soin de modifier l'histoire pour dissimuler la combine. Le reporter raconta donc que le policier avait fait «l'étonnante découverte» de la toile dans le cabinet d'un médecin du nord de la ville. Il poursuivit en disant que le professionnel l'avait acquise peu de temps auparavant, pour 20 000 $ comptant, «d'un individu dont l'identité n'est pas encore connue».

Le journaliste ajouta qu'après son achat, le médecin avait tenté de faire évaluer le tableau en vue de le revendre. Puis qu'une source provenant du milieu des galeries d'art avait donné le tuyau à Lacoursière, ce qui avait permis au sergent-détective de retracer la toile. On précisait que le médecin ne serait pas accusé puisqu'il affirmait avoir acheté l'œuvre de bonne foi, sans savoir qu'elle avait été volée. Le journaliste écrivit que la police aurait bien aimé connaître le «vendeur», traduisant la frustration de Lacoursière de ne pas avoir vu le mystérieux receleur.

*

Lacoursière recevait régulièrement des appels d'intermédiaires d'organisations criminelles qui disaient être capables de récupérer des œuvres volées pour 10 pour cent de leur valeur. En réalité, les pièces valaient souvent bien moins que ce que ces opportunistes prétendaient. Après tout, ceux-ci avaient tout intérêt à gonfler les prix pour augmenter leur «rémunération».

Le sergent-détective a néanmoins joué le jeu à quelques reprises en puisant dans le maigre budget de la police réservé à cette fin. L'opération, hélas!, s'est toujours révélée frustrante. Même en filant l'intermédiaire pour s'assurer de sa crédibilité, la police récupérait généralement moins d'œuvres que ce qui était entendu au départ. Il fallait ensuite gérer l'argent tiré de la transaction – un cauchemar dans une organisation comme la police. Avant de donner son feu vert, la hiérarchie demandait des rapports en 10 exemplaires accompagnés du pedigree du criminel avec qui on s'apprêtait à faire affaire. On exigeait même que celui-ci signe un document confirmant la réception d'une somme d'argent des mains de la police!

Mais le comble, c'était quand des intermédiaires du crime organisé contactaient directement des galeristes qui avaient été victimes d'un vol en leur disant qu'ils travaillaient pour… Lacoursière! «Donne-moi 2000 $ et je vais te récupérer ton tableau volé», lançaient-ils. De l'extorsion pure et simple. Les malheureux qui mordaient à l'hameçon ne faisaient qu'accroître leurs pertes financières et leur frustration.

Lacoursière a aussi tenté de «commander» des œuvres mises en vente par le crime organisé dans l'espoir de démanteler des réseaux illicites. Pas des objets «brûlés», mais des pièces qui avaient encore une grande valeur sur le marché noir. Le hic, c'est que les vendeurs des gangs étaient très rusés et très méfiants: ils refusaient systématiquement de montrer les œuvres avant de recevoir l'argent. Et une fois qu'ils avaient touché la somme réclamée, le tableau ou la sculpture arrivait à l'acheteur par taxi ou par messagerie, comme dans le cas des biens dits «brûlés».

Pour les policiers, il était donc très difficile, voire impossible, de remonter jusqu'à l'origine d'un réseau. Tout au plus parvenaient-ils à mettre la main sur un simple exécutant, qui refusait net de dénoncer ses commanditaires, quitte à faire de la prison pour pouvoir garder le silence.

Bien sûr, avec une réelle détermination et des moyens financiers adéquats, la police aurait pu démanteler de tels réseaux. Mais à côté de trafics jugés plus graves, plus particulièrement celui de la drogue, le commerce illicite d'œuvres d'art ne faisait pas le poids aux yeux de la hiérarchie, même s'il servait souvent à financer des crimes bien plus répréhensibles.

Il faut cependant reconnaître que la guerre menée contre le crime organisé depuis une dizaine d'années a, par ricochet, sérieusement nuit aux activités des trafiquants d'œuvres d'art. Décapités, les Hells Angels et la mafia ont aujourd'hui d'autres chats à fouetter. Et ceux qui les ont remplacés en bonne partie, les gangs de rue, ne s'intéressent pas vraiment au domaine. Qui sait, cela va peut-être changer avec le temps.

11

Les grands maîtres secouent le Québec

Mardi 12 décembre 2000, 19 h 30. La *columnist* Nathalie Petrowski, de *La Presse*, qui commençait à bien connaître Alain
Lacoursière, lui téléphona à la maison.

«Tu n'es pas à la vente aux enchères chez Empire?

– Non, pourquoi?

– Bien, pour voir si le Renoir va se vendre!

– Penses-tu que j'ai juste ça à faire, aller voir un "show de
boucane" en pleine tempête de neige?»

Dans ses locaux industriels de la rue Paré, près de l'ancien
hippodrome Blue Bonnets, la maison Empire s'apprêtait à
mettre en vente un tableau du maître français de 1,5 sur
1,2 m intitulé *La famille*. Daté de 1896, il représentait notamment l'épouse de Renoir, Aline Charigot, en compagnie
d'un de leurs fils. C'était une peinture inachevée, non signée,
bref une œuvre intéressante, mais somme toute mineure du
maître français de l'impressionnisme.

Cela faisait deux mois qu'Empire avait fait état de la vente
dans les médias et les attentes étaient élevées. On parlait
d'une première dans l'histoire canadienne, rien de moins. Le
soir de l'encan, la salle était remplie de clients et de journalistes.

Au moment convenu, le président d'Empire, Abraham
Rogozinsky, déclara sur un ton grave et solennel qu'il allait
procéder à la vente du tableau. Prix de départ: un million de

dollars américains. En personne et au téléphone, les enchérisseurs se succédèrent pendant quelques minutes. Puis, rendu à 1,45 million de dollars américains, plus rien. La valse des gros lots cessa net, comme si les millionnaires étaient soudainement à sec, incapables de cracher quelques dizaines de milliers de dollars de plus pour devenir propriétaires d'un Renoir.

« Un million quatre cent cinquante mille, qui dit mieux ? » demanda nerveusement l'encanteur, deux fois plutôt qu'une. Un silence de mort suivit. Le tableau n'allait pas pouvoir être adjugé, parce qu'on n'avait pas atteint le prix de réserve fixé par le vendeur !

« Dans la salle, les murmures de déception se sont propagés comme un feu de paille. Des gens se sont levés. Le show était fini sans même avoir eu lieu », résuma Petrowski dans sa chronique, le surlendemain.

Pour expliquer l'insuccès de la soirée, une responsable d'Empire invoqua la tempête de neige qui faisait rage, soutenant que des Américains et des Japonais avaient exprimé leur intention d'assister à l'encan, mais que leurs vols avaient été annulés.

Mais fondamentalement, le tableau, tout Renoir fut-il, n'intéressait pas outre mesure le milieu de l'art. Dans les jours précédant la vente aux enchères, Lacoursière en avait retracé le pedigree. En 1989, une compagnie d'assurances japonaise avait déboursé 3,8 millions de dollars américains pour l'acquérir chez Christie's à Londres – une somme importante, mais relativement peu élevée compte tenu qu'un autre Renoir allait s'envoler pour 78 millions de dollars américains l'année suivante. Peu de temps après la transaction, l'acheteur avait envoyé *La famille* à l'Institut Wildenstein de Paris, qui avait confirmé que la toile était une œuvre authentique de Renoir, allant jusqu'à y apposer un sceau de certification.

Impossible de savoir ce que la firme japonaise avait fait du tableau par la suite, mais toujours est-il que celui-ci était réapparu en 1996 chez Christie's à Londres, où un acheteur de la Nouvelle-Angleterre n'avait eu qu'à débourser 610 000 $US pour l'acquérir. Toute une dégringolade en à peine sept ans! Dans les mois qui avaient suivi la transaction, l'homme avait tenté de revendre la toile à Londres et à New York, mais en vain. Comme l'œuvre était désormais «brûlée» dans deux des grandes capitales mondiales de l'art, pourquoi ne pas tester le marché canadien en la mettant en vente chez Empire?

Pour la maison montréalaise, il s'agissait d'une affaire gagnante. Même si le Renoir ne trouva pas preneur, l'encanteur réussit, malgré la tempête, à attirer une foule considérable de 600 personnes ce soir-là. On adjugea pas moins de 200 pièces, dont un Riopelle, un Lemieux et un Chagall. Quant au Renoir, personne ne sait vraiment où il se trouve aujourd'hui.

*

Les Québécois n'avaient pas fini d'entendre parler de ventes de toiles de grands maîtres. À l'été 2001, six mois à peine après l'affaire du Renoir, un exterminateur de Lac-Mégantic, Olivier Chalifoux, frappa un grand coup médiatique en faisant cette annonce étonnante : il s'apprêtait à vendre aux enchères un tableau de Goya dans le bar d'un motel de cette petite ville des Cantons-de-l'Est! Dans le communiqué visant à faire connaître l'événement, Chalifoux évoquait un prix de vente oscillant entre 400 000 $ et quatre millions de dollars. De quoi attirer les journalistes en région!

Le tableau, une huile sur toile de 20 sur 25 cm, ne portait pas de titre et n'était pas signé. Il était censé représenter deux démons à forme humaine valsant sur une colline. D'entrée de jeu, Olivier Chalifoux avoua qu'il avait été incapable de le faire authentifier. Il assura qu'il avait dépensé près de 10 000 $ en quatre mois pour le faire évaluer « par des experts en Europe », mais que faute d'argent, il avait dû mettre fin à ses investigations avant d'obtenir une opinion définitive. Tout ce qu'il pouvait affirmer avec certitude, c'était que l'œuvre avait été peinte entre 1798 et 1812. Les spécialistes des grands peintres n'ont pas l'habitude de demander des sommes démesurées pour donner leur avis, mais passons.

« Je suis convaincu de sa valeur, déclara le volubile Chalifoux à *La Presse*. C'est un tableau qui correspond parfaitement à la période sombre de Goya. Il s'inscrit tout à fait dans la lignée des œuvres qu'il a peintes sur le thème de la sorcellerie et qui défiaient l'Inquisition. Comme ceux qui en sont propriétaires sont des amis, je n'ai aucun doute sur l'authenticité de la peinture. »

Il lança ensuite au *Devoir* : « J'aime mieux avoir un bon tableau non certifié qu'une certification douteuse », soutenant que les documents d'authentification étaient trop faciles à falsifier. Il promit d'annuler la vente si le tableau devait ne pas s'avérer un véritable Goya.

Olivier Chalifoux relata que le tableau appartenait à une famille d'origine russe qui avait immigré au Canada après la Seconde Guerre mondiale, qui avait caché le tableau pendant 60 ans et qui tenait à conserver l'anonymat.

Interrogé par *La Presse*, Alain Lacoursière laissa transparaître un doute, sans toutefois vouloir jouer les trouble-fêtes. « Les trouvailles faites au grenier par des familles immigrantes sont un scénario courant, dit-il. Mais les trésors dénichés ne sont pas toujours à la hauteur de ce qu'on pense. Il se peut que ce soit un vrai Goya, mais il est aussi possible que ce soit une imitation. Pour apprendre la peinture, les apprentis copiaient les grands. Parfois avec beaucoup de talent. Et des dizaines de peintres se sont inspirés de Goya dans sa période sombre. »

Paul Maréchal, conservateur de la collection de Power Corporation et chargé de cours à l'Université du Québec à Montréal, se montra plus incisif dans une lettre publiée dans *La Presse*, qui résumait bien les sentiments de plusieurs dans le milieu de l'art. Il faut cesser de « faire prendre des vessies pour des lanternes », s'indignait-il.

Une chose est sûre, Chalifoux ne manquait pas de front. « En organisant le tout ici, à Lac-Mégantic, je conteste la mainmise des grandes maisons comme Sotheby's et Christie's », lâcha celui qui dirigeait les Encans Élisabeth, fondés à peine trois mois plus tôt.

L'après-midi du dimanche 15 juillet, une soixantaine de personnes se rendirent à l'encan. Des résidants de la région d'abord, mais aussi des visiteurs de la Beauce, de New York et même du Texas! La plupart d'entre eux n'étaient pas là pour acheter le Goya, mais plutôt pour se disputer les quelque 200 meubles, pièces rares et autres antiquités offerts pendant la première partie de la vente, qui s'envolèrent à des prix allant de 10 à 500 $.

On arriva finalement à la pièce de résistance. Après quelques mises, on adjugea le tableau attribué à Goya pour 100 000 $. L'acheteur était un collectionneur de Montréal dans la soixantaine, actif dans le domaine pharmaceutique, qui voulait lui aussi rester anonyme. Son représentant, un certain Pierre Saint-Clair, se montra agréablement surpris de la tournure des événements. « Mon client s'attendait à payer beaucoup plus cher », commenta-t-il, en indiquant l'intention de l'acquéreur de faire évaluer la mystérieuse œuvre.

« Peut-être qu'il va être seulement attribué à l'école de Goya, reconnut l'émissaire. Peu importe, on le voit comme un investissement. »

Chalifoux refusa de se laisser démonter par le prix obtenu, qui était bien loin de ses ambitions initiales. Il soutint qu'il avait reçu cinq autres offres «bien au-delà des 100 000 $» de la part d'acheteurs absents au motel et que l'une d'elles pourrait bien être retenue, au détriment de l'acheteur représenté par Saint-Clair.

«Nous avons cependant refusé une mise de 890 000 $ sous forme de liasse d'actions, notamment des actions de Nortel et des titres technologiques», alla jusqu'à raconter l'encanteur aux journalistes médusés.

Perspicace, le journaliste de *La Presse*, Jérôme Delgado, fit remarquer que Pierre Saint-Clair «fraternisait étrangement en soirée avec Chalifoux et son équipe». Était-ce une transaction arrangée? Quelques mois plus tard, le commissaire-priseur allait révéler que l'œuvre avait finalement été vendue à un New-Yorkais pour un million de dollars, ce qui n'allait pas suffire à mettre un terme aux soupçons.

Une chose est sûre, même s'il prétendait pratiquer le métier depuis 20 ans et qu'il se vantait de ne pas avoir commis de «faux pas» pendant l'encan, l'inexpérience d'Olivier Chalifoux crevait les yeux. Non seulement avait-il annoncé «un tableau d'Alexandre Goya», mais il avait eu l'insigne idée de laisser son téléphone cellulaire allumé alors qu'il menait les enchères! Sans compter qu'il avait aussi mis en vente un «tableau américain» qu'il n'avait pas, comme le Goya, pris la peine de faire évaluer. «Je ne sais pas combien il vaut, alors démarrons à 50 $», avait-il hurlé dans le micro.

*

Olivier Chalifoux a laissé passer l'hiver avant de se manifester à nouveau. Puis en mars 2002, il annonça la mise en vente du portrait d'une riche bourgeoise, attribué à Renoir.

L'encanteur raconta qu'il avait acquis le tableau avec d'autres biens issus de la succession du célèbre navigateur québécois Joseph-Elzéar Bernier, explorateur de l'Arctique.

« Au cours de sa vie, le capitaine Bernier aurait rencontré Renoir, qui lui aurait peut-être fait cadeau de la peinture en question, débita Chalifoux au *Soleil*. Il s'agirait d'une œuvre qu'on lui aurait commandée mais que personne ne serait allé chercher comme cela arrivait parfois à l'époque. [...] Selon le prix du marché, la toile vaudrait entre un et trois millions de dollars, mais nous espérons en obtenir entre 500 000 $ et 1,2 million de dollars étant donné qu'elle a été collée sur un carton, ce qui en a endommagé la couleur, la rendant non restaurable. »

Comme il en avait désormais l'habitude, le commissaire-priseur refusa de garantir l'authenticité de l'œuvre sans titre, mais cette fois-ci, il avait déployé plus d'efforts pour faire taire les sceptiques. « Je l'ai envoyée à une maison d'encans européenne d'envergure internationale, qui a réalisé plusieurs analyses démontrant qu'elle datait de la période de 1874 à 1877, soutint-il. Un collège d'experts l'a ensuite examinée et a déterminé à la majorité qu'elle comportait des similitudes frappantes avec plusieurs autres œuvres de Renoir. » Tout cela semblait franchement invraisemblable.

Comme avec le tableau attribué à Goya, Olivier Chalifoux n'atteignit pas l'objectif de prix qu'il s'était fixé. Un courtier en œuvres d'art de Montréal, Marc Sirois, frère de l'humoriste Richard Z. Sirois, fit l'acquisition du « Renoir » pour 315 000 $ au nom d'un fonctionnaire retraité.

« À ce prix-là, je crois vraiment que c'est une aubaine pour mon client, s'il s'agit bel et bien d'un Renoir », estima le courtier. Pourtant, Chalifoux affirma à l'Agence France-Presse, quelques heures plus tard, que l'œuvre avait été adjugée à

« un courtier international », « probablement pour le compte d'un client européen ». Allez comprendre…

*

En avril 2002, Olivier Chalifoux récidiva avec un tableau représentant le Christ qui aurait été réalisé vers 1650 par le peintre italien Giovanni Battista Salvi, dit Il Sassoferrato. L'œuvre avait prétendument appartenu à l'ingénieur, architecte et homme d'affaires Marius Dufresne, qui a fait construire le château Dufresne, dans l'est de Montréal, au début du XXe siècle.

Fidèle à son *modus operandi*, Chalifoux assura que la toile ne valait pas moins de cinq millions de dollars, tout en prédisant qu'il pouvait en tirer entre un et deux millions de dollars « étant donné qu'elle a besoin d'un bon nettoyage et d'une légère restauration ».

« Nous avons fait réaliser des analyses de spectrométrie et de *départition* nucléaire qui ont confirmé l'époque de la toile et des experts d'un musée de Rome sont venus certifier que le style du tableau, son genre et le primitivisme de son iconographie, comparativement aux autres œuvres de la Renaissance, portent la marque de Sassoferrato », énuméra l'encanteur, se surpassant lui-même avec cette nouvelle théorie étourdissante.

Le tableau fut prétendument adjugé pour la rondelette somme de 1,4 million de dollars à un homme présenté comme un évaluateur italien, Nicolo Palmieri, qui remporta la mise devant quatre autres enchérisseurs. « C'est un de mes contacts au Québec qui lui a révélé l'existence de cette œuvre », se félicita Chalifoux.

En septembre 2002, le commissaire-priseur de Lac-Mégantic se targua d'avoir vendu 285 000 $ un livre signé de la main de Picasso. Le vendeur était un homme d'affaires qui avait souffert de la débâcle boursière, et l'acquéreur, un soi-disant millionnaire européen du nom de Patrick Lareau.

*

C'est le mois suivant qu'Olivier Chalifoux, alors âgé de 41 ans, tenta le plus grand coup de sa courte carrière, qui allait en fait marquer la fin de la récréation. Il mit aux enchères un tableau attribué à nul autre que Rembrandt. Prix estimé : entre 20 et 30 millions de dollars, rien de moins! L'huile sur toile de 54 sur 63 cm, peinte entre 1631 et 1633, représentait un vieil homme aux traits semblables à ceux du père de l'artiste. L'affaire fit rapidement grand bruit.

Voulant se montrer à la hauteur, Chalifoux déclara que l'œuvre avait été authentifiée en 1951 à Buenos Aires par un expert qui aurait confirmé que «les caractéristiques des traits du visage de l'homme correspondaient en tous points au style de Rembrandt», rapporta *Le Soleil*. Mais quand on lui demanda de dévoiler l'identité du spécialiste, l'encanteur refusa net.

Cette fois-ci, le vendeur n'était pas québécois – il s'agissait d'une riche famille établie en Argentine à qui le tableau appartenait depuis 150 ans. Le motif de la mise aux enchères était cependant familier : conjoncture économique difficile, pertes massives en Bourse. Même si la toile se trouvait en excellent état, la famille était prête à n'accepter «que» 10 ou 12 millions de dollars.

Olivier Chalifoux tint à fournir le pedigree détaillé du tableau. C'est Hendrick van Uylenburgh, agent de Rembrandt, qui l'aurait vendu à un riche marchand, lequel avait ensuite dû le céder à un banquier de Venise. L'œuvre aurait disparu de la ville italienne à la fin du XVIIe siècle pour réapparaître en France entre 1855 et 1860. Vers 1870, l'empereur Napoléon III l'aurait offerte au patriote italien Giuseppe Garibaldi. Celui-ci l'aurait cédée à son fils, Ricciotti Garibaldi, qui l'aurait à son tour transmise à l'un de ses six fils, lequel l'aurait transigée à un cousin installé en Argentine. Tout un parcours !

L'encanteur tenta de montrer qu'il portait un grand soin à son trésor. Il fit grand cas des mesures de sécurité qu'il avait mises en place. Mais lorsque les médias arrivèrent pour examiner l'œuvre, celle-ci se trouvait dans une salle appartenant aux Chevaliers de Colomb. La garde était montée par deux hommes âgés sans arme, dont l'un n'avait aucune expérience en matière de sécurité.

Pour une toile de plusieurs millions, le commissaire-priseur se montrait plutôt désinvolte : il la déplaçait lui-même, avec l'aide d'un des retraités, sans caisson de sécurité ni gants protecteurs. Alors que les journalistes étaient encore présents, il la déposa dans le fond du coffre d'une voiture.

Alain Lacoursière, qui était resté plutôt coi devant les activités particulières d'Olivier Chalifoux jusque-là, jugea que le temps était venu d'intervenir et de mettre en garde les acheteurs.

« Je ne veux pas me prononcer sur cette œuvre et cet encanteur en particulier, mais toujours est-il qu'il y avait de 800 à 900 œuvres de Rembrandt dans le monde il y a 10 ans, alors qu'on n'en compte plus que 300 à 350 aujourd'hui, les autres ayant été "dégradées", c'est-à-dire qu'elles sont maintenant considérées comme étant de l'école de Rembrandt ou de l'époque de Rembrandt », affirma-t-il au *Soleil*.

Lacoursière rappela qu'un tableau attribué au maître néerlandais, semblable à celui qui allait être mis en vente à Lac-Mégantic, avait trouvé preneur pour à peine 45 000 $ chez Sotheby's quelque temps auparavant, tandis qu'un autre

Rembrandt, muni d'un certificat d'expertise et de lettres de provenance, avait atteint 11,5 millions de dollars chez Christie's.

Le sergent-détective confia que la police n'avait jamais scruté les encans de Chalifoux, malgré les soupçons que ceux-ci suscitaient. « Pour qu'il y ait enquête, il faut qu'il y ait eu vente et que l'acheteur ou le vendeur porte plainte », releva-t-il. Il laissait ainsi planer un doute sur l'existence réelle des transactions qui avaient tant fait couler d'encre.

Le dimanche de la vente aux enchères pendant laquelle devait être offert le tableau attribué à Rembrandt, coup de théâtre ! Olivier Chalifoux décida de ne pas le déplacer dans la salle du motel où avait lieu l'encan, se contentant d'exposer une copie de l'œuvre !

« Pour des raisons de sécurité, j'ai fait faire six copies du tableau et l'original est doté d'un micro-émetteur dans le cadre, relata le controversé personnage. Il est aussi enduit d'un produit légèrement radioactif. » Rien que ça !

« Les meilleurs faussaires au monde sont à Montréal, alors j'ai préféré faire fabriquer des copies dans la métropole pour 1000 $ pièce plutôt que d'apporter l'original ici avec des gardes armés de mitraillettes, ajouta-t-il. Cette solution aurait été beaucoup trop dangereuse. » Il révéla alors que le tableau montré aux journalistes quelques jours plus tôt était en fait l'une des copies. Sur chacune d'entre elles, on avait soi-disant inscrit, à l'encre invisible : « Joyeuses Pâques mon lapin, gracieuseté des Encans Élisabeth. »

Peu inspirée par cette vulgaire copie qui lui était donnée à voir, l'assistance se fit parcimonieuse dans ses mises. Chalifoux avait déjà trouvé les coupables : les médias. Il les blâma vertement, puis les chassa de l'encan. Selon lui, leurs reportages défavorables avaient fait fuir les courtiers et avaient même nui aux enchères des lots plus modestes, notamment un service de couverts et de la vaisselle, habituellement fort courus.

Dans la salle, le scepticisme était à son comble. Plusieurs habitués se demandaient ouvertement si la mise aux enchères de prétendus tableaux de grands maîtres n'avait pas simplement pour but d'attirer les foules à Lac-Mégantic et ainsi d'augmenter le bassin d'acheteurs potentiels pour les autres objets mis en vente.

À la fin de l'encan, le marchand annonça tout de même qu'il avait reçu une offre de 18,5 millions de dollars pour le « Rembrandt » de la part d'un Italien responsable d'une fondation. Il fit la prédiction que le tableau allait être cédé pour 22 ou 23 millions de dollars dans les jours qui allaient suivre.

Quelques jours plus tard, Olivier Chalifoux prétendit avoir obtenu la somme de 19 millions de dollars d'un courtier français du nom d'Yves Michel. Il refusa cependant que les journalistes entrent en contact avec lui.

Joint par un reporter de *La Presse*, Lacoursière s'abstint de commenter le cirque. « Ce serait accorder trop d'importance à quelque chose de loufoque », glissa-t-il néanmoins. Cela n'empêcha pas le gouvernement fédéral de contacter Chalifoux quelques jours plus tard, craignant qu'une « œuvre susceptible d'appartenir au patrimoine canadien puisse quitter le territoire ».

Comme il se devait, on apprit le mois suivant que le tableau n'était pas de Rembrandt, mais d'un de ses élèves, d'après une expertise effectuée à Berlin. Valeur approximative de l'œuvre : à peine plus de 20 000 $! Olivier Chalifoux promit de rembourser le courtier et de retourner la toile à ses propriétaires argentins.

*

Cette affaire allait sonner le glas de la carrière d'encanteur de Chalifoux. Dans les mois qui ont suivi, l'homme a continué de faire parler de lui, mais pour d'autres raisons. En décembre 2002, il fut accusé de méfait public pour avoir induit la police en erreur. Il avait fait déclencher une enquête en déclarant faussement qu'il avait fait l'objet de menaces de mort.

Puis, en janvier 2003, Olivier Chalifoux se retrouva de nouveau en première page de *La Presse*. Il soutenait qu'une secte bien connue lui avait offert un million de dollars pour que sa nouvelle formation politique, le Parti démocrate du Québec, présente une soixantaine de candidats appartenant au mouvement religieux!

«On va probablement dire oui par nécessité», affirma sans rire celui qui avait déjà été candidat adéquiste et néo-démocrate, en soulignant la difficulté pour un parti inconnu de recruter des candidats. Mais après que la secte eut démenti l'information, Chalifoux annonça que le Parti démocrate se sabordait, sous prétexte que sa crédibilité avait été entachée de façon irrémédiable après avoir été associé au groupe. Ouf!

En mai 2003, le dernier sursaut d'Olivier Chalifoux dans l'actualité donna l'occasion à Alain Lacoursière de rencontrer le drôle d'énergumène. L'encanteur révéla alors qu'il avait fait parvenir un faux tableau au ministre de la Justice d'alors, Marc Bellemare, et au ministre de la Sécurité publique, Jacques Chagnon, afin de sensibiliser le nouveau gouvernement libéral au fléau de la contrefaçon au Québec.

«Ce sont un faux Jean Paul Lemieux et un faux Jean Maillard et ils auraient pu se vendre facilement entre 60 000 et 85 000 $ s'ils avaient été vrais», expliqua-t-il au *Soleil.* On cherche encore qui est ce Maillard…

Le cabinet d'un des ministres reçut le colis et le confia aussitôt à la Sûreté du Québec, qui mobilisa un chauffeur pour l'envoyer à Montréal de toute urgence. Le lendemain matin, on demanda à Lacoursière et à son collègue Jean-François Talbot de se pencher sur ce nouveau coup d'éclat. La hiérarchie craignait que la situation ne dégénère. Les deux enquêteurs ouvrirent l'emballage et découvrirent un poster de Lemieux – l'original se trouve au Musée national des beaux-arts à Québec – et une toile sur laquelle on pouvait discerner deux visages qui s'embrassaient, probablement l'œuvre d'un enfant.

Toujours enclins à voir un peu de pays, les policiers entreprirent de se rendre chez Chalifoux, à plus de trois heures de route de Montréal, pour lui remettre ses tableaux en personne. Depuis le temps qu'il se retenait, Alain Lacoursière n'allait pas rater sa chance de dire le fond de sa pensée à la terreur de Lac-Mégantic.

«Tu dis que tu connais ça, tu mets aux enchères un soi-disant Rembrandt, alors tu devrais être capable de faire la différence entre un poster et une œuvre sur toile! lui lança-t-il.

– C'était pour montrer au gouvernement qu'on peut faire n'importe quoi dans ce domaine-là.

– C'est un poster encadré qui n'est même pas marouflé sur toile. T'es juste un innocent.»

L'encanteur n'aima pas se faire parler sur ce ton. Il partit en courant avec le poster et se mit à le déchirer sur le parvis de l'église.

«Bravo! lui lança Alain Lacoursière, acerbe. Tu es en train d'assainir le marché de l'art au Québec! Maintenant, va te confesser!»

Leur mission accomplie, les policiers allèrent dîner dans un restaurant au bord du lac Mégantic. Lunettes fumées sur le nez et verres de rosé sur la table, ils contemplèrent les voiliers qui voguaient sur le plan d'eau en se disant que le voyage avait valu le coup. «Chalifoux qui jetait le poster en mille miettes dans les airs, ça valait 1000 $ », pensa Lacoursière, satisfait.

*

L'histoire du Rembrandt d'Olivier Chalifoux n'est pas sans rappeler celle de Georges Boka. À l'été 1980, cet artiste-peintre de Saint-Eustache, au nord de Montréal, acheta pour 100 $ un tableau sur bois d'acajou chez un antiquaire de Mirabel. Y voyant des ressemblances avec l'œuvre de Rembrandt, Boka entreprit de le faire expertiser. En avril 1984, il fit part de ses démarches au *Journal de Montréal*, qui publia un article sur la mystérieuse peinture.

Mais voilà que le sénateur Serge Joyal, qui était secrétaire d'État à Ottawa à l'époque, reconnut le tableau. En 1969, il l'avait lui-même acheté en Angleterre, où il étudiait alors le droit, pour l'équivalent de 1000 $! Il se l'était fait voler en 1975 dans sa maison de campagne de Saint-Charles-Borromée, dans Lanaudière.

Le politicien intenta une poursuite contre Georges Boka afin de récupérer l'œuvre, mais la Cour supérieure du Québec le débouta en 1987. Comme Boka l'avait acquise de bonne foi et que Joyal en avait été dépossédé depuis plus de trois ans, l'artiste avait le droit de la garder en vertu du Code civil du Québec, trancha le tribunal.

Georges Boka poursuivit ses efforts en vue de faire reconnaître son tableau, qu'il baptisa d'abord *La nativité*, puisqu'il représente la naissance du Christ. Il lui donna ensuite un autre nom, à peine plus original : *L'adoration des bergers*.

Selon sa thèse, l'œuvre de 27 sur 32 cm aurait été réalisée entre 1627 et 1630 par Rembrandt et un autre peintre néerlandais de la même époque, Benjamin Gerritsz Cuyp. La partie supérieure, où l'on voit des chérubins et une colombe dans une lumière dorée, serait de la main de Rembrandt, tandis que Cuyp se serait occupé de la partie inférieure, à droite, où sont peints de pauvres bergers entourant un bébé et des agneaux.

À l'appui de ses prétentions, il cita notamment une analyse des pigments effectuée par le réputé chimiste américain Walter McCrone, qui s'était fait remarquer pour ses travaux sur le suaire de Turin. « Je ne pourrais pas me permettre d'affirmer que Rembrandt a peint lui-même le tableau, mais c'est certainement l'œuvre d'un de ses élèves ou d'un peintre de son époque qui était très influencé par lui », affirma McCrone à *La Presse* en octobre 1992.

Boka disait alors avoir investi « au moins 200 000 $ » pour réunir des « preuves suffisantes » démontrant que Rembrandt avait apporté sa contribution à l'œuvre. Il fondait notamment beaucoup d'espoir sur la présence, à l'endos du tableau, de deux monogrammes entrelacés, RH et JL, pour Rembrandt Harmenszoon et Jan Lievens, l'un des premiers collaborateurs du maître. D'après lui, l'œuvre valait entre 15 et 20 millions de dollars, rien de moins.

Un commentaire assassin de Walter Klinkhoff, alors le doyen des galeristes montréalais, sapa toutefois son moral. « Je ne traverserais pas la rue pour l'acheter, même à 10 $ », asséna-t-il sur les ondes de la télévision de CBC.

Un périple à New York, en novembre 1992, ne donna pas plus de munitions à Boka. Un expert de Christie's, Anthony Crichton-Stuart, estima que le tableau n'avait pas plus de 100 ans d'âge. Chez Sotheby's, le vice-président responsable des peintures des maîtres anciens, Christopher Apostle, fit des comparaisons avec une autre œuvre de Cuyp et fut incapable d'attribuer une valeur de plus de 3000 $ à celle de Boka. Enfin, le professeur Egbert Haverkamp-Begemann, de l'Institute of Fine Arts de l'Université de New York, trouva dans le tableau des ressemblances avec certaines peintures de Cuyp, mais il n'y vit pas la «main» de Rembrandt.

«Ils ne connaissent pas ça!» fut la réponse de Georges Boka à ces opinions non concluantes. «Ce voyage me confirme au moins une chose: il n'y a pas de spécialistes de Cuyp et de Rembrandt en Amérique.» C'était donc ça.

On suggéra à Georges Boka de faire examiner son tableau par les spécialistes du Projet Rembrandt, aux Pays-Bas. Cette équipe a «débaptisé» plusieurs centaines d'œuvres du maître au fil des ans, ce qui ne l'a toutefois pas empêchée d'en authentifier quelques autres, jusque-là non attribuées à Rembrandt.

«Rembrandt représente un cas très difficile pour les historiens de l'art», souligna Pierre Théberge, alors directeur du Musée des beaux-arts de Montréal. «On sait qu'il a eu plusieurs élèves, mais on ne sait pas exactement lesquels. D'autres peintres ont aussi imité son style. Il faut donc demeurer extrêmement prudent face à cette découverte. [...] Tout ce que je peux faire, c'est souhaiter bonne chance à ce M. Boka.»

Celui-ci n'allait pas se laisser décourager. Au milieu des années 1990, il réussit à convaincre des dizaines d'amis et de connaissances d'«investir» des milliers de dollars pour financer des expertises de *L'adoration des bergers*. En vertu des contrats qu'ils signaient, les bailleurs de fonds devaient être remboursés au moment de la vente du tableau. Mieux encore, si l'œuvre devait rapporter plus de deux millions de dollars, Georges Boka s'engageait à leur remettre cinq fois leur mise.

Au début de janvier 1999, le journaliste pigiste Warren Perley publia un article louangeur, dans le quotidien *The Gazette*, dans lequel il présenta le fruit des expertises que Boka avait commandées. D'entrée de jeu, il affirma que le tableau valait «au moins 55 millions de dollars américains». Il raconta que selon le marchand d'art américain Spencer A.

Samuels, expert des maîtres anciens et découvreur d'un Vermeer inédit, la peinture était «d'époque et authentique». Aux yeux de Samuels, il s'agissait d'une «magnifique œuvre de collaboration de Rembrandt et Benjamin Gerritsz Cuyp». Perley cita ensuite un historien de l'art amateur, Joseph A. Polizzi, qui qualifiait de «significative» la découverte de Boka, «parce qu'elle établit clairement que Cuyp était un élève de Rembrandt».

Perley conclut son article en faisant état de l'évaluation stratosphérique effectuée par le restaurateur californien Eric Fintzi. Une fois reconnue à large échelle, «une peinture d'une telle rareté pourrait atteindre 100 millions de dollars américains», avança-t-il.

Une filiale américaine de la Banque de Montréal se montrait prête à accorder à Georges Boka un financement provisoire pour lui permettre de produire des lithographies du tableau. De son côté, le modeste musée des beaux-arts de Mobile, en Alabama, s'apprêtait à exposer l'œuvre aux côtés d'une collection de 81 gravures à l'eau forte du maître prêtées par le Musée de la maison de Rembrandt, à Amsterdam.

«Il est extrêmement rare de découvrir un nouveau Rembrandt», fit remarquer le directeur du musée de Mobile, Joe Schenk. «Nous allons le placer au centre de la salle.»

En lisant l'article de Perley, qui allait par la suite être repris à la une de *La Presse* et dans d'autres journaux, Alain Lacoursière put difficilement contenir son indignation. Après tout, Perley n'était pas objectif. Proche collaborateur de Boka, il avait rédigé une brochure promotionnelle dans laquelle il présentait l'homme comme «un des vrais héros de notre temps» pour sa persévérance à tenter de faire la preuve que son tableau portait la touche de Rembrandt. Il avait aussi participé à un livre que Boka avait publié en 1994 sur l'œu-

vre la plus célèbre du maître : *Rembrandt*, La ronde de nuit :
l'énigme révélée.

Lacoursière ne fit ni une ni deux et téléphona au journaliste
Yves Boisvert, de *La Presse*, pour dénoncer la situation et lui
suggérer d'écrire un « contre-article ». Boisvert répondit avec une
enquête fouillée, dans laquelle il fit notamment réagir le directeur de l'information de *The Gazette*, Raymond Brassard.

« Je n'étais pas très content quand j'ai appris ça [le manque d'indépendance de Warren Perley] », confia Brassard, en
admettant que l'article du pigiste n'était pas suffisamment
« équilibré ». Le journal de langue anglaise allait rectifier le tir
deux semaines plus tard avec un article beaucoup plus critique. On y citait notamment un spécialiste de Rembrandt,
Tom Rassieur, qui avait vu le tableau de Boka. « À mon avis,
ce n'est pas de Rembrandt », dit-il.

Boisvert interviewa aussi un professeur d'histoire de
l'art de l'Université de Montréal, Jean-François Lhote. « Si
Rembrandt a fait ça, c'était dans une très mauvaise journée »,
lança-t-il. Le journaliste contacta également McCrone, le
chimiste qui avait déterminé que les pigments du tableau de
Boka étaient compatibles avec ceux d'un authentique Rembrandt. Interrogé par Boisvert, McCrone reconnut que scien-
tifiquement, il lui était impossible de certifier que les pigments en question, qui ne sont pas spécifiques à Rembrandt,
dataient du début plutôt que de la fin du XVIIe siècle (le maître a vécu de 1606 à 1669).

De son côté, Fintzi, le restaurateur californien, se dit
convaincu à « 100 pour cent » que Rembrandt avait mis sa
griffe au tableau de Boka. Par contre, il confessa à Yves Boisvert que la preuve publique n'était pas établie « de A à Z,
mais peut-être juste de A à K ». Il conseilla à Georges Boka
d'aller voir les spécialistes du Projet Rembrandt, ce que le
peintre québécois refusa.

Or, tout propriétaire d'un soi-disant Rembrandt qui ne se soumet pas à cette instance n'est « pas très sérieux », estima Marie-Claude Corbeil, chimiste à l'Institut canadien de conservation.

« Les analyses scientifiques, des pigments par exemple, ne permettent pas vraiment d'être précis et certainement pas d'attribuer une œuvre à un artiste, indiqua-t-elle. Elles permettent surtout d'écarter des hypothèses, d'identifier une période. Mais le Projet Rembrandt, c'est beaucoup plus : ils ont une approche globale de l'œuvre, matérielle et historique. Ils ont vu des centaines et des centaines de vrais et de faux Rembrandt. »

Boisvert fit remarquer que les tableaux des élèves de Rembrandt qui ont peint dans son atelier avec ses pigments et sous sa supervision se vendaient dans les dizaines de milliers de dollars américains en 1999, et non dans les millions. Qui plus est, aucun tableau authentique de Rembrandt ne s'était envolé pour plus de 10 millions de dollars américains à l'époque. (En décembre 2009, on dépassera les 34 millions de dollars américains pour un portrait du maître.)

Après avoir téléphoné à Yves Boisvert, Lacoursière contacta une journaliste de l'émission d'enquête *JE*, au réseau TVA. Il lui transmit les coordonnées d'un homme qui disait avoir été floué en prêtant 10 000 $ à Boka pour l'aider à financer ses expertises. Il n'est pas rare que les policiers collaborent avec les médias de cette façon lorsque leurs enquêtes ne sont pas assez déterminantes. Souvent, le quatrième pouvoir obtient des résultats plus rapidement que les forces de l'ordre ! L'équipe de *JE* retraça d'autres « investisseurs » recrutés par Boka et diffusa un reportage pas très flatteur sur l'homme. Il convient toutefois de souligner que Boka n'a jamais été accusé de rien dans toute cette affaire.

Pendant deux ans, Georges Boka se fit plus discret. Puis en 2001, il réapparut avec le printemps. Cette fois-ci, il n'était plus seulement question d'un tableau de Rembrandt, mais également de cinq autres œuvres valant chacune plusieurs millions de dollars. On comptait deux madones, l'une attribuée au grand maître italien Raphaël et l'autre au Français Jacques-Louis David, chef de file de l'école néoclassique, un deuxième Raphaël, ainsi que des tableaux prétendument peints par l'Allemand Albrecht Dürer et le Français Georges Rouault.

« Trouver cinq ou six œuvres de tels artistes dans un laps de temps relativement court est plutôt incroyable », commenta une porte-parole de Christie's, Bendetta Roux, à l'*Ottawa Citizen*.

« Cela ressemble au pays des merveilles », s'exclama Alan Fausel, de l'hôtel des ventes Doyle, à New York. « Vous avez de la chance si vous tombez sur une seule de ces peintures dans une vie. »

Boka soutenait avoir acquis trois des tableaux à des prix oscillant entre 80 $ et… 22 000 $ chacun. Les deux autres lui avaient été confiés par une famille de Laval qui souhaitait qu'il les fasse authentifier, puis qu'il partage avec elle le produit d'une éventuelle vente.

Le chimiste Walter McCrone et l'évaluateur californien James Proctor, qui soutenaient la thèse de Georges Boka sur le présumé tableau de Rembrandt et Cuyp, l'appuyaient également pour ces œuvres. Mais dans les hautes sphères de l'art, on demeurait fort sceptique.

« Si je me fie au courrier que je reçois ici, le monde semble rempli presque exclusivement de chefs-d'œuvre, tous trouvés dans des granges », lança Michael Pantazzi, conservateur de l'art européen au Musée des beaux-arts du Canada. « À un moment donné, il y a un phénomène psychologique qui se produit et qui fait qu'ils sont tous convaincus d'avoir tiré le gros lot.»

L'histoire de Georges Boka en dit probablement autant sur l'obsession dévorante qui peut s'emparer de certains amateurs d'art face à une œuvre envoûtante que sur la difficulté à faire authentifier une œuvre inédite d'un grand peintre quand on n'est pas issu du sérail. Le milieu de l'art est un coupe-gorge et ne s'y aventure pas qui veut.

L'establishment n'hésite pas à regarder de haut ceux qui osent remettre en question les conventions et les connaissances acquises au fil des siècles. Le malheur, pour des marginaux comme Georges Boka et Olivier Chalifoux, c'est que pour les œuvres de grands maîtres anciens, le marché s'aligne encore et toujours sur les verdicts des spécialistes reconnus. Sauf exception, les tableaux obscurs et aux origines douteuses sont condamnés à sombrer dans les oubliettes de l'histoire. À bien y penser, ce n'est peut-être pas une si mauvaise chose.

12

Drôles d'importations

Le 3 avril 2002, la mort de Joseph Szucs de cause naturelle, à 76 ans, suscita tout un branle-bas de combat. Le jour même, une étudiante qui habitait dans le même édifice que lui, rue Towers, à l'ouest du centre-ville de Montréal, téléphona à la police.

Elle voulait qu'on retire au plus vite les armes à feu qui se trouvaient dans le logement du vieil homme. Comme la jeune femme s'occupait de lui à l'occasion, elle avait remarqué qu'il gardait pas moins de sept carabines et pistolets chargés dans son minuscule appartement, ainsi que plusieurs munitions. Il y en avait dans toutes les pièces : la cuisine, le salon, la chambre à coucher et même la salle de bains ! C'était sans compter les 31 aérosols de désinfectant Lysol éparpillés autour de son lit...

Le journaliste d'enquête Normand Lester eut rapidement vent de l'affaire. Pouvait-il être question de terrorisme ? Était-ce un homme qui s'apprêtait à commettre des meurtres en série ? Qui craignait un ennemi ? Pour en savoir plus, Lester se précipita à l'appartement de la rue Towers. Ces scénarios catastrophe se dissipèrent aussitôt : il s'agissait d'abord et avant tout d'un vieillard qui vivait seul depuis des décennies, dans un fouillis et un amas de poussière inqualifiables...

Le mystère n'était pas résolu pour autant, loin de là. En discutant avec le gérant de l'immeuble, Lester apprit que

Szucs se faisait passer pour un professeur de chimie de l'Université McGill et un chercheur scientifique de haut vol. Il n'en était rien : l'homme d'origine hongroise, arrivé à Montréal au début des années 1960, s'était procuré un faux diplôme de l'Université d'Hawaii dans les années 1970.

L'étudiante qui avait téléphoné à la police connaissait assez bien le vieil homme. Elle raconta à Lester que Szucs possédait une jolie collection de tableaux qu'il conservait dans une chambre forte d'une banque du Vieux-Montréal. Il y avait de quoi attirer l'attention : la jeune femme parlait d'œuvres de peintres italiens célèbres comme Annibal Carrache, Giorgione et Andrea del Sarto, de l'Espagnol Francisco de Zurbarán, des Néerlandais Leonard Bramer et Melchior d'Hondecoeter, du maître flamand Jacob Jordaens, sans oublier une toile attribuée à… Rembrandt.

Or, on se rendit vite compte que plusieurs d'entre elles avaient disparu : Szucs les avait probablement vendues de son vivant sans en parler à sa jeune voisine. On focalisa donc sur *Santa conversazione*, un immense tableau d'un mètre et demi de hauteur et d'un mètre de largeur du peintre italien de la Haute Renaissance Lorenzo Lotto.

Normand Lester découvrit que Szucs, constamment en proie à des problèmes financiers, avait vendu des parts de *Santa conversazione* à plusieurs investisseurs en leur faisant miroiter d'importants gains à la vente du tableau. Parmi eux se trouvaient notamment Saul Ettinger, propriétaire de restaurants dans l'île de Montréal, un mystérieux « baron » que nous appellerons von Müller et une antiquaire du nom d'Yvette Stephens.

Le journaliste contacta Ettinger et lui annonça la mort de Szucs. Il ne put joindre Stephens, qui n'était plus de ce monde depuis un bon moment, et von Müller, qui avait disparu sans laisser de traces, quelques années auparavant.

Ettinger raconta à Lester qu'il avait acheté *Santa conversazione* en mars 1975 par l'entremise de Szucs. Homme d'affaires prospère, il commençait alors à s'intéresser à l'art et avait connu Stephens, qui lui avait présenté le Hongrois. Rapidement, celui-ci lui avait proposé d'acquérir ce tableau qui, disait-il, était offert à bon prix vu sa grande valeur. La toile représentait la Vierge Marie portant l'Enfant Jésus entourée de saint Jacques et de sainte Lucie.

Pour le convaincre d'aller de l'avant, Szucs avait montré deux documents à Ettinger. D'abord un article publié en 1952 dans le périodique allemand *Weltkunst*, qui présentait le tableau, sans le titre *Santa conversazione* toutefois, comme une œuvre de Lotto provenant d'un cloître de Bergame, en Italie. Puis une lettre datée de décembre 1974 dans laquelle le restaurateur de tableaux Anthony Maranzi, de Montréal, assurait, sur la base de photos que lui avait envoyées Szucs, qu'il s'agissait d'une œuvre « unique » de « la plus haute importance » et de « la plus grande beauté ».

« Quand on pense qu'aucune œuvre de Lotto ne s'est retrouvée sur le marché depuis plus de 25 ans et que votre Lotto est certainement l'un des plus importants qui soit, vous devriez raisonnablement vous attendre à en obtenir un prix très élevé », avait écrit Maranzi, en avançant le chiffre de 1,5 million de dollars. En mars 1975, Szucs et Ettinger se rendirent donc ensemble à Vienne, en Autriche, pour acheter le tableau, qui appartenait jusque-là à une certaine famille Frascotti.

Saul Ettinger investit 200 000 $US dans l'aventure. Or, selon un contrat de l'époque, il n'était propriétaire que de 50 pour cent de l'œuvre, l'autre moitié appartenant à Szucs. En 2002, Ettinger expliqua à Normand Lester, puis à Alain Lacoursière, qu'il avait signé ce document à la demande du Hongrois, simplement pour faciliter le transfert de la toile au Canada.

Ce fut une erreur coûteuse. Szucs n'entendait pas renoncer à sa part du tableau, même si celle-ci ne lui avait pas coûté un seul cent. Il eut même le front, en août 1975, de la céder au baron von Müller en échange du remboursement de dettes dues à Yvette Stephens. À son corps défendant, Ettinger hérita donc de ce nouveau partenaire d'affaires et dut se résoudre à accepter qu'il ne possédait que la moitié de *Santa conversazione*. Les deux hommes s'entendirent pour entreposer l'œuvre dans la chambre forte de la banque montréalaise en attendant de la revendre à profit.

Mais voilà qu'un jour, von Müller décida de faire restaurer la toile et de la confier à un spécialiste en la matière, Ferdinand Petrov, de Vancouver. Le tableau allait ainsi échapper à Ettinger pendant de longues années. En 1978, Petrov réussit à faire saisir l'œuvre par un tribunal de Colombie-Britannique parce qu'il n'avait pas été payé pour son travail. Puis quatre ans plus tard, en 1982, Stephens, von Müller et Ettinger se mirent d'accord pour vendre *Santa conversazione* chez Christie's, à New York.

Cependant, les relations entre les trois partenaires se sont rapidement détériorées, de sorte que le tableau n'a pas été mis en vente. En avril 1982, Ettinger porta plainte à la Sûreté du Québec dans le but de récupérer la pleine possession de l'œuvre. Mais en vain.

En 1985, un juge de Colombie-Britannique intervint de nouveau. Exaspéré par ce feuilleton dans lequel quatre personnes se disputaient la propriété du Lotto, il en ordonna la vente judiciaire chez Christie's. Mais voilà qu'en 1986, coup de théâtre : Ettinger se rendit dans la métropole américaine et fit avorter la vente. Il montra ses titres de propriété sur l'œuvre et réussit à repartir avec le tableau ! Le magistrat britanno-colombien n'apprécia pas la manœuvre.

On lança un mandat d'arrestation contre l'homme d'affaires montréalais, qui finira par s'excuser devant le tribunal d'avoir agi aussi intempestivement. Grâce notamment aux efforts de son avocat, Morris Fish, qui siège aujourd'hui à la Cour suprême du Canada, aucune accusation criminelle ne sera déposée contre lui.

En 1994, un tribunal de Colombie-Britannique confirma que von Müller et Ettinger étaient copropriétaires de *Santa conversazione*, mais pour une raison obscure, le tableau resta dans la banque, toujours sous le contrôle de Szucs. Ettinger soutient avoir versé pas moins de 50 000 $ au fil des ans pour régler les innombrables litiges qui sont survenus dans cette affaire. Il aurait notamment payé quelque 15 000 $ à Petrov pour les travaux de restauration commandés par von Müller.

À la mort de Szucs, en avril 2002, l'imbroglio demeurait donc entier et les zones d'ombre, multiples. Comme on pouvait s'y attendre, nombreux furent ceux qui, en apprenant la mort du vieil homme, se manifestèrent en prétendant détenir des droits de propriété sur le tableau. Or, comme Szucs n'avait pas d'héritiers connus au Québec, c'est le curateur public qui s'occupait de sa succession et qui dut démêler le dossier.

L'organisme gouvernemental s'était à peine mis au travail que Lacoursière lui coupa l'herbe sous le pied en annonçant son intention de saisir le tableau à son tour! Avant que *Santa conversazione* ne soit remise à qui que ce soit, il voulait faire la lumière sur un débat qui avait cours depuis 1975: l'œuvre était-elle authentique ou non?

En juin 2002, le sergent-détective se rendit donc à la banque du Vieux-Montréal muni d'un mandat de perquisition. Il était accompagné de Normand Lester, de Saul Ettinger et d'un représentant du curateur, qui voyait d'un très mauvais œil cette intrusion policière.

Devant la confusion, la banque refusa de remettre le Lotto à Lacoursière. Celui-ci s'impatienta et téléphona à la juge qui lui avait émis le mandat. Elle confirma la légitimité de son intervention et lui rappela qu'il était en droit d'arrêter quiconque s'opposait à l'exécution du mandat. Les esprits s'échauffèrent.

« Il va falloir que j'appelle les avocats, déclara la directrice de la sécurité de la banque.

– C'est beau, mais je vous laisse jusqu'à 14 h pour discuter, rétorqua Lacoursière. Après ça, je pars avec le tableau. Je ne passerai pas la journée ici ! »

Au retour du lunch, les représentants de la banque et du curateur se montraient encore inflexibles.

« On ne peut pas vous laisser partir avec le tableau, annonça la directrice de la sécurité.

– Je prends le tableau et je m'en vais avec, répondit sèchement Lacoursière.

– Vous ne pouvez pas.

– OK d'abord ! Vous êtes en état d'arrestation pour entrave au travail d'un policier, madame. Vous avez le droit d'appeler votre avocat ou de garder le silence. »

Le représentant du curateur sentit le besoin d'intervenir. Il avait peur que le sergent-détective ne remette le tableau à Ettinger sans faire enquête.

« Ça ne marche pas de même, dit-il.

– Ah oui ? Je peux te mettre en état d'arrestation toi aussi ! » répliqua Lacoursière.

Soudain, les représentants de la banque et du curateur se mirent à téléphoner frénétiquement. Ce policier était décidément coriace.

« C'est correct, laissez-lui le tableau », lança finalement l'un des avocats de la banque.

Lacoursière était fier de son coup, mais voilà qu'il se retrouvait en pleine rue Saint-Jacques avec une œuvre d'une valeur potentielle de deux millions de dollars – on évoqua jusqu'à 35 millions de dollars dans les médias – à attendre qu'une camionnette de la police vienne chercher son colis. Comme de raison, le véhicule qui arriva était trop petit pour transporter l'imposant tableau. On appela en renfort un camion de l'administration municipale, qui mit une bonne vingtaine de minutes à se manifester.

Santa conversazione fut entreposée dans des locaux appartenant à la police, puis au Musée des beaux-arts de Montréal. En août, Hilliard Goldfarb, conservateur en chef adjoint de l'institution et spécialiste des maîtres anciens, fit une analyse stylistique du tableau, qui n'était pas signé. Il trancha rapidement : ce n'était pas une œuvre de Lotto. Un autre expert, Éric Turquin, déniché en France par le curateur public, en arriva à la même conclusion. Selon eux, il s'agissait bien d'un tableau du XVIe siècle italien, mais d'un peintre marginal. Valeur maximale : 15 000 $.

« M. Turquin a établi que sur le plan stylistique, le tableau est faible, mineur et mal conçu, expliqua Lacoursière à *La Presse*. Il contient par exemple des erreurs de perspective et le visage de la Vierge qu'on y voit ne correspond aucunement à la cinquantaine d'autres madones peintes par Lotto au cours de sa vie. »

Ce n'était pas étonnant compte tenu des résultats des nombreuses autres expertises dont la toile avait fait l'objet depuis 1975. En effet, peu de temps après leur retour d'Autriche, Szucs et Ettinger avaient tenté de la vendre à ce qui est aujourd'hui le Musée des beaux-arts du Canada, à Ottawa. L'institution l'avait toutefois rejetée après avoir établi qu'elle n'était pas de Lotto.

Szucs et Ettinger ne s'étaient pas laissés démoraliser et avaient soumis le tableau à l'examen du Metropolitan Museum of Art de New York, de la National Gallery of Art de Washington, du musée du Louvre de Paris et de plusieurs experts. Tous, sans exception, avaient refusé d'attribuer le tableau à Lotto.

Lacoursière vérifia également si l'œuvre avait été rapportée volée. Négatif, lui répondit Interpol. On ne pouvait pas exclure que la toile ait pu être subtilisée dans le cadre des pillages orchestrés par les troupes nazies, puisqu'un grand nombre d'œuvres ont ainsi été dérobées en Europe pendant la Seconde Guerre mondiale. Cela est cependant très difficile à prouver, surtout lorsqu'il est question d'un tableau peu connu.

La voie était donc libre pour rendre *Santa conversazione* au curateur public. Assailli, comme la justice de Colombie-Britannique 20 ans auparavant, de réclamations présentées par une multitude de prétendus propriétaires de la toile, l'organisme s'empressa de la mettre en vente dans un encan.

L'acheteur qui gagna la mise était familier : il s'agissait de nul autre que Saul Ettinger ! Ce dernier, fort attaché à l'œuvre, n'avait jamais cessé de croire en sa valeur et tenait plus que tout à mettre la main dessus, une fois pour toutes. Il versa une dizaine de milliers de dollars pour l'acquérir, ou plutôt la réacquérir, lui qui y avait déjà consacré plus de 250 000 $!

En 2009, Ettinger décida de faire don de *Santa conversazione* à une église québécoise qu'il refuse de nommer, question de ne pas rallumer la controverse. Selon lui, l'institution religieuse aurait obtenu l'avis de deux spécialistes qui attribueraient le tableau à Lotto, mais il ne peut pas les produire.

Quoi qu'il en soit, après 35 ans dans l'ombre, l'œuvre est enfin mise en valeur. Elle a été intégrée au retable de l'église, de sorte que chaque jour des gens peuvent l'admirer. Espérons que l'institution sortira bientôt de son mutisme et permettra au grand public de voir cette peinture à l'histoire fascinante.

*

Le marché de l'art est mondialisé depuis des décennies et par conséquent, les œuvres voyagent beaucoup. Parfois, c'est en très grande quantité.

En mai 2001, une marchande d'art française de 51 ans importa deux immenses cargaisons d'œuvres d'art, l'une arrivant des États-Unis, l'autre de la Suisse. Contenu : plus de 1000 œuvres. Preuves d'achat : aucune. Valeur déclarée : à peine 1,5 million de dollars américains. Suspicieux, un enquêteur des douanes canadiennes téléphona à Alain Lacoursière.

Le nom de l'importatrice, que nous appellerons Annie-Lise Faillot, disait quelque chose au sergent-détective. Deux ans plus tôt, un galeriste de Toronto l'avait contacté pour lui demander s'il connaissait la femme. Quelqu'un avait dit au commerçant qu'elle vendait des Picasso à partir des îles de la Madeleine ! Le policier avait répondu à son interlocuteur qu'à sa connaissance, les Picasso n'étaient pas légion dans le pittoresque archipel...

Tout de même intrigué, Lacoursière avait téléphoné à son homologue français, le commandant Bernard Darties, de l'Office central de lutte contre le trafic des biens culturels, pour en savoir plus sur Faillot. Darties lui avait appris que la dame faisait dans le blanchiment d'argent et l'évasion fiscale, par le biais notamment de firmes offshore. Elle avait aussi été arrêtée pour recel d'œuvres volées d'un grand peintre français du XXe siècle (que nous ne pourrons pas nommer pour éviter de divulguer la véritable identité de Faillot). Le Canada serait-il son prochain terrain de jeu ?

L'arrivée des deux cargaisons d'œuvres d'art allait donner l'occasion au sergent-détective de pousser plus loin ses recherches sur la mystérieuse femme. Il savait qu'elle avait obtenu son statut de résidente permanente au Canada en novembre 2000, à la suite de son mariage avec un Québécois. Lacoursière trouvait curieux qu'une femme ayant une telle feuille de route vienne s'installer au Québec.

Le policier téléphona à certains de ses contacts dans le milieu de l'art à Montréal et à Paris. On lui raconta que le mariage de Faillot avec le Québécois, un homme ouvertement gai, en était un de convenance pour faciliter son immigration. Son ex-mari, également marchand d'art, s'était exilé aux États-Unis pour échapper à des poursuites du fisc en Europe.

Lacoursière fit part de ces renseignements à l'enquêteur des douanes. Il ajouta qu'à première vue, Faillot avait attribué des valeurs bien modestes aux œuvres d'art qu'elle voulait importer. On y trouvait de jolis trésors comme une porte peinte par Gauguin à Tahiti, qui pouvait se vendre plus de deux millions de dollars américains aux enchères, des sculptures de l'artiste français Arman évaluées à 100 000 $US pièce et cinq bronzes de l'Italien Amedeo Modigliani d'une valeur oscillant entre 50 000 et 75 000 $US chacun.

Malgré ces constatations plutôt intéressantes, le sergent-détective dut insister pour convaincre la hiérarchie douanière de mettre les deux conteneurs de côté afin qu'il puisse examiner les œuvres de plus près. Il voulait notamment vérifier si les tableaux volés au maître français, affaire pour laquelle la femme était accusée de recel à Paris, se trouvaient dans les cargaisons.

Les douaniers finirent donc par saisir les deux conteneurs. Ils les expédièrent au dépôt des Forces canadiennes de Longue-Pointe, dans l'est de Montréal. Pendant deux jours, Lacoursière et l'enquêteur des douanes ouvrirent des caisses et encore des caisses. Le sergent-détective photographia plus de 200 des quelque 1000 œuvres qui s'y trouvaient, en plus d'en consigner les titres et les dimensions. Finalement, après vérification auprès des autorités françaises et américaines ainsi que d'Interpol, aucune des pièces examinées n'avait été rapportée volée ou exportée illégalement.

Le problème se trouvait ailleurs. Si aucune pièce ne semblait avoir de provenance douteuse, la valeur que Faillot attribuait à chacune d'entre elles se situait largement en dessous des prix du marché. Lacoursière calcula, à vue d'œil, que le tout valait environ 12 millions de dollars aux prix de gros (ceux que paient les marchands) et 25 millions de dollars aux prix de détail.

Outre les œuvres de Gauguin, de Modigliani et d'Arman, il y avait deux grands tapis de perles, l'un mesurant quatre mètres sur deux, l'autre deux mètres de diamètre, qui provenaient de Baroda, en Inde! (En mars 2009, un tapis de perles de Baroda de taille similaire a été adjugé 5,5 millions de dollars américains lors d'un encan de Sotheby's au Qatar – un prix record dans le monde pour un tel objet.) Sans oublier les nombreuses lithographies, huiles sur toiles, gravures, gouaches, et aquarelles d'artistes aussi connus que Picasso, Braque, Chagall, Matisse, Boudin, Derain et Utrillo!

Impressionné par ce qu'il avait vu, le sergent-détective téléphona à Faillot. C'est son mari québécois qui répondit. Il expliqua à Lacoursière que les 1000 œuvres faisaient partie des «biens personnels» que Faillot souhaitait importer dans le cadre de son immigration au Canada. Il assura que son épouse n'avait pas l'intention de les revendre, puis ajouta qu'elle avait quitté Paris pour Montréal afin de profiter de la qualité de vie de la métropole québécoise.

Les explications du couple ne tenaient pas la route. Combien de personnes déménagent dans un autre pays en faisant suivre 1000 œuvres d'art à titre d'«effets personnels»? Et de surcroît quand on trouve dans le lot 10, 30 ou même 75 exemplaires de la même lithographie? Tout cela laissait davantage croire à la marchandise d'une commerçante qu'aux biens personnels d'une immigrante, aussi riche fût-elle.

Les douanes retinrent les services d'une évaluatrice indépendante. Selon son rapport, les 1000 œuvres valaient finalement près de 10 millions de dollars américains aux prix de gros, soit 15 millions de dollars canadiens au taux de change de l'époque. Qui plus est, Faillot ne pouvait toujours pas fournir les preuves d'achat, les documents de provenance, les titres de propriété ni les permis d'exportation des pièces, de sorte que les douanes lui refusèrent l'exemption pour biens personnels.

Faillot devait donc, pour importer les œuvres au Canada, payer la TPS (dont le taux s'élevait alors à sept pour cent) sur la valeur de 15 millions de dollars, soit un million de dollars. Devant cette facture salée du fisc, la négociante décida de réexpédier le tout aux États-Unis où, contrairement au Canada, les taxes ne sont pas payables au moment de l'importation, mais plutôt lors de la vente des œuvres.

Faillot n'avait toutefois pas fini de faire travailler les douaniers. Quelques semaines plus tard, elle annonça qu'elle désirait conserver au Canada trois caisses d'œuvres d'art provenant des deux cargaisons, toujours à titre d'effets personnels. Or, encore une fois, la femme avait grandement sous-estimé leur valeur, ce qui força les douaniers à en saisir une partie le temps que la situation soit tirée au clair.

Quelques mois plus tard, Lacoursière décida tout bonnement de se rendre à la luxueuse résidence de Faillot, située en bordure d'un joli parc, à Outremont – et protégée par des dizaines de caméras de surveillance, tant à l'intérieur qu'à l'extérieur. Pour la première fois, il put parler à la femme. Ils échangèrent des compliments, cherchant mutuellement à s'amadouer. La visite fut certes divertissante, mais malheureusement Lacoursière en tira bien peu de choses, la femme se montrant très prudente dans ses propos.

En 2003, à Paris, Annie-Lise Faillot fut condamnée à la prison et à verser une forte amende pour le recel des œuvres du grand peintre français. Quelques mois plus tôt, les autorités françaises l'avaient accusée d'avoir employé des « manœuvres frauduleuses » dans une affaire de surévaluation de tableaux.

Aux dernières nouvelles, Faillot était de retour à Montréal. L'histoire ne dit pas pourquoi les autorités fédérales lui ont permis de s'établir au Canada en dépit de ses lourds antécédents judiciaires en France.

Fait intéressant, plusieurs des œuvres que Faillot avait réexpédiées aux États-Unis sont revenues au Québec au fil des ans. La marchande avait acheté bon nombre d'entre elles de galeries américaines en faillite. Elles ont été vendues par un encanteur, qui les a importées en toute légalité et en acquittant la TPS exigible. De nombreuses toiles des artistes européens Epko Willering et Bernard Taurelle ont ainsi été mises aux enchères aussi récemment qu'en mai 2010.

*

En août 2002, à l'aéroport de Dorval, un Arménien dans la trentaine, devenu résident permanent quelques mois plus tôt, se fit prendre par les douaniers en possession de quatre œuvres qu'il n'avait pas inscrites dans sa déclaration d'entrée au Canada. Il s'agissait de deux peintures de l'artiste russe Kasimir Malevitch et de deux autres de son compatriote Alexi von Jawlensky.

Interrogé par les douaniers, il finit par admettre que le tout valait 20 000 $US. Dans les mois précédents, il avait fait entrer au Canada une trentaine d'œuvres de la même façon, c'est-à-dire en franchise de taxes. Il comptait en importer au moins 300 autres de plus, pour une valeur totale de plusieurs centaines de milliers de dollars.

L'homme voyageait abondamment dans le monde et possédait un luxueux appartement, rue Sherbrooke Ouest, qui avait visiblement besoin de décoration. Il se vantait de posséder une photo de lui en compagnie du premier ministre Jean Chrétien et du primat de l'Église apostolique arménienne, Garéguine II Nersissian.

Les autorités saisirent les tableaux de Malevitch et Jawlensky pour les faire expertiser. Quelques semaines plus tard, après des examens aux rayons X, ultraviolets et infrarouges, ainsi que l'analyse d'une évaluatrice en œuvres d'art, on conclut qu'un des Jawlensky était un faux. Quant aux trois autres, c'étaient vraisemblablement des authentiques.

Même s'il avait omis de déclarer les quatre œuvres aux douaniers et qu'il avait menti à ces derniers quant à l'authenticité de l'un des Jawlensky, l'Arménien s'en tira sans suite fâcheuse et put récupérer ses tableaux. Dépourvus de preuves concluantes, les douaniers acceptèrent sa défense : il n'était pas au courant de l'obligation de fournir la liste des biens qu'il voulait importer dans le cadre de son établissement au Canada !

Afin d'éviter que l'immigrant continue d'importer impunément des œuvres d'art, les autorités l'obligèrent à produire une liste détaillée de tous les autres objets qu'il voulait faire suivre au Canada. Ces biens, d'une valeur de cinq millions de dollars, ont donc pu entrer au pays en toute franchise de taxes !

*

Les douaniers jouent un rôle fondamental dans la détection des crimes reliés aux œuvres d'art. Ils doivent avoir des yeux tout le tour de la tête et être à l'affût des faux, des pièces volées, des sous-évaluations. Et, de façon encore plus fondamentale, il leur incombe de surveiller de près l'importation et l'exportation de biens culturels de grande valeur patrimoniale. Le meilleur coup que les douanes canadiennes ont réussi au cours des dernières années a certainement été l'affaire des mosaïques du Moyen-Orient.

À l'été 1990, une entreprise montréalaise, que nous appellerons Hadès Antiquités, importa un ensemble de 54 pavements de mosaïques byzantines de bonne taille, certains atteignant une superficie d'une dizaine de mètres carrés. Ils étaient composés d'une multitude de petits morceaux de pierre colorée et de terre cuite. Présentés comme de simples « revêtements de sol », ils valaient à peine 200 000 $, selon Hadès.

Les douaniers décidèrent de retenir les pièces, qui pesaient pas moins de 40 tonnes, pour en faire l'identification. L'expert qu'ils retinrent confirma qu'elles venaient bien du Moyen-Orient, mais il ne put préciser de quel pays.

Les autorités fédérales crurent donc l'importateur sur parole, lui qui assurait que les mosaïques provenaient du Liban. Quelle coïncidence : le pays du cèdre n'avait pas encore signé la Convention de l'Unesco de 1970 concernant les mesures à prendre pour interdire et empêcher l'importation, l'exportation et le transfert de propriété illicites des biens culturels (il le fera en août 1992). Par conséquent, les douaniers n'eurent d'autre choix que d'ordonner la mainlevée des mosaïques, en janvier 1991.

L'affaire en resta là pendant cinq ans. Puis en février 1996, on découvrit, dans un conteneur immobilisé dans le port de Montréal, 32 autres mosaïques moyen-orientales, sur lesquelles étaient peints des animaux, des poissons, des oiseaux et même une rare figure humaine : la muse grecque de la musique, Euterpe. Pour faciliter leur transport, elles avaient été placées sur un mince lit de ciment reposant sur un grand plateau métallique. L'importateur, une autre compagnie québécoise, soutint qu'il s'agissait de simples pièces d'artisanat d'une valeur d'à peine 15 000 $, qui venaient elles aussi du Liban. Certains médias s'emballèrent un peu et firent plutôt état d'« un trésor de 40 millions de dollars ».

Une chose est sûre, ce nouvel arrivage piqua une fois de plus la curiosité des douaniers, qui le mirent de côté pour le faire expertiser. Ils firent appel à John Fossey, professeur d'histoire de l'art et d'archéologie de l'Université McGill, spécialiste de la civilisation grecque, ainsi qu'à trois autres experts.

Tous furent unanimes à affirmer que les mosaïques provenaient du nord-ouest de la Syrie et qu'elles dataient de la période comprise entre le dernier quart du Ve siècle et le premier quart du VIe siècle de notre ère. Selon toute vraisemblance, les pièces avaient fait l'objet d'un important pillage dont le gouvernement syrien ignorait tout.

Face à cette démonstration éloquente, l'importateur admit avoir fait une fausse déclaration. Il se résolut à dire adieu aux 32 mosaïques vieilles de 1500 ans, qui furent confisquées par le gouvernement canadien, puis rendues à la Syrie en 1997, comme le prévoit la Convention de l'Unesco de 1970.

Il s'agissait d'une première victoire pour les douaniers, mais ils n'entendaient pas s'arrêter là. Ce dénouement heureux les incita à rouvrir le dossier de l'importation douteuse de 1990. Ils demandèrent à leurs homologues américains de garder l'œil ouvert pour des pavements anciens.

La requête porta fruit : en juin 1998, les agents américains saisirent cinq mosaïques au poste-frontière de Champlain, dans l'État de New York. On établit rapidement que les pièces faisaient partie des 54 mosaïques entrées à Montréal en 1990.

Les douaniers canadiens remontèrent la filière et le mois suivant, ils firent irruption dans l'entrepôt d'Hadès Antiquités, dans le nord de Montréal. L'endroit se révéla être une véritable caverne d'Ali Baba. On y dénombra 39 mosaïques, provenant elles aussi du groupe des 54 pavements de 1990. Rien de plus normal : c'est Hadès qui avait importé le tout. Quant aux 10 mosaïques manquantes, elles n'ont jamais été retrouvées. Elles auraient été vendues en Europe pour environ 15 000 $ pièce.

Le professeur Fossey en vint à la conclusion que les 86 mosaïques – les 54 de 1990 et les 32 de 1996 – avaient servi de planchers dans les mêmes complexes ecclésiastiques des régions de Hama et d'Alep, puisque leurs illustrations présentaient les mêmes formes stylistiques et que plusieurs d'entre elles se complétaient.

Quelques semaines plus tard, en août 1998, la Syrie s'impatienta et intenta une poursuite contre Ottawa pour réclamer la restitution immédiate des 39 mosaïques saisies à Saint-Laurent et des cinq autres interceptées par les douaniers américains. L'affaire se régla hors cour au début 1999, ce qui ouvrit la voie à une remise en bonne et due forme des œuvres à la Syrie.

La cérémonie eut lieu le 19 avril 1999 au musée d'archéologie et d'histoire Pointe-à-Callière, dans le Vieux-Montréal. Le temps d'une seule journée, on y exposa neuf des mosaïques pour permettre au public de les admirer. John Fossey donna à cette occasion une conférence sur les origines des mosaïques qui fut si courue qu'il dut la répéter en soirée.

Les mosaïques ont toutefois tardé à prendre le chemin de la Syrie. Hadès Antiquités contestait devant la Cour fédérale la saisie des cinq mosaïques effectuée par les Américains et les autorités ont décidé d'attendre que le litige soit tranché par le tribunal, en 2002, avant d'expédier la volumineuse cargaison d'œuvres à Damas.

Ce fut donc une fin heureuse pour la Syrie et son patrimoine. Mais aussi pour les pilleurs et les receleurs, puisque personne n'a été reconnu coupable de quoi que ce soit dans ce dossier, faute de preuves. Hadès a toujours maintenu avoir agi en toute légalité dans cette affaire.

Quarante-deux mosaïques sont aujourd'hui entreposées dans un musée de Damas, tandis que deux autres sont restées au Québec dans le cadre d'un prêt à long terme consenti par la Syrie au Musée des beaux-arts de Montréal.

Au fil des ans, les douanes canadiennes ont intercepté quantité d'autres biens culturels de grande valeur financière et patrimoniale. C'est ainsi qu'en novembre 1997, Ottawa restitua en bloc quelque 120 objets archéologiques à leurs pays d'origine : le Pérou, le Mexique et la Colombie. Les vases de porcelaine, textiles et bijoux en or, saisis plusieurs années auparavant, provenaient de pillages. Un Américain avait tenté de se servir du Canada comme pays de transit pour importer les pièces dans son pays.

Dans certains cas, toutefois, les douaniers se révèlent impuissants. En 1999, par exemple, un Canadien réussit à importer deux sarcophages égyptiens malgré les protestations du Caire, qui affirmait que les deux antiquités avaient été pillées sur son territoire.

Les douaniers avaient pourtant pris la peine de les saisir pour les examiner lors de leur entrée au pays, en 1996. Mais trois ans plus tard, jugeant que le transfert des pièces de l'Égypte antique ne violait ni les règles canadiennes, ni celles de l'Unesco, Ottawa décida de les remettre à l'importateur. À l'ambassade égyptienne, où l'on n'avait pas été prévenu de la remise des petits sarcophages symboliques, on était furieux, qualifiant le geste d'«inexcusable».

«Nous n'avions pas suffisamment de preuves pour intenter une poursuite contre l'importateur», déclara au *Devoir* Carol Burnett, porte-parole du ministère du Patrimoine canadien, qui est responsable de l'application de la Convention de l'Unesco au Canada, par le biais de la Loi sur l'exportation et l'importation de biens culturels.

La faiblesse de la réglementation internationale dans ce domaine fait le jeu des importateurs sans scrupules. À cet effet, il faut d'abord souligner que le Canada a seulement «accepté» la Convention de l'Unesco de 1970 et qu'il ne l'a jamais ratifiée. De plus, beaucoup des pays occidentaux qui l'ont acceptée ou ratifiée, notamment les États-Unis, la Belgique, la France et le Royaume-Uni, l'ont fait en exprimant des réserves qui restreignent grandement l'application du traité sur leur sol.

En 1995, l'Institut international pour l'unification du droit privé (Unidroit) adopta à Rome la Convention sur les biens culturels volés ou illicitement exportés, qui se voulait plus efficace que celle de l'Unesco. Elle innovait en obligeant les acheteurs d'œuvres au parcours trouble à les retourner à leurs propriétaires légitimes, qu'ils se soient montrés de bonne foi ou non au moment de l'acquisition. Le texte forçait en outre les maisons de ventes aux enchères à multiplier les vérifications sur la provenance des objets qu'ils offrent à leurs clients.

Or, à peine 30 pays ont ratifié la convention d'Unidroit à ce jour, principalement des pays en développement qui possèdent un patrimoine riche et vulnérable aux pilleurs. Parmi les pays industrialisés, seuls l'Italie, l'Espagne, le Portugal, la Grèce, la Norvège, la Finlande et la Nouvelle-Zélande l'ont ratifiée. Le Canada n'a jamais songé sérieusement à le faire, soutenant, à l'instar des États-Unis, que l'accord «donne plus de droits aux États exportateurs d'œuvres d'art» qu'à ceux qui les achètent.

À l'insuffisance de l'encadrement juridique s'ajoute celle des ressources financières consacrées au contrôle de l'importation et de l'exportation des biens culturels. Pour les autorités douanières canadiennes, la priorité va encore aujourd'hui au trafic de drogue, d'armes et d'alcool. Politiquement, il est beaucoup plus rentable d'intercepter une cargaison de cocaïne qu'une statuette qui a pu être pillée dans un pays pauvre.

Les enquêtes sur la provenance et l'authenticité des œuvres d'art sont le plus souvent longues et fastidieuses, nécessitant de nombreuses expertises. Les importateurs, généralement bien nantis, n'hésitent pas à contester vigoureusement les conclusions des douaniers, d'autant plus qu'aucun de ces fonctionnaires, au Canada, ne possède de formation en histoire de l'art. Les gestionnaires gouvernementaux sont donc très réticents à consacrer d'importants budgets à ce domaine obscur.

Ainsi, les douanes mènent rarement, au Québec, plus de cinq enquêtes par année à propos de biens culturels. Dans ce contexte, personne ne s'étonnera que le nombre d'œuvres d'art susceptibles d'entrer au Canada sans être inspectées est plutôt élevé.

13

L'art ne tourne pas rond
dans les sociétés d'État

En plein été 2002, un employé de Loto-Québec communi-qua avec la police de Montréal. Il avait une révélation trou-blante à faire. Il affirma qu'on trouvait des tableaux volés et au moins un faux parmi les 26 œuvres que la société d'État avait achetées au cours des mois précédents. De plus, selon l'informateur, de nombreux tableaux dataient de plusieurs décennies et ne cadraient donc pas avec la mission de la Col-lection Loto-Québec, soit l'acquisition d'œuvres d'artistes contemporains.

Mis au courant, Alain Lacoursière téléphona aussitôt à Loto-Québec et prit rendez-vous pour aller voir les tableaux. Sur place, il constata qu'aucun d'entre eux n'avait été volé, mais il remarqua la présence d'œuvres d'artistes qui sont ré-gulièrement copiés, dont Léo Ayotte et Rodolphe Duguay. Il exprima également un doute sur un Marc-Aurèle Fortin si-gné au feutre à l'endos, mais daté d'avant la commercialisa-tion de ce type de stylo, au début des années 1960. Il conseilla à la direction de Loto-Québec de faire examiner le tout par des spécialistes, puis n'eut plus de nouvelles.

Ce n'est qu'au début de février 2003 que l'affaire éclata publiquement. Au *Téléjournal* de Radio-Canada, le journa-liste Pierre Tourangeau révéla que Loto-Québec avait suivi le conseil de Lacoursière et avait fait appel à une experte indépendante afin de vérifier l'authenticité et la valeur réelle des 26 œuvres. Selon la spécialiste, Loto-Québec avait payé beaucoup trop cher certains des tableaux. La société d'État les avait acquis par l'intermédiaire du marchand d'art Philippe-Arnaud Gauthier (nom fictif), ancien propriétaire de la galerie westmountaise dont nous avons parlé au chapitre huit.

Cette histoire, qui avait des ramifications jusque dans les hautes sphères politiques, allait changer la façon de mener les enquêtes policières sur les œuvres d'art au Québec et, par ricochet, bouleverser la carrière d'Alain Lacoursière.

Le jour même de la diffusion du reportage, Loto-Québec s'empressa de publier un communiqué pour annoncer la fin de sa relation d'affaires avec Philippe-Arnaud Gauthier. La société d'État se réservait en outre la possibilité de poursuivre le commerçant si la preuve devait être faite qu'elle avait été flouée.

Deux jours plus tard, Tourangeau dévoila le deuxième volet de son enquête. En plus de Loto-Québec, Gauthier s'occupait également de l'acquisition d'œuvres d'art pour le compte de la Société des alcools. C'est un vice-président de la SAQ qui avait retenu ses services en 1998.

Ces affaires rattrapèrent rapidement le président de Loto-Québec, Gaétan Frigon, qui avait occupé les mêmes fonctions à la SAQ de mars 1998 à février 2002. Dans les médias, on souligna que Frigon avait court-circuité le processus d'acquisition d'œuvres d'art du monopole des loteries, jusque-là mené par un conservateur d'expérience, Louis Pelletier.

Frigon ne nia pas être intervenu dans l'achat de tableaux, mais relativisa l'importance du geste. « Les seules œuvres que j'ai choisies moi-même, c'est pour mon bureau », déclara-t-il en marge d'une comparution en commission parlementaire, à Québec, en avouant son goût pour les tableaux figuratifs du peintre et caricaturiste Normand Hudon. «Oui, j'aime Hudon, et je voulais en avoir un dans mon bureau. Mais je n'ai jamais exigé que Loto-Québec achète des Normand Hudon pour d'autres que moi.» Gaétan Frigon estimait néanmoins que le temps était venu de «diversifier» la collection de Loto-Québec, trop abstraite à son goût.

«Son idée du bonheur est davantage une cabane à sucre avec un banc de neige qu'une tache de couleur», ironisa un employé de Loto-Québec, cité par *La Presse* sous le couvert de l'anonymat. Dans le milieu de l'art, on jasait. Plusieurs trouvaient inacceptable qu'une collection publique achète de l'«art commercial» destiné davantage à la décoration qu'à la postérité.

Or, pour Gaétan Frigon, il allait de soi de retirer au conservateur la responsabilité de la collection de Loto-Québec pour la confier au service des affaires publiques. «Tout ça était géré par un consultant externe [Louis Pelletier], à temps partiel, qui ne rendait des comptes à personne, affirma-t-il. J'ai mis des normes de façon à s'assurer que la gestion de la collection de Loto-Québec soit faite par des gens de l'interne, par quelqu'un d'imputable.»

En fait, on ne consultait même plus Pelletier pour les acquisitions. «Il recevait juste les factures, confessa une source anonyme au *Devoir*. Alors, il est monté [à la direction] et a dit que ça n'avait pas de bon sens. On lui a répondu: "Toi, tu paies et c'est tout. On te demande de gérer la paperasse."»

Le 13 février 2003, quelques jours après la diffusion des reportages de Radio-Canada, Gaétan Frigon démissionna de ses fonctions. Il faut dire qu'il n'en était pas à une controverse près: c'est une affaire de conflit d'intérêts financiers, non reliée à l'affaire des œuvres d'art, qui le poussa vers la sortie.

*

À la SAQ, puis à Loto-Québec, Philippe-Arnaud Gauthier avait réussi à obtenir l'exclusivité pour l'acquisition d'œuvres d'art. En 1999, la SAQ en avait fait le conservateur de sa collection. Puis, en vertu d'une deuxième entente conclue en octobre 2002, Gauthier était carrément devenu «acheteur officiel d'œuvres d'art» pour la SAQ. À ce titre, il devait proposer chaque année au comité responsable de la SAQ un «catalogue d'acquisitions potentielles» d'œuvres d'artistes provenant des différentes régions du Québec. Il lui revenait ensuite d'acheter les pièces retenues par le comité. Il avait même la latitude d'«élaguer» la collection en revendant les «œuvres ayant peu de valeur».

Le vice-président de la société d'État s'était présenté à sa galerie à la fin 1997 ou au début 1998. Il voulait échanger un tableau abstrait que la SAQ avait acheté pour une bonne cause mais que la direction n'aimait pas. Gauthier avait accepté et avait offert à la SAQ une œuvre qui lui seyait mieux.

Trois ou quatre mois plus tard, le vice-président avait téléphoné à Philippe-Arnaud Gauthier pour lui demander s'il pouvait établir la valeur marchande de l'ensemble de la collection de la SAQ. Gauthier s'était lancé dans l'opération et avait produit un volumineux catalogue comprenant la description, la photo et la valeur des œuvres.

Le 10 novembre 1999, le vice-président avait signé un contrat avec Philippe-Arnaud Gauthier pour la mise à jour continue, pendant 10 ans, de l'évaluation de la collection de la SAQ, au coût annuel de 45 $ par tableau – une affaire d'au moins 8000 $ par année. À cela s'ajoutaient les commissions de 15 pour cent que lui versait la Galerie Mystère (nom fictif), dans le Vieux-Montréal, à laquelle il était rattaché, pour chaque œuvre vendue à la SAQ. Comme le budget annuel d'acquisition d'œuvres d'art de la société d'État s'élevait alors à quelque 100 000 $, Gauthier pouvait s'attendre à encaisser environ 15 000 $ par année.

*

Le 6 février 2003, juste avant que Radio-Canada ne diffuse ses reportages, la SAQ mit fin au contrat avec Philippe-Arnaud Gauthier. Puis elle commanda un rapport afin de faire la lumière sur la valeur réelle des acquisitions recommandées par le marchand. L'évaluatrice indépendante estima que les 54 tableaux vendus par la Galerie Mystère valaient entre 132 000 et 172 000 $ au total, alors que la SAQ avait payé plus de 180 000 $ pour le tout. La société d'État envoya donc une mise en demeure à Gauthier pour lui réclamer 20 000 $, soit la somme qu'elle calculait avoir payée en trop à la Galerie Mystère pour les 54 tableaux, qui représentaient alors le tiers de sa collection. La missive resta lettre morte.

Mais après quelques mois, Philippe-Arnaud Gauthier se manifesta. À l'automne 2003, fort mécontent de toute cette affaire, il répliqua à la SAQ en lançant une poursuite contre elle. Il réclama près de 250 000 $, c'est-à-dire les revenus – plus le rendement sur le capital investi – qu'il comptait empocher au cours des 7 années restantes du contrat de 10 ans conclu en 1999. La société d'État contre-attaqua avec sa propre poursuite, dans laquelle elle exigeait notamment le versement de 60 000 $ pour atteinte à sa réputation.

La SAQ profita de l'occasion pour demander à un autre expert de mener une nouvelle évaluation des achats effectués sous la houlette de Gauthier. Le mandat fut confié à un galeriste montréalais que nous appellerons Hugo Dupré. Son rapport, daté de juillet 2004, fut brutal.

Dupré s'étonna d'abord que la totalité des 54 œuvres proviennent de la Galerie Mystère. « Jamais, en 16 ans d'évaluation, même chez des collectionneurs privés, je n'ai pu observer un tel monolithisme dans la provenance des œuvres, écrivit-il. Les collectionneurs privés comme les entreprises achètent leurs œuvres de différentes sources afin d'avoir le meilleur choix esthétique et le meilleur rapport qualité/prix. »

Gauthier expliquera par la suite que les œuvres qu'il avait vendues à la SAQ ne provenaient pas toutes de la Galerie Mystère. Dans certains cas, celle-ci en avait fait venir d'autres galeries, puis les avait vendues à la SAQ.

Hugo Dupré s'attarda ensuite à la qualité des tableaux acquis par la SAQ et son constat ne fut pas plus tendre, loin s'en faut.

« La très grande majorité de ces œuvres n'a aucun intérêt pour un musée, releva-t-il. Ces 34 artistes ont certes un marché qui les fait parfois bien vivre, mais ce marché s'estompera plus ou moins rapidement après leur décès. Ils sombreront inévitablement dans l'oubli collectif puisqu'aucune institution muséale ne daignera les rappeler à notre bon souvenir. Ces artistes reprennent pour la plupart une manière de faire qui date de 50 ou 100 ans. C'est une peinture académique. Cette répétition s'apparente plus au geste de l'artisan qui crée un objet utilitaire – ici réaliser une image décorative qui évoque nos grands espaces ou bien notre architecture traditionnelle – plutôt qu'à l'artiste effectuant une recherche picturale qui lui est propre. »

Dans son rapport, l'évaluateur analysa en détail chacun des tableaux. L'un d'eux était une huile sur panneau signée « Arnaud ». Il ne fallait pas chercher trop loin pour trouver de qui il s'agissait : c'était nul autre que Philippe-Arnaud Gauthier, qui est également artiste peintre. La SAQ avait versé 4500 $ pour acquérir l'œuvre.

Gauthier a également vendu à la SAQ quatre œuvres d'Armand Tatossian, un populaire peintre québécois d'origine égyptienne. L'évaluation de Dupré – 5000 $ par tableau – arriva pile avec le prix payé par la SAQ. Par contre, Gauthier avait vendu 3200 $ et 6500 $ deux œuvres de Victor Bassi. Or, d'après l'évaluateur, ces œuvres ne valaient pas plus de 500 $ chacune.

La SAQ avait également payé cher pour la reproduction en photolitho d'un tableau du peintre montréalais Stanley Cosgrove. Vendue 1850 $ à la SAQ, elle n'en valait que 100 $, d'après Hugo Dupré. «Comme Jean Paul Lemieux, Cosgrove a donné son accord à ce genre de produit dérivé, nota-t-il. Il s'agit ni plus ni moins d'un poster de luxe signé par l'artiste.»

Pour la plupart des autres œuvres, les prix payés par la SAQ à la Galerie Mystère et à Philippe-Arnaud Gauthier étaient supérieurs à l'évaluation de Hugo Dupré. Résultat: ce dernier estimait en 2004 que les 54 œuvres ne valaient que 64 000 $. C'était trois fois moins que ce qu'avait versé la société publique.

Bien entendu, Gauthier n'a pas apprécié ce rapport sévère qui émanait, il faut bien le rappeler, d'un concurrent. Interrogé par *La Presse* en août 2004, il soutint que Dupré ne possédait pas les connaissances nécessaires pour évaluer les tableaux et se plaignit de faire l'objet d'une campagne de dénigrement. Il faut dire qu'au moment où le scandale avait éclaté, en février 2003, Hugo Dupré avait tenu des propos très durs à l'endroit de Philippe-Arnaud Gauthier.

Ce dernier a toujours maintenu qu'il n'y avait rien de répréhensible dans ses transactions avec les sociétés d'État. Pour lui, c'étaient simplement les lois du marché qui jouaient. «Une surévaluation de tableau n'existe pas, déclara-t-il dans le cadre des procédures judiciaires avec la SAQ. C'est une pièce unique au monde: c'est la loi de l'offre et de la demande. Vous l'offrez à tel prix, puis le client décide de l'acheter ou de ne pas l'acheter.» On ne peut lui donner tort: dans ce dossier, la SAQ s'est montrée bien piètre négociatrice.

*

Il faut bien admettre que l'évaluation n'est pas une science exacte, surtout dans le monde de l'art. Ce sont le plus souvent les galeristes qui effectuent ce travail, puisque ce sont eux qui connaissent le mieux le marché: après tout, ils le font fonctionner tous les jours. Le hic, c'est que le travail d'évaluation entre souvent en conflit avec leur mission première, celle de commerçant. Un galeriste n'a pas intérêt à sous-évaluer les tableaux d'un peintre qu'il représente, tout comme il n'a rien à gagner de surévaluer les œuvres d'un artiste qui a l'habitude d'exposer chez un concurrent.

Au Canada, comme dans la plupart des pays, le métier n'est pas réglementé. On est loin des évaluateurs immobiliers qui, au Québec, sont encadrés par un ordre professionnel. Les évaluateurs indépendants d'œuvres d'art, qui ne relèvent pas d'une galerie ou d'une maison de vente aux enchères, sont rares: on les compte sur les doigts d'une main au Québec. Bien sûr, il est toujours possible de trouver un évaluateur digne de confiance en cherchant un peu.

Outre le manque de recul de plusieurs galeristes qui jouent le rôle d'évaluateurs, il y a la dure réalité du marché de l'art. Dans un rapport qu'il a rédigé dans le cadre de l'affaire de la SAQ, Jean Canonne, ancien professeur de gestion à l'UQAM et spécialiste de l'évaluation des œuvres d'art, soulignait son «inefficacité relative».

D'abord et avant tout, les œuvres d'art ne sont pas facilement comparables entre elles, puisque par définition elles sont uniques, faisait remarquer l'expert. Il existe donc autant de marchés que d'artistes. Ces marchés se subdivisent en sousmarchés, les œuvres réalisées pendant certaines périodes de la carrière d'un créateur valant davantage que celles exécutées à d'autres moments.

Ensuite, à l'exception des œuvres de grands artistes dont les ventes sont largement suivies à l'échelle internationale, les transactions sur les tableaux et les sculptures de moindre envergure respectent généralement des logiques régionales ou nationales, relevait Canonne. Ainsi, un artiste qui est très réputé à Trois-Rivières, mais qui est méconnu à l'extérieur de la Mauricie, ne vendra pas du tout ses œuvres aux mêmes prix à Shawinigan et à Montréal.

En dépit de ces difficultés, il existe bien sûr des critères reconnus pour attribuer la valeur la plus juste possible aux œuvres d'art. « On pourrait tracer un parallèle avec la science du vin, écrivait Hugo Dupré dans son rapport. Quelle est la différence entre un gros rouge qui tache et un Château Margaux ? Dans les deux cas, il s'agit d'un jus de raisin fermenté. Et ce n'est pas simplement une affaire de goût personnel comme certains argumentent en peinture. Il y a des vins bien faits qui répondent au goût du jour comme il y a des peintres habiles qui répondent au goût d'une clientèle. Mais en bout de ligne, il y a consensus chez les œnologues pour identifier les grands vins à chaque nouvelle cuvée. »

Lorsqu'on mesure la valeur intrinsèque d'une œuvre, on ne peut passer outre à son intérêt muséal, c'est-à-dire son importance relative dans l'histoire de l'art et dans la culture d'un pays. Ce n'est toutefois pas le seul critère à considérer. On n'a qu'à penser aux artistes qui ont vendu des œuvres à des musées il y a 30 ans, mais qui ont sombré dans l'oubli depuis : de nos jours, ils n'atteignent plus des prix très élevés sur le marché.

Les peintres et les sculpteurs qui se vendent le mieux excellent à deux égards : ils innovent sur le plan stylistique et ils savent trouver un public pour leurs créations. Au Québec, le meilleur exemple à cet égard a certainement été Jean Paul Riopelle. En plus de marquer l'histoire de l'art, le maître a su créer une demande durable pour ses œuvres auprès des collectionneurs.

Bien sûr, de nombreux artistes réussissent à bien tirer leur épingle du jeu en se trouvant un créneau commercial, sans chercher à devenir immortels. C'est par leur talent et leur travail que la majorité d'entre eux font augmenter leur valeur sur le marché.

Mais il reste que, de tout temps, des peintres et des sculpteurs ont recouru à des procédés plus ou moins honnêtes pour faire monter leur cote. Il n'est pas rare qu'en début de carrière, des artistes vendent certaines de leurs œuvres à des proches, exagérant par la suite la valeur des transactions. D'autres maquillent leur curriculum vitæ pour faire croire qu'ils ont exposé dans plusieurs pays même si ce n'est pas le cas. Pire encore, certains sont allés jusqu'à prétendre que des musées avaient acquis certaines de leurs œuvres alors qu'il n'en était rien. Ils se disent que le jeu en vaut la chandelle : combien d'acheteurs du dimanche iront vérifier la véracité de telles informations ?

En son temps, Renoir avait dit en parlant de l'art : « Mettez-vous bien dans la tête que personne n'y connaît rien. Il n'y a qu'un baromètre qui indique la valeur de la peinture, c'est l'hôtel des ventes. » Il n'y a rien comme un bon encan pour séparer le bon grain de l'ivraie.

*

Le litige entre la SAQ et Philippe-Arnaud Gauthier connut finalement son dénouement en avril 2008 avec un règlement hors cour dont le contenu demeure secret. Il importe de souligner que selon les deux évaluateurs retenus par la SAQ, aucun faux ne figurait dans les tableaux vendus par Gauthier.

Du côté de Loto-Québec, un rapport d'expertise rédigé par une évaluatrice indépendante conclut qu'un tableau de Rodolphe Duguay acquis par l'entremise de Philippe-Arnaud Gauthier au coût de 4900 $ était un faux et qu'un Léo Ayotte payé 4800 $ était d'authenticité douteuse. Gauthier se défendit en affirmant qu'il avait acheté le Duguay dans un encan en ayant la certitude qu'il s'agissait bel et bien d'un vrai.

L'analyse démontra tout de même que Loto-Québec avait payé 50 000 $ de trop pour les 26 œuvres. Aux yeux de l'experte, l'ensemble ne valait donc que 61 000 $, plutôt que les 111 000 $ déboursés par la société d'État. Dans un communiqué publié au début de mars 2003, Loto-Québec annonça sa volonté d'intenter des recours juridiques. Or, la menace ne fut jamais mise à exécution. Et aujourd'hui, Louis Pelletier a repris sa place comme conservateur de la Collection Loto-Québec.

Lacoursière croit que Loto-Québec a mis le couvercle sur la marmite à la suite d'une intervention politique, ce que la société d'État nie avec véhémence. Une chose est sûre, Québec a pris les moyens pour éviter qu'une autre controverse du genre ne resurgisse.

*

En ce début d'année 2003, le gouvernement de Bernard Landry s'apprêtait à déclencher des élections générales et n'appréciait pas particulièrement qu'un sergent-détective de la police de Montréal s'intéresse aux sociétés d'État, qui relèvent habituellement de la Sûreté du Québec. Surtout que quelques semaines avant qu'éclatent les affaires de Loto-Québec et de la SAQ, Alain Lacoursière avait eu l'audace de téléphoner au cabinet du premier ministre pour obtenir des détails au sujet de l'achat, par un membre de l'entourage de Landry, d'une œuvre d'art d'origine douteuse.

Au printemps 2003, un vendredi après-midi, Lacoursière venait de finir de donner un cours sur le marché de l'art à l'UQAM lorsque son téléphone cellulaire sonna. C'était le numéro deux de la police de Montréal.

« Il faudrait qu'on se voit, lança le patron.

– Comment ça ? rétorqua le sergent-détective, irrévérencieux.

– Je suis dans ton bureau présentement et je voudrais te rencontrer.

– Mais là je suis au centre-ville ! Je n'ai pas le temps de retourner au bureau, à l'autre bout de la rue Notre-Dame. T'es pas capable de me dire ça au téléphone ?

– Alain Lacoursière, viens me voir ICI ! »

Le numéro deux s'était rarement fait adresser la parole sur ce ton par un policier. Lorsque Lacoursière arriva enfin au bureau, le patron alla droit au but.

« Les hauts dirigeants de la SQ aimeraient que tu ailles travailler pour eux.

– Tiens ! Regarde donc l'affaire, toi ! La SQ s'est fait dire qu'il faudrait que j'aille travailler au niveau national !

– Tu t'en iras là-bas avec les avantages de Montréal, sans les inconvénients, répliqua le supérieur. Tu imposeras tes conditions.

– OK d'abord ! »

Il faut savoir que les policiers montréalais sont payés environ 15 pour cent de plus que ceux de la SQ, tout en travaillant quatre heures de moins par semaine. Par contre, les agents de la police nationale peuvent se faire payer leur temps supplémentaire en argent, ce qui n'est pas possible à la police de Montréal. Sachant très bien que le contexte lui était on ne peut plus favorable, Lacoursière réussit à se négocier le meilleur des deux mondes : il garda son salaire et gagna la possibilité de facturer du temps supplémentaire !

Mais lorsqu'il rencontra pour la première fois ses nouveaux supérieurs à la SQ, il ne put s'empêcher de revenir à la charge.

« Comme ça, vous me faites une offre exceptionnelle pour que je vienne travailler à la SQ ? Voyons donc ! C'est pour mieux me voir aller tous les jours et pour que je ne joue pas dans les plates-bandes de personne.

– Non, non, non !

– En tout cas, je vous considère plus intelligents que ça ! »

Les patrons éclatèrent de rire au lieu de répondre.

« Ça va élargir ton terrain de jeu, dit l'un d'eux pour changer de sujet. Tu vas pouvoir agir sur le plan national.

– C'est bien beau. »

Un ancien membre de la haute direction allait par la suite confirmer à Lacoursière ce qu'il avait deviné. Il lui raconta que le cabinet du premier ministre avait téléphoné à la SQ pour se plaindre de ce policier montréalais qui osait se mêler des sociétés d'État. La SQ avait expliqué qu'il en était ainsi parce qu'Alain Lacoursière était celui que tout le monde appelait lorsqu'il était question d'œuvres d'art. Cela importait peu aux apparatchiks péquistes, qui avaient fait passer leur message : la SQ, plus proche du gouvernement que la police de Montréal, devait trouver une façon d'amener Lacoursière dans son giron. Le sergent-détective sera donc « prêté » à la police nationale de mai 2003 à août 2008.

Invité à commenter la situation dans le cadre de ce livre, Bernard Landry a soutenu n'avoir aucun souvenir des affaires de Loto-Québec et de la SAQ. Il s'est montré sceptique face à l'idée que le pouvoir politique puisse dicter quoi faire à la SQ.

Quoi qu'il en soit, le sergent-détective n'a pas tardé à apprécier les avantages pécuniaires et professionnels que lui offrait son nouvel employeur. En plus de jouir de meilleures conditions de travail, il avait l'occasion de voyager pour participer à des conférences internationales de l'Unesco et de l'une de ses filiales, le Conseil international des musées (ICOM). Grèce, Pays-Bas, Égypte, France, Belgique : les destinations étaient alléchantes, et les notes de frais, parfois salées. La hiérarchie en faisait peu de cas, puisqu'il s'agissait, après tout, du « rayonnement international » de la SQ.

Dans le cadre de ces conférences, Alain Lacoursière et son partenaire, Jean-François Talbot, faisaient état des efforts québécois dans la lutte contre les crimes liés aux œuvres d'art. Ils en profitaient aussi pour établir des contacts avec les responsables des autorités d'autres pays et pour en apprendre plus sur les façons de faire de chacun. À leur grand étonnement, les deux hommes étaient à l'époque les deux seuls agents de police à être membres du club sélect de l'ICOM, signe de l'intérêt très mitigé des corps policiers du monde entier pour les crimes touchant aux œuvres d'art.

Alors qu'il travaillait à la police de Montréal, Lacoursière n'avait pu participer qu'à une seule conférence internationale, au Brésil, en 2002. La hiérarchie avait d'abord refusé net qu'il s'y rende, mais le sergent-détective avait fait intervenir une influente conseillère municipale pour obtenir ce qu'il voulait. Celle-ci l'aimait bien puisque quelques années plus tôt, il lui était venu personnellement en aide dans une affaire de fraude reliée à une œuvre d'art.

*

La police de Montréal ne s'était pas fait prier pour accepter le transfert de Lacoursière à la SQ. Plusieurs patrons ne regrettaient pas de voir quitter ce sergent-détective insubordonné, prêt à tout pour parvenir à ses fins, même à faire appel aux politiciens!

Bien au fait de la réputation sulfureuse de Lacoursière, l'état-major de la SQ jugea plus prudent de lui adjoindre un jeune policier au dossier sans tache, ancien avocat de surcroît: Jean-François Talbot. Lacoursière s'est rapidement rendu compte que l'une des tâches de Talbot était, en quelque sorte, de le surveiller et de faire état de façon détaillée de leurs enquêtes conjointes à la direction. Pour Lacoursière, qui avait l'habitude de ne pas trop en dire à ses patrons, c'était pour le moins rafraîchissant!

En fait, Lacoursière faisait alors l'objet d'une importante poursuite intentée par un galeriste. Celui-ci alléguait notamment, à tort, que le policier était fort actif sur le marché de l'art et qu'il jouait le rôle de «principal liquidateur» des œuvres du peintre Serge Lemoyne, dont il avait été très proche. Pour la SQ, c'était une raison de plus de garder un œil sur Lacoursière. (La poursuite ne sera abandonnée que plusieurs années plus tard.)

En moins de six mois, Talbot fut convaincu de l'intégrité de Lacoursière. Mieux encore, les deux policiers sont rapidement devenus d'excellents collègues de travail. Il a cependant fallu un peu plus de temps pour persuader l'état-major que Lacoursière ne caressait pas d'intentions inavouables. Se moquant de cette méfiance, le sergent-détective faisait exprès pour assister aux vernissages de la galerie du Vieux-Montréal où étaient régulièrement exposées des œuvres de Lemoyne.

La surveillance étroite de Lacoursière s'étendait bien entendu à ses contacts avec les journalistes. En 2003, l'un des responsables des relations avec les médias de la SQ insista pour accompagner le sergent-détective lors d'une entrevue à l'émission de Michel Désautels, à la radio de Radio-Canada.

«On va y aller ensemble, annonça le responsable.

– Pour me dire quoi dire? Pour me faire des simagrées par la fenêtre? Je n'ai pas besoin de ça!» répliqua Lacoursière.

Puis il téléphona au réalisateur de l'émission et lui demanda s'il était possible de devancer le rendez-vous d'une journée, ce qui fut fait. Il venait ainsi de contourner son chaperon.

Le lendemain, le responsable des relations avec les médias se préparait à se rendre à Radio-Canada avec Lacoursière. «Quoi, ils ne t'ont pas avisé? On l'a fait hier!» lui lança le sergent-détective, fier de son coup.

Un de ses patrons ne tarda pas à le convoquer. Comme il le faisait chaque fois où il «oubliait» de prévenir ses supérieurs, Lacoursière se confondit en excuses, puis s'engagea à ne plus recommencer. Bien sûr, ce n'était qu'une promesse creuse.

En 2002, alors qu'il travaillait à la police de Montréal, un patron lui avait interdit de prendre la parole à une conférence de presse annonçant la récupération d'un tableau de grande valeur! Mal lui en prit: le haut gradé déclara aux journalistes que les policiers venaient de retrouver une œuvre de «Paul-Émile Riopelle», massacrant le prénom du peintre le plus connu au Québec. Devant cette démonstration flagrante d'incompétence, les reporters ne s'y trompèrent pas: ils adressèrent toutes leurs questions à Lacoursière, laissant en plan le gros bonnet, qui cachait mal son embarras.

14

Perdus... retrouvés!

Nous sommes au début de 2003. Un galeriste tentait frénétiquement de joindre Lacoursière. Il avait laissé plusieurs messages à son bureau. Comme il se faisait insistant, une secrétaire de la police se résolut à composer le numéro du téléphone cellulaire du sergent-détective, qui se trouvait à l'autre bout de la ville.

Lacoursière rappela le galeriste. Celui-ci lui raconta qu'un marchand d'art s'était présenté dans son commerce avec deux faux Riopelle. « Il fait le tour de la ville avec les tableaux, lui dit-il. Aurais-tu le temps de vérifier ça tout de suite ? »

Le sergent-détective monta dans sa voiture et se mit immédiatement en route. Il pensa d'abord aller cogner chez le suspect, puisqu'il le connaissait. Puis il se ravisa. Il craignait qu'en agissant ainsi, le marchand se rebiffe et fasse disparaître les tableaux avant qu'il ne puisse les examiner. Lacoursière eut une autre idée. Comme l'homme avait déjà fait de la prison, la police possédait une photo de lui. Il suffisait de la mettre à profit.

De retour au bureau, Lacoursière décida donc d'apporter l'image au service de l'identité judiciaire, qui produit les portraits-robots.

« Tu ne peux pas faire ça, lui lança un de ses patrons. Ça ne se fait pas.

– Laisse-moi faire », répondit le sergent-détective.

L'illustrateur de l'identité judiciaire se montra lui aussi pour le moins perplexe.

« Peux-tu me faire un portrait-robot avec ça ? lui demanda Lacoursière.

— Bien non, tu ne comprends pas, là. Un portrait-robot, on fait ça avec des parcelles d'informations, quand on n'a pas de photo. Là, tu l'as ton suspect. T'as juste à faire publier la photo !

— J'aimerais que tu me fasses un portrait-robot qui ressemblerait pas mal à la photo, mais qui ne serait pas identique. Ce n'est pas possible ?

— C'est sûr que je peux : tu as la photo ! Mais ce n'est pas lui que tu veux, c'est un autre suspect qui lui ressemble, non ?

— Non, non, c'est lui que je cherche ! Pourrais-tu me faire ça, s'IL TE PLAÎT ?

— Tu vas me remplir une requête officielle parce que ce n'est pas supposé fonctionner comme ça. As-tu un numéro d'événement ? »

Le sergent-détective attrapa le premier dossier qui traînait sur son bureau – une affaire de vol sans lien aucun avec les faux Riopelle – et en donna le numéro à son collègue. Le lendemain, il reçut finalement son portrait-robot. Il l'annexa à un courriel auquel il donna la forme d'un envoi massif et dans lequel il écrivit : « Suspect recherché – en possession de faux Riopelle – SVP communiquez avec moi si vous avez des informations. » Pour éviter d'ameuter le milieu de l'art au grand complet, il recourut à une fonctionnalité qu'il venait de découvrir : la copie conforme invisible. Le suspect et le galeriste qui l'avait dénoncé furent ainsi les seuls à recevoir le message, tout en étant amenés à croire que l'ensemble du réseau habituel de Lacoursière l'avait reçu.

Le galeriste s'énerva et appela le sergent-détective, craignant d'être indûment lié au suspect. « Ne t'en fais pas, je ne

vais pas parler de toi», lui répondit Lacoursière. Le lendemain, ce fut au tour du suspect, à qui nous attribuerons le
nom fictif de Marcel Agal, de lui téléphoner.

« Alain ?

– Oui, Alain Lacoursière.

– C'est Marcel.

– Marcel qui ?

– Marcel Agal.

– Qu'est-ce qu'il y a ?

– Câlisse ! Ma photo !

– Quelle photo ?

– J'ai reçu ton courriel !

– Ah oui ! Le suspect qu'on recherche concernant… Le
connais-tu ?

– C'est moi, calvaire ! Tout le monde va me reconnaître.
Je vais passer pour quoi ?

– Marcel, je ne le savais pas que c'était toi, voyons donc.
C'est un portrait-robot, ç'a été fait à main levée par un gars
de l'identité judiciaire.

– Crisse ! Tout le monde va me reconnaître.

– Je ne le savais pas. C'est vraiment toi ?

– Bien oui !

– T'es pas en possession de faux Riopelle ?

– Je ne le savais pas que ç'en était. J'ai acheté ça de bonne
foi.

– Qu'est-ce qu'on fait maintenant ?

– Je vais te les envoyer par taxi. »

Agal se montra évasif quant à l'origine des faux. Lacoursière déduisit qu'ils étaient probablement le fruit de Marcel
Alain Paré, l'habile faussaire de Riopelle dont nous avons
parlé au chapitre huit. Or, comme le suspect prétendait ne
pas avoir été au courant qu'il s'agissait de faux, il était difficile pour la police de demander à la Couronne de porter des

accusations contre lui. Le sergent-détective savait cependant qu'après cette frousse, l'homme allait se tenir tranquille, du moins pendant quelque temps.

*

Lacoursière connaissait bien Agal. Quelques années auparavant, il l'avait mis en état d'arrestation en plein vernissage au Musée des beaux-arts de Montréal! Juste avant qu'il l'aperçoive, le sergent-détective était en conversation avec le directeur de l'institution à l'époque, le Français Guy Cogeval, et le président de son conseil d'administration, Bernard Lamarre, ancien chef de la direction de la firme d'ingénierie SNC-Lavalin.

« Ma petite police, as-tu retrouvé mon tableau volé? lança Lamarre, évoquant le cambriolage d'un Riopelle, *Soleil noir (Monaco)*, survenu en 1989 dans son bureau de Lavalin.

– Bien non, monsieur Lamarre! Je n'ai pas de budget. Envoyez-moi des chèques à la police de Montréal!»

Lorsque le policier vit Agal, il se dirigea vers lui.

« Marcel, t'es en état d'arrestation. J'ai un mandat contre toi. Il faudrait que tu viennes me voir demain au bureau.

– Bien voyons, Alain!

– Viens me voir au bureau demain. Ça marche? Je ne suis pas pour te faire la mise en garde devant tout le monde, mais t'es en état d'arrestation jusqu'à ce que tu viennes me voir demain, OK?

– Et là il va falloir que je me mette les menottes moi-même en plus?

– Bien non!»

Fier de son coup, Lacoursière retourna voir Lamarre.

« Qu'est-ce que tu lui as dit? demanda l'homme d'affaires. Il est devenu tout blanc.

– Je l'ai placé en état d'arrestation parce qu'il ne nous a pas avertis d'un changement d'adresse. Il a été accusé dans une affaire de recel d'antiquités.

– Ah oui ? Mais je le connais ce gars-là !

– Il faudrait faire attention à vos fréquentations, monsieur Lamarre !» se moqua Lacoursière.

Guy Cogeval, qui écoutait l'échange sans y comprendre grand-chose, demanda qu'on lui explique. Il s'étonna de la situation.

«On ne peut pas faire ça dans un vernissage !

– C'est parce qu'il y a beaucoup de voleurs et de fraudeurs qui se tiennent dans les vernissages, répondit le sergent-détective. C'est pareil en France. Un de mes collègues français se promène lui aussi dans les vernissages et il a même arrêté du monde dans des musées où vous avez travaillé !»

*

La rapidité avec laquelle Lacoursière avait pu retirer du marché les faux Riopelle d'Agal lui confirma tout le potentiel de l'Internet pour compliquer la vie des criminels. Il fallait absolument développer un système permettant de rejoindre directement et simultanément les professionnels du monde des arts visuels, mais aussi les voleurs, fraudeurs, receleurs et faussaires. Au fil du temps, l'idée a pris forme : pourquoi ne pas envoyer régulièrement à tout ce beau monde des courriels énumérant les plus récentes œuvres d'art volées et les faux ayant surgi sur le marché ?

En 2005, deux ans après l'entrée de Lacoursière à la Sûreté du Québec, le système vit finalement le jour. Le sergent-détective et son partenaire à l'escouade des œuvres d'art, Jean-François Talbot, le baptisèrent Art Alerte. Chaque semaine ou presque, le milieu de l'art allait désormais recevoir une liste d'œuvres dont il fallait se méfier.

La beauté d'Art Alerte, c'est que désormais les marchands peu scrupuleux allaient difficilement pouvoir plaider l'ignorance. « Le courriel est maintenant considéré au plan juridique comme aussi personnel qu'une lettre, expliqua Lacoursière à *La Presse*. Son destinataire ne peut pas alléguer qu'il ne l'a pas lu. C'est comme une lettre qu'il reçoit et qui lui indique qu'un tableau est faux ou qu'il a été volé. Le fardeau de la preuve repose sur l'accusé et en cour, on peut affirmer qu'il était au courant. »

Des associations professionnelles des États-Unis, de France et d'Italie montrèrent rapidement de l'intérêt pour Art Alerte, si bien que le bulletin électronique rejoint aujourd'hui plus de 100 000 intervenants du milieu de l'art de partout dans le monde : les membres de l'Art Loss Register, dont nous parlerons plus loin, d'Interpol, du Conseil international des musées, de l'Office central de lutte contre le trafic des biens culturels de France, de la police nationale italienne, du FBI et d'associations américaines de marchands d'art. Aujourd'hui, de nombreux corps de police dans le monde, en France et en Italie notamment, ont mis en place un système semblable. D'autres affichent sur leur site web les principales œuvres volées sur leur territoire, tout comme Interpol.

*

Au fil des ans, Art Alerte a permis de récupérer des dizaines d'œuvres d'art volées au Québec et de dissuader plusieurs criminels de passer à l'action. L'outil a notamment fait la preuve de son utilité en août 2005, lorsque le galeriste montréalais Simon Blais rapporta s'être fait voler une sculpture africaine d'une valeur de 5000 $. Sans tarder, Alain Lacoursière envoya un message Art Alerte comportant une photo de l'œuvre dérobée.

Blais avait fourni à la police la description de la voiture du filou et son numéro de plaque. Son adjoint, Paul Bradley, avait eu la présence d'esprit de prendre le tout en note. Sur l'heure du midi, Lacoursière téléphona à l'adresse correspondant à l'immatriculation du véhicule, à Terrebonne, au nord de Montréal. C'est une sexagénaire qui répondit. «Ça doit être la mère du suspect», se dit aussitôt le sergent-détective. Il lui annonça que son fils venait de commettre un vol avec sa voiture. La mère téléphona aussitôt à son fils, puis rappela Lacoursière. «Il s'en va chez son avocat à Montréal», lui signala-t-elle.

Par chance, l'avocat était un collectionneur et était abonné à Art Alerte. Quand le voleur lui montra la statue, il se rappela tout de suite en avoir vu la photo plus tôt dans la journée. «Tu es brûlé, tout le monde est au courant que c'est volé», déclara-t-il à son client, avant d'appeler Lacoursière.

«Alain, j'ai un client ici dont je dois préserver l'anonymat. Est-ce que je peux garder l'œuvre sans être accusé de recel?

– Oui, oui, pas de problème.»

À 17 h 30, le même jour, le sergent-détective remettait la statue à Simon Blais, qui jubilait. On le comprend: comme bien des galeries, la sienne n'était pas assurée contre les vols à l'étalage, de sorte qu'il se dirigeait vers une perte sèche de 5000 $. L'histoire finit bien pour tout le monde: les policiers décidèrent d'épargner le voleur, puisqu'il avait collaboré avec eux.

*

Bien entendu, la police récupérait des œuvres volées avant la création d'Art Alerte, mais cela prenait souvent plus de temps. En septembre 1999 eut lieu le vernissage d'une exposition de Pierre Gauvreau à la galerie Bernard, à Montréal. Lacoursière savait qu'il devait y être sans faute, à moins de vouloir subir les foudres du bouillant artiste le lendemain.

L'événement se passa sans anicroche. Sauf que pendant la nuit, un brigand lança une brique dans la porte vitrée de la galerie et subtilisa cinq petits tableaux d'une valeur totale de 12 000 $. La courte enquête policière ne donna pas de résultats et on passa vite à autre chose.

Heureusement, on peut parfois compter sur le sens de l'observation et la perspicacité de certains citoyens. En mai 2004, près de cinq ans après le vol, une femme téléphona à Lacoursière. « Je connais bien les œuvres de Gauvreau qui ont été volées », dit-elle, en lui suggérant d'aller rendre visite à une école de langues de Montréal.

Les tableaux se trouvaient dans le bureau du directeur de l'institution et dans le corridor y conduisant. Lacoursière et Jean-François Talbot se rendirent sur place et récupérèrent les œuvres. Ils brûlaient d'impatience de savoir comment elles s'étaient retrouvées là. Mais comme le responsable était absent, on leur demanda de repasser.

Le lendemain, le directeur leur expliqua finalement qu'elles venaient d'un étudiant sans le sou qui s'en était servi pour payer ses cours. Il disait ne plus se rappeler de qui il s'agissait. Les policiers n'insistèrent pas, satisfaits de pouvoir au moins restituer les tableaux à Gauvreau. Celui-ci se montra d'abord honoré que son travail ait pu contribuer à la scolarisation d'un jeune. Le fervent nationaliste fut toutefois un peu moins enchanté quand on lui précisa que c'était pour apprendre l'anglais !

*

Face à certains crimes, malheureusement, Art Alerte et les renseignements communiqués par le grand public ne suffisent pas. La collaboration avec des organismes mondiaux peut alors faire la différence.

En 1991, l'International Foundation for Art Research, un organisme à but non lucratif de New York, mit sur pied l'Art Loss Register. Basé à Londres, le Register constitue aujourd'hui une gigantesque base de données recensant plus de 300 000 œuvres d'art. Certaines ont fait l'objet d'un vol, tandis que d'autres ont simplement été enregistrées de façon préventive. Les principaux actionnaires du registre sont des assureurs, qui cherchent à augmenter le taux de récupération des œuvres volées et, par ricochet, à limiter leurs pertes financières.

Depuis sa naissance, l'Art Loss Register a joué un rôle important dans la récupération de biens culturels d'une valeur totale de plus de 320 millions de dollars américains. Parmi ses bons coups : *Nature morte aux fruits et à la cruche*, de Paul Cézanne, volé en 1978 et restitué en 1999, *Nature morte aux pêches*, d'Édouard Manet, volé en 1977 et restitué en 1997, ainsi que *Femme en blanc*, de Picasso, volé en 1940 et restitué en 2005.

En encourageant l'enregistrement des œuvres et la consultation de sa banque de données, l'Art Loss Register contribue puissamment à dissuader les crimes dans le milieu de l'art. Pour un voleur, il est aujourd'hui beaucoup plus difficile qu'avant d'écouler son butin, et ce, partout dans le monde.

Les responsables de l'Art Loss Register téléphonaient régulièrement à Alain Lacoursière pour lui demander son aide dans des dossiers. Ils l'ont même déjà appelé au sujet d'œuvres pillées par des nazis qui se seraient retrouvées à Montréal – une affaire qui n'a toutefois pas abouti. De son côté, le sergent-détective les contactait pour faire enregistrer des œuvres d'envergure internationale volées au Québec. Bien entendu, vu la faiblesse relative du marché de l'art canadien, de telles pièces demeurent relativement rares.

Néanmoins, un tableau de Suzor-Coté était inscrit auprès de l'Art Loss Register depuis la fin des années 1990. *Paysage de printemps, Arthabaska*, une toile de 80 sur 100 cm, avait été dérobée lors d'un cambriolage au Faculty Club de l'Université McGill, en mai 1990. Le collectionneur Sidney Dawes l'avait offerte à l'institution en 1966. La police n'avait jamais trouvé de piste prometteuse pour élucider le crime.

Mais voilà qu'en décembre 2007, un homme se présenta au bureau montréalais d'un encanteur torontois avec des photos du tableau. La maison s'empressa de l'inscrire dans le catalogue de sa prochaine vente aux enchères.

N'eût été la vigilance des responsables de l'Art Loss Register, l'œuvre datée de 1921 aurait probablement fait l'objet d'une vente sans histoire. Or, ces employés patients et minutieux passent une grande partie de leur temps à éplucher les catalogues de ventes publiques à la recherche d'œuvres volées. Après tout, le budget de l'organisme provient en bonne partie des indemnités qu'il reçoit pour avoir contribué à la récupération de pièces disparues.

Un employé constata donc que le Suzor-Coté, évalué à 100 000 $, avait été volé 17 ans plus tôt à McGill. Il téléphona chez l'encanteur, qui retira le tableau de sa vente et informa son propriétaire de la situation. L'homme s'affola. Redoutant d'être accusé de recel, il se rendit chez un avocat, qui appela aussitôt Lacoursière.

« Il possède ce tableau depuis combien de temps ? demanda le policier.

– Ça fait une dizaine d'années.

– Il a eu ça comment ?

– Il va pouvoir t'expliquer ça en faisant une déclaration officielle.

– OK, je ne le ferai pas accuser de recel, mais est-ce qu'il pourrait être là quand on va aller récupérer le tableau?

– Oui, oui, il n'y a pas de problème. Mon client n'a pas d'intention criminelle. Il veut rendre la toile.»

On organisa un rendez-vous le 30 janvier 2008 à Longueuil, où habitait le propriétaire du tableau. Lacoursière et Jean-François Talbot s'y rendirent en compagnie de l'historien de l'art Laurier Lacroix, professeur à l'UQAM et spécialiste de Suzor-Coté. Un représentant de l'Art Loss Register, Chris Marinello, et un dirigeant de l'Université McGill, François Roy, étaient également présents.

«Je vous ai déjà vu quelque part, décocha le sergent-détective au propriétaire du tableau.

– Ah oui? fit l'homme, cachant mal sa nervosité.

– Pouvez-vous m'expliquer pourquoi vous avez ce tableau-là?

– J'avais un dépanneur à Montréal, sur Saint-Denis dans le Quartier latin…

– OK, là je me rappelle où je vous ai vu! Au milieu des années 1980, pendant le Festival de jazz, vous vendiez de la bière à travers une petite trappe qui donnait sur la rue.

– Oui, c'est ça!

– À l'époque, j'étais en charge d'un groupe d'intervention pendant l'été. Le flic en uniforme avec une casquette et des badges, c'était moi! On est allés vous voir je ne sais plus combien de fois pour vous dire: "Vendez pas de bière en bouteilles, vendez plutôt des canettes ou des verres, on les reçoit dans le front vos bouteilles!"

– Ah oui! J'ai pu continuer grâce à vous, parce que les autres policiers m'avaient tous interdit d'en vendre. Et ça m'aurait beaucoup nui, parce que ça marchait en maudit!»

Les retrouvailles faites, on put finalement en arriver à l'art.

« Ce tableau-là me vient d'un pauvre diable qui me devait justement de l'argent pour de la bière, raconta l'ancien propriétaire du dépanneur. Il me l'a laissé et je l'ai mis dans ma cave. Je ne savais même pas ce que c'était : je ne connais rien à l'art. Et là, après toutes ces années, j'ai voulu m'en débarrasser. Je me suis rendu compte que c'était un artiste connu et je suis allé chez Ritchie's.

– Parfait, c'est beau, vous ne serez pas accusé », trancha Lacoursière.

Le policier était un peu déçu de ne pas avoir de criminel, mais il pouvait tout de même se consoler, puisqu'il récupérait l'objet du vol. Mais s'agissait-il vraiment de ce qu'on croyait ?

« C'est que ce n'est pas un Suzor-Coté, lâcha soudainement le professeur Lacroix, semant la consternation sur le visage des représentants de l'Université McGill et de l'Art Loss Register.

– Bien là, Laurier, explique-toi, rétorqua Lacoursière, aussi interloqué que les autres.

– C'est un tableau de Rodolphe Duguay, annonça Lacroix. Il est arrivé que des élèves de Suzor-Coté peignent sous son égide. Une fois qu'ils avaient terminé leurs toiles, il n'était pas rare que Suzor-Coté signe à leur place. »

L'érudit amorça alors une explication détaillée de sa thèse, décortiquant minutieusement le tableau que tous examinaient désormais avec attention. Il avait mis le tout par écrit.

« Le tableau *Paysage de printemps, Arthabaska* est une toile de Suzor-Coté par le sujet qu'il a souvent traité, la composition et la signature, mais sa réalisation revient à Rodolphe Duguay, stipulait son rapport. Le traitement en larges traits mosaïqués est tout à fait caractéristique d'autres tableaux peints par Duguay à partir des indications de Suzor-Coté. » La valeur du tableau venait de dégringoler de moitié, passant de 100 000 à 50 000 $.

En règle générale, le propriétaire d'une œuvre retrouvée par l'entremise de l'Art Loss Register doit verser à celui-ci des frais oscillant entre 15 et 20 pour cent de la valeur contemporaine de l'objet, soit ce qui représentait entre 7 500 et 10 000 $ dans le cas du tableau de McGill. C'est l'assureur de l'université qui a déboursé la rémunération de l'Art Loss Register. Pour reprendre possession du tableau, McGill a ensuite dû rembourser la somme que l'assureur lui avait versée au moment du vol, en 1990. L'université refuse de divulguer ce montant, mais il s'agit vraisemblablement de quelques dizaines de milliers de dollars.

En mai 2008, McGill mit l'œuvre en vente lors d'un encan organisé par une autre maison torontoise. Dans le catalogue, le tableau était toujours attribué à Suzor-Coté, mais avec une mention discrète indiquant que Laurier Lacroix le considérait désormais comme une réalisation de Duguay. Étonnamment, l'évaluation faite par l'encanteur – entre 125 000 et 150 000 $ – était celle d'un véritable Suzor-Coté.

« Le malheureux vol connaît aujourd'hui un dénouement positif, pouvait-on lire dans le catalogue de l'hôtel des ventes. Les collectionneurs et les universitaires peuvent maintenant admirer de leurs yeux un tableau important qui jette un éclairage supplémentaire sur l'œuvre de Suzor-Coté, en plus d'explorer la relation et le mentorat qui existaient entre le maître et son assistant. »

Or, la toile ne trouva pas preneur lors de la vente aux enchères. McGill n'a pas tenté de la revendre ailleurs, de sorte qu'elle est aujourd'hui de retour là où elle se trouvait avant le vol de 1990 : au Faculty Club de l'université.

*

On savait depuis longtemps que Duguay avait réalisé des copies d'œuvres de Suzor-Coté. Il en fut question dès février
1937, au lendemain de la mort de Suzor-Coté, dans la revue
Le Terroir, organe de la Société des arts, sciences et lettres de
Québec. Puis en novembre 1968, dans le magazine de *La
Presse*, le journaliste Gilles Pratte écrivait, en s'appuyant sur
le journal intime de Rodolphe Duguay : « Une quarantaine
de peintures signées Suzor-Coté sont plutôt des copies dues
à Duguay. »

L'élève touchait entre trois et cinq dollars par copie, soit
l'équivalent de 30 à 50 $ aujourd'hui. « Duguay trouve tout
le temps qu'on le paie trop, trop heureux qu'il est de peindre », racontait Pratte. En retour, il faut bien le dire, l'élève
recevait d'innombrables conseils du maître, dont il s'abreu-
vait abondamment.

En dépit des articles de *La Presse* et du *Terroir*, l'existence
de ces copies était restée relativement peu connue. Dans les
années 1990, le travail de retranscription du journal intime
de Duguay effectué par Jean-Guy Dagenais, l'un des gendres
du peintre, ramena l'épisode au grand jour. Dagenais passa
un coup de fil au professeur Lacroix, qui décida de pousser la
découverte plus loin.

Dans son *Journal*, Duguay faisait état de 38 œuvres, principalement des peintures à l'huile, qu'il avait réalisées dans
l'atelier de Suzor-Coté en s'inspirant d'une gamme variée de
tableaux et de dessins du maître. Suzor-Coté s'en était montré
satisfait et les avait signées de sa main. Il les mettait ensuite sur
le marché, empochant la plus grande partie des profits. L'« ap-
prentissage » aura duré 15 mois, de juin 1919 à octobre 1920.

Laurier Lacroix analysa les écrits de Duguay et réussit à
retracer plusieurs des copies qu'évoquait le peintre dans son

Journal. Mieux encore, il retrouva certaines des œuvres origi-
nales de Suzor-Coté qui avaient servi de modèles aux copies
de Duguay. On se retrouvait donc avec des paires de tableaux
pratiquement identiques. Pour les propriétaires des œuvres,
c'était une surprise de taille : la plupart d'entre eux ignoraient
qu'il existait un jumeau de leur tableau ailleurs.

Selon Lacroix, *Paysage de printemps, Arthabaska,* le tableau de McGill, est une copie de *La fonte de la glace, Arthabaska, P.Q.,* une huile sur panneau de bois de Suzor-Coté elle
aussi datée de 1921, mais beaucoup plus petite (20 sur
22 cm). Le maître avait demandé à Duguay d'effectuer la
reproduction le 18 juillet 1920 et l'élève la lui avait remise
13 jours plus tard. *La fonte de la glace, Arthabaska* fait partie
de la collection du Musée des beaux-arts du Canada, qui l'a
achetée en 1961 de l'épouse du sculpteur Alfred Laliberté,
un ami de Suzor-Coté.

Le professeur publia ses conclusions dans la revue *Liberté*
en juin 1997. Les musées n'eurent d'autre choix que de changer
leurs étiquettes, troquant la mention « Suzor-Coté » contre
« Duguay d'après Suzor-Coté ». C'est ainsi qu'un immense
tableau de 134 sur 231 cm appartenant au Musée national
des beaux-arts du Québec, *La bénédiction des érables,* est désormais attribué aux deux peintres. L'œuvre est une copie
format géant de l'original de Suzor-Coté, qui se trouvait
jusqu'à tout récemment au Club Saint-Denis, à Montréal. À
ce jour, on a associé environ la moitié des 38 copies faites par
Duguay aux « originaux » correspondants de Suzor-Coté.

Bien malgré lui, Rodolphe Duguay aura réussi à duper
les spécialistes pendant plusieurs décennies. Jean-René Ostiguy, le premier expert de Suzor-Coté, était convaincu que
Paysage de printemps, Arthabaska était un authentique. C'est
ainsi qu'il écrivit, dans une brochure publiée en 1978 par la
Galerie nationale, aujourd'hui le Musée des beaux-arts du

Canada : « Suzor-Coté, après les années 1920, en vient à triturer des pâtes de plus en plus épaisses. Pour ce faire, il n'utilise pas uniquement le couteau à palette et ses doigts [...], mais aussi, parfois, pour retrouver un certain équilibre et imiter l'effet de la mosaïque, il a recours à de très larges brosses. *Paysage de printemps, Arthabaska* (Montréal, Faculty Club, Université McGill) est de ce genre. »

Lorsqu'il avait commencé à étudier Suzor-Coté, Laurier Lacroix était d'accord avec Ostiguy. En 1987, il avait monté une rétrospective du maître au musée Laurier de Victoriaville. Il n'avait pas hésité à emprunter *Paysage de printemps, Arthabaska* à McGill pour l'inclure dans son exposition. Le professeur avait certes remarqué qu'il s'agissait d'une œuvre tardive dans la vie de Suzor-Coté vu son style, mais comme il croyait alors qu'elle s'inspirait d'un tableau de 1909, *Paysage d'hiver*, qui avait avantageusement représenté le peintre dans des expositions nationales et internationales, il n'en avait pas fait de cas.

Laurier Lacroix soutient aujourd'hui que Suzor-Coté a eu au moins deux autres élèves : Narcisse Poirier et, pendant une brève période, Jean Paul Lemieux. Selon toute vraisemblance, les deux ont, tout comme Duguay, exécuté des tableaux que le maître a ensuite signés et vendus. Suzor-Coté et ses élèves ont rarement évoqué ce petit secret entre eux. Il faut dire que le peintre d'Arthabaska a été l'un des rares Québécois à recourir à cette forme d'enseignement, qui était pourtant répandue en Europe à l'époque.

*

Suzor-Coté a réalisé des milliers d'œuvres – toiles, dessins, esquisses et sculptures – au cours de sa carrière d'une quarantaine d'années. Il est aujourd'hui l'un des artistes québécois dont on retrouve le plus de faux sur le marché. L'abondance de sa production et l'inexistence d'un catalogue raisonné de ses œuvres ouvrent évidemment la porte à toutes les impostures.

Chaque semaine, le professeur Lacroix reçoit des courriels de gens qui souhaitent faire authentifier des tableaux attribués à Suzor-Coté. Dans la vaste majorité des cas, il s'agit de faux. Pire encore : il n'est pas rare qu'on lui montre des toiles de paysages québécois, peintes par de parfaits inconnus, sur lesquelles on a visiblement ajouté la signature de Suzor-Coté dans l'espoir de faire un coup d'argent rapide.

Les faux Suzor-Coté sont le plus souvent confinés au genre qui a fait la renommée du maître : les paysages ruraux québécois et les scènes historiques. Pourtant, la production du peintre, fort diversifiée, comprend également des natures mortes, des scènes de la vie quotidienne et des nus, qui sont malheureusement beaucoup moins connus.

Si les peintres prolifiques sont plus susceptibles d'inspirer des vocations de faussaires, il en est tout autrement des artistes dont la production est moins abondante ou, à tout le moins, bien répertoriée. Jean Paul Lemieux, auteur d'un peu plus de 400 œuvres qui sont toutes connues des spécialistes, et Paul-Émile Borduas, dont les quelque 1500 peintures et dessins sont minutieusement listés dans un catalogue raisonné publié sur Internet, sont ainsi moins attirants pour des contrefacteurs.

*

Les voleurs, on le sait, sont capables de tout. Ils ne limitent pas leur rayon d'action aux galeries, aux résidences cossues et aux musées. À la fin des années 1990 et au début des années

2000, les cimetières montréalais ont été la cible de nombreux vols de bronzes.

À l'automne 2006, lors d'une visite de courtoisie chez un encanteur, Lacoursière et Talbot aperçurent un buste de Pierre-Pascal Bourque – un Patriote des Rébellions de 1837-1838 mort en 1870. Trouvant curieux qu'une sculpture funéraire fasse l'objet d'une vente aux enchères, les enquêteurs demandèrent au commissaire-priseur de mettre la pièce de côté le temps qu'ils effectuent des vérifications.

Lacoursière téléphona à Alain Tremblay, directeur de l'Écomusée de l'Au-delà, un organisme qui s'est donné pour mission de préserver le patrimoine funéraire québécois. Patiemment, au fil des ans, Tremblay a fait l'inventaire des bronzes et autres sculptures du cimetière Notre-Dame-des-Neiges, à Montréal.

Le sergent-détective n'a pas eu besoin de faire une longue description du buste de Bourque à l'expert autodidacte pour que celui-ci sache de quoi il s'agissait. Le bronze, œuvre du sculpteur Louis-Philippe Hébert, trônait au sommet d'un monument érigé en mémoire du Patriote. Il avait été volé en 2002.

L'homme qui avait apporté l'œuvre chez l'encanteur était enseignant dans une école de formation professionnelle de Montréal. Il disait l'avoir achetée 300 $ au marché aux puces de Saint-Hyacinthe. Réalisant par la suite que la sculpture pouvait valoir bien davantage, il avait décidé de la vendre aux enchères. À la demande de la police, il s'est résigné à la remettre, mais à condition que le cimetière lui rende les 300 $ qu'il avait déboursés !

Pour éviter une nouvelle disparition du précieux bronze, on fit appel à un spécialiste du Centre de conservation du Québec, qui confectionna un solide ancrage métallique renforcé par de la colle époxyde. La pièce retrouva sa place sur le monument en 2007.

Or, l'artisan, qui était si fier de son travail, n'en crut pas ses yeux lorsque trois mois plus tard, en janvier 2008, des voleurs réussirent une fois de plus à arracher l'œuvre de son piédestal. Heureusement, le sénateur Serge Joyal la retrouva rapidement chez un antiquaire du Vieux-Montréal. Le hic, c'est que par crainte d'un troisième vol, le bronze est aujourd'hui conservé en lieu sûr, de sorte que le public ne peut plus l'admirer.

Selon Alain Tremblay, au moins une cinquantaine de bronzes ont disparu du cimetière Notre-Dame-des-Neiges, qui est le plus grand au Canada et le troisième en importance en Amérique du Nord.

En 2008, un journaliste de *La Presse* se rendit chez un antiquaire montréalais où pas moins de six bronzes funéraires étaient en vente à des prix oscillant entre 60 et 300 $. «Pour obtenir un vert-de-gris comme celui-là, il faut que la pièce reste au moins 80 ans à l'extérieur», souligna-t-il. Le commerçant reconnut qu'il ne s'enquérait jamais de la provenance des œuvres, même si la loi oblige les antiquaires et les brocanteurs à demander les coordonnées des gens à qui ils achètent des biens. « Si c'est une pièce volée, je ne peux pas le deviner», prétexta-t-il.

Mais ce n'est rien comparé aux bronzes qui sont volés seulement pour en revendre le métal. La sensibilisation des acheteurs pourra-t-elle un jour venir à bout de ce vulgaire commerce, qui se moque de la dignité des morts et du patrimoine?

15

Braquages et vols en gros

Quand le chat dort, les souris dansent? Alain Lacoursière et son partenaire à l'escouade des œuvres d'art de la Sûreté du Québec, Jean-François Talbot, se trouvaient tous les deux en vacances en ce dimanche matin d'août 2007 lorsqu'un homme entra dans une galerie de la rue Sherbrooke Ouest, à Montréal.

Il fit un tour rapide des lieux puis, soudain, il se tourna vers la porte d'entrée en faisant un signe de la main. Un deuxième homme, portant une cagoule celui-là, fit aussitôt irruption dans le commerce. Il pointa un revolver vers la seule employée qui était sur place. La femme fut transie par la peur.

Le premier visiteur pouvait désormais accomplir sa sale besogne. Il sortit des pinces du sac de son complice et entreprit de décrocher trois des tableaux qui étaient suspendus aux murs, ne faisant qu'une bouchée du filin de métal censé protéger les œuvres contre le vol. Deux clients eurent le malheur d'entrer dans la galerie au même moment. À la pointe de l'arme, ils furent rapidement intimés de s'asseoir sur les canapés disposés au centre de la pièce et de se tenir tranquilles.

Le voleur plaça les trois toiles – des œuvres de Marc-Aurèle Fortin, Jean Paul Riopelle et Marcelle Ferron – dans de vulgaires sacs de poubelle. Valeur totale: 60 000 $. Il prit aussitôt la fuite avec son acolyte, échappant les tableaux par terre dans sa précipitation.

Les deux hommes se rendirent à la station de métro la plus proche. Il s'agissait d'une opération à faible coût, mais également carboneutre : aucun véhicule n'attendait les kleptomanes, ceux-ci préférant utiliser le transport en commun pour rapporter leur butin, le pistolet caché dans la poche de leur pantalon !

L'un des bandits avait toutefois eu la mauvaise idée de se présenter dans le commerce à visage découvert. L'endroit comptait plusieurs caméras de surveillance dont les images firent rapidement la joie des policiers. Les voleurs n'ont pas tardé à réaliser leur bévue : dans les heures suivant le vol, l'un d'eux téléphona à la galerie en se faisant passer pour Lacoursière et demanda si les images prises pendant le crime étaient bonnes !

Pas mal, en fait. En les visionnant, un des enquêteurs de police reconnut rapidement Denis Savaria, 58 ans, dont le casier judiciaire était bien garni. Dix jours plus tard, on retraça Savaria et ses comparses, Normand Boulay, 56 ans, et Gilles Bodart, 60 ans. Les tableaux, intacts, se trouvaient dans une chambre que louait Savaria dans le nord de Montréal.

Savaria raconta aux policiers que le cambriolage lui avait été commandé par un collectionneur à qui il devait de l'argent. Pour mettre toutes les chances de son côté, le brigand avait bien choisi son moment pour passer à l'acte. Il avait obtenu le numéro de téléphone de Lacoursière au bureau et l'avait appelé. Lorsqu'il avait entendu un message disant que les enquêteurs en œuvres d'art étaient en vacances pendant encore plusieurs jours, il s'était dit que la voie était libre pour faire le coup.

Savaria, Boulay et Bodart ont finalement plaidé coupables à des accusations de vol qualifié et de complot. Ils ont été condamnés à des peines d'emprisonnement de 66, 64 et 50 mois respectivement (Savaria s'est également reconnu coupable de fraude par cartes de crédit).

*

D'autres vols commandités sont moins spectaculaires, mais plus difficiles à résoudre. Le surlendemain du Nouvel An 2002, un homme qui se disait médecin entra dans la galerie Nordheimer, située au Centre de commerce mondial, dans le Vieux-Montréal. Il confia être à la recherche d'un tableau important et promit de revenir.

Le lendemain, comme prévu, il était de retour, fort élégant avec son veston et sa cravate. Mais cette fois-ci, il n'était pas seul. Il demanda à une préposée de monter dans une échelle et de décrocher un tableau du peintre montréalais Stanley Cosgrove afin qu'il puisse l'examiner de plus près.

L'homme n'avait de médecin que le titre. Pendant qu'il détournait l'attention de l'employée, son complice coupa le fil de métal qui retenait une œuvre sans titre de Riopelle de 146 sur 97 cm à un chevalet. En moins de deux, les deux voleurs prirent la poudre d'escampette. Un Riopelle valant au moins 300 000 $, propriété d'un collectionneur qui l'avait placé en consignation chez Nordheimer, venait de disparaître en plein jour.

« Le propriétaire du tableau n'est pas content, mais moi, je suis encore plus fâchée que lui », lâcha Lise Gauthier, copropriétaire de la galerie avec son mari, Yves Laroche, en entrevue au *Devoir*.

« Le vol à la sauvette est de plus en plus fréquent », expliqua Alain Lacoursière au journal, en soulignant que les musées européens avaient eux aussi noté une recrudescence du phénomène.

Un mois plus tard, les policiers n'avaient toujours pas découvert de piste fructueuse pour élucider le crime. Dans l'espoir de faire débloquer leur enquête, ils firent appel à la télévision. Le réseau TVA diffusa un reportage dans lequel on pouvait voir deux photos provenant des images tournées par une caméra de surveillance installée près de la galerie.

Plusieurs citoyens téléphonèrent à la ligne Info-Crime, dont une femme qui en savait plus que les autres.

« Ça, c'est Charlie, assura-t-elle. Charles Abitbol. Il habite sur Docteur-Penfield. »

Les policiers déduisirent qu'il s'agissait probablement d'une ancienne petite amie de « Charlie » qui avait une dent contre lui. Malheureusement, elle ne voulut pas leur en dire davantage.

Lacoursière se dit qu'il n'avait rien à perdre à aller se promener sur l'avenue du Docteur-Penfield, même si ce n'est pas qu'un petit bout de rue. C'était son jour de chance : à peine quelques minutes après son arrivée, il tomba face à face avec Abitbol devant son immeuble d'habitation. Il sut tout de suite qu'il avait son homme puisqu'il avait bien mémorisé les images de surveillance. Comme il fréquentait le milieu de l'art, Abitbol reconnut aussi Lacoursière.

Le policier fit tout, cependant, pour éviter d'avoir à adresser la parole au suspect. Il voulait se donner un peu de temps avant de confronter l'homme. Afin de justifier sa présence dans les parages, il s'empressa de faire la conversation en italien à une vieille dame qui habitait elle aussi dans l'édifice !

L'objectif du sergent-détective était pourtant clair et simple : il voulait arrêter Charles Abitbol. Or, un sérieux obstacle se dressait devant lui : il ne possédait pas de mandat d'arrestation parce que le seul élément de « preuve » qu'il détenait, c'était qu'Abitbol ressemblait à l'un des deux hommes que l'on pouvait voir sur la vidéo. Ce n'était pas très solide. Certes, Lacoursière savait, grâce à Interpol, que le Français d'origine, alors âgé de 47 ans, avait fait de la prison dans six pays européens et aux États-Unis pour des vols d'œuvres d'art. Mais ce n'était pas un motif valable pour arrêter quel-qu'un au Canada.

« Qu'est-ce qu'on fait ? » se demanda le sergent-détective. « Bon, on va l'arrêter et on verra après. Il me viendra des idées », résolut-il finalement.

Quelques jours après avoir repéré Abitbol, il retourna donc chez lui et cogna à sa porte.

« Police ! lança-t-il.

– Ah oui, je te connais, répondit Abitbol en ouvrant. Je t'ai déjà vu à la télé…

– T'es en état d'arrestation pour vol et recel. Tu as le droit de garder le silence. Ce que tu vas dire peut être retenu contre toi et peut servir de preuve en cour dans un éventuel procès. Tu as le droit de parler à un avocat. As-tu bien compris ?

– Oui.

– As-tu des armes ici ?

– Non.

– On peut aller vérifier ?

– Euh, oui. »

Lacoursière venait de trouver le moyen d'entrer chez Abitbol sans mandat de perquisition. Hélas ! il n'y avait rien à signaler, rien qui ressemblait de près ou de loin à une pièce à conviction. Le sergent-détective et ses collègues embarquè-rent néanmoins Abitbol et filèrent vers le centre d'enquête du centre-ville. Pendant le trajet, le prévenu confia aux poli-ciers qu'il était claustrophobe et qu'il paniquait à l'idée d'être placé en détention. L'information ne tomba pas dans l'oreille de sourds : on l'enferma aussitôt dans une cellule.

«Là, on va récupérer le tableau. On a d'autres arrestations à faire. Et si tu ne collabores pas, mon Charles, tu vas probablement être extradé parce que tu n'es pas d'ici.

– ...

– Tu vas comparaître en cour plus tard aujourd'hui.»

Le sergent-détective et son partenaire quittèrent les cellules pour aller prendre un café. Le confrère avait beaucoup de mal à comprendre où voulait en venir Lacoursière. Après tout, on était bien loin de l'enquête policière modèle.

«On va le garder combien de temps comme ça? demanda l'autre policier à Lacoursière.

– Je ne sais pas où est le tableau, je ne sais pas qui est son complice, je ne sais pas c'est quoi l'histoire...

– Alors qu'est-ce qu'on fait?

– Je vais le laisser réfléchir un peu, puis j'irai l'interroger plus tard aujourd'hui. N'oublie pas qu'il n'aime pas trop ça, être en détention...»

Une demi-heure plus tard, un autre collègue de Lacoursière lui téléphona.

«Ton gars veut te voir, il est en train de virer fou dans les cellules», annonça-t-il.

Satisfait de la tournure des événements, Lacoursière s'empressa de retourner voir Abitbol.

«Qu'est-ce qu'il y a, Charles? laissa-t-il tomber, feignant l'exaspération. J'ai d'autres choses à faire. Tu vas comparaître en cour.

– On n'a pas le tableau, répondit Abitbol. On ne l'a pas! C'est M. Arthur [nom fictif], de la lunetterie ***, au centre-ville, qui me l'a commandé. Il m'a payé et c'est lui qui a le tableau.»

Lacoursière accourut à la boutique et arrêta le commerçant directement devant ses employées, allant jusqu'à lui passer les menottes pour faire un plus grand effet. Il l'embarqua dans le véhicule de patrouille et prit le volant. Alors qu'ils filaient sur le boulevard de Maisonneuve, il agrippa le micro du radiotéléphone de police. Il lança : « Les équipes pour les perquisitions, vous êtes bien en place aux deux endroits ? Je vais vous donner le OK. On a arrêté le receleur, il est avec moi. Mais ne faites pas trop de dommages parce qu'il y a des femmes et des enfants dans ces maisons-là. Faites attention ! »

Juste avant d'arriver à la rue Guy, Lacoursière freina d'un coup sec. La tête du prévenu s'écrasa dans l'appui-tête du siège avant. Un concert de klaxons se fit entendre.

« Monsieur Arthur, on peut faire ça très, très compliqué, ou faire ça simple, commença le sergent-détective, recourant une fois de plus à cette phrase passe-partout si chère aux policiers. On sait que le tableau est caché. J'ai une dizaine d'agents prêts à intervenir à deux endroits, mais c'est délicat parce qu'il y a des enfants. Vous n'avez pas de casier judiciaire, alors vous me remettez le tableau et on va vous faire accuser plus tard.

– Venez me reconduire chez ma mère, je vais vous donner le tableau. »

Le stratagème de Lacoursière n'était pas sans faille, mais il fonctionna. La police ne s'apprêtait aucunement à se lancer dans des perquisitions, puisqu'elle n'avait aucune idée où se trouvait l'œuvre. Le receleur avait peut-être deviné que le sergent-détective tentait de le mener en bateau, mais dans le doute, il avait préféré tout dévoiler dans l'espoir de susciter la clémence des autorités.

À l'endroit indiqué, à Côte-Saint-Luc, Lacoursière et son collègue furent accueillis par une octogénaire clouée dans un fauteuil roulant. Le tableau était dissimulé dans le fond d'un placard verrouillé avec un cadenas, au sous-sol de la résidence. Le receleur s'était sans doute dit que les chances étaient bien minces que la police fasse irruption chez sa vieille mère pour saisir un tableau, fût-ce un Riopelle.

Alain Lacoursière téléphona aussitôt à Yves Laroche, de Nordheimer, pour lui annoncer la bonne nouvelle et lui demander de venir récupérer l'œuvre au plus vite. Debout sur le trottoir avec son drôle de colis, en attendant que le galeriste arrive, le sergent-détective fit sourire plus d'un passant.

La Couronne accusa Abitbol de vol majeur et de complot. Faute de preuves suffisantes, on laissa tomber les accusations contre le commerçant qui avait commandé le Riopelle. Le seul qui aurait pu témoigner contre lui devant le tribunal était Abitbol, ce qui ne laissait pas présager un procès très fructueux. En janvier 2004, le voleur écopa d'une amende de 15 000 $. Il ne l'a jamais acquittée.

*

En 2003, les policiers ont soupçonné l'un des responsables du braquage chez Nordheimer d'être mêlé à un important réseau d'achats frauduleux de tableaux au Québec et dans le reste du Canada.

L'affaire avait commencé à l'automne 2002, mais elle a atteint sa vitesse de croisière au printemps et à l'été 2003. Des propriétaires de galeries d'art de plusieurs régions du Québec contactaient la police pour se plaindre que des clients avaient acheté des tableaux avec des cartes de crédit frauduleuses ou des chèques bidon.

En juillet 2003, une artiste-peintre qui venait de se faire berner par l'un des filous décida de faire un portrait-robot de lui et de l'envoyer à la police. Quelques jours plus tard, une galeriste de la région de Deux-Montagnes, au nord de Montréal, fit elle aussi un croquis de l'homme. Les deux illustrations concordaient. Restait à mettre le grappin sur les fraudeurs, une tâche colossale compte tenu des innombrables fausses identités qu'ils utilisaient.

Ce n'est qu'au bout de plusieurs mois d'enquête et de filature que les policiers ont démasqué les aigrefins derrière cette vaste escroquerie. Ils étaient au moins quatre : les frères Gad et Albert Krespine, tous deux dans la vingtaine, ainsi que les frères Simon et Henry Dadoun, dans la cinquantaine. Plusieurs membres de la famille Krespine figuraient depuis des années parmi les plus importants « fabricants » de fausses cartes de crédit de la région montréalaise. Les Dadoun, par contre, étaient moins connus des policiers.

À tour de rôle, les quatre brigands se présentaient dans des galeries ou d'autres commerces. Ils effectuaient des achats avec les nombreuses cartes de crédit contrefaites par les Krespine ou avec de faux chèques certifiés. Comme Abitbol lors du vol à la galerie Nordheimer, les malfaiteurs prétendaient être avocats ou médecins et ils savaient ce qu'ils cherchaient.

En moins d'un an, ils ont subtilisé pas moins de 375 tableaux d'une valeur totale de deux millions de dollars dans une trentaine de galeries du Québec. Mais ce n'est pas tout : le quatuor a également fait le tour du Canada, détroussant des commerces en Nouvelle-Écosse, en Ontario et en Colombie-Britannique. C'était un coup comme on en avait rarement vu.

Les fraudeurs avaient un faible pour les œuvres abstraites. Ils ont notamment dérobé deux lithographies de Riopelle et deux gravures de l'artiste catalan Joan Miró, de même que plusieurs œuvres d'artistes québécois comme Marcelle Ferron et Serge Lemoyne, dans des galeries de Montréal, Laval et Sherbrooke. Ils ont ravi pas moins de 24 tableaux, d'une valeur totale de plusieurs dizaines de milliers de dollars, à l'Artothèque, un organisme appartenant à la Fondation des arts et métiers d'art du Québec qui loue des œuvres au mois. Même la boutique du Musée des beaux-arts de Montréal y est passée, se faisant escroquer 12 œuvres. C'est dans une galerie des Laurentides que les bandits ont réussi leur

meilleur coup : une aquarelle de Marc-Aurèle Fortin évaluée
à 50 000 $.

On arrêtera finalement les quatre canailles en 2004. Trois
des quatre plaideront coupables à plusieurs chefs d'accusation
de fraude et d'usage de faux. Gad Krespine et Simon Dadoun
seront condamnés à 18 mois de prison, tandis qu'Henry Dadoun écopera de 20 mois. Albert Krespine se reconnaîtra coupable de deux chefs de possession d'équipement servant à fabriquer de fausses cartes de crédit, mais sera acquitté de deux
accusations d'usage de faux et d'une autre de fraude.

Plusieurs galeristes ont déploré que les voleurs n'aient pas
été arrêtés plus tôt. Ils ont reproché à la police de ne pas avoir
diffusé des portraits-robots plus prestement. Lacoursière re-
connaît qu'il aurait pu le faire. Il convient même que lui et
ses collègues auraient pu téléphoner dans les galeries pour les
mettre en garde contre le réseau frauduleux. Cela prend tout
de même du temps. Mais plus fondamentalement, les policiers ont besoin de recueillir des preuves s'ils veulent être en
mesure de faire accuser les suspects. Et pour le faire, ils doivent souvent laisser le crime se poursuivre pendant un certain temps.

Le problème, évidemment, c'est que ce sont les commerçants qui ont fini par payer pour l'enquête policière en
continuant de «vendre» des tableaux et d'autres biens aux
brigands. Signe de la vive frustration dans le milieu de l'art,
un galeriste montréalais qui avait perdu quelque 25 000 $
aux mains des fraudeurs est allé jusqu'à menacer de poursuivre un concurrent. Il l'accusait de ne pas avoir rapporté à la
police qu'un des Dadoun s'était rendu dans son commerce,
quelques semaines plus tôt. Une employée de la galerie l'avait
reconnu à la suite de la publication, tardive, d'un portrait-
robot dans un journal consacré aux faits divers. Malheureusement, on ne fait pas d'omelette sans casser des œufs.

Quant aux centaines de tableaux dérobés, ils n'ont jamais été retracés. Le sergent-détective sait de bonnes sources qu'une grande partie d'entre eux se sont retrouvés sur les murs d'un hôtel israélien et que quelques autres ont abouti au marché aux puces de Saint-Ouen, en banlieue de Paris. On aime bien que les œuvres québécoises voyagent de par le monde, mais peut-être pas de cette façon! La condamnation des quatre criminels, aussi réjouissante puisse-t-elle être, ne remplacera jamais les œuvres qui ont disparu du territoire québécois.

Épilogue

Beaucoup de choses ont changé dans le marché québécois de l'art depuis qu'un jeune policier déçu par sa hiérarchie a pris l'initiative d'aller saisir un tapis en plein encan, en 1993.

À force de ténacité, Alain Lacoursière a non seulement réussi à se créer un emploi de rêve, mais également à abattre les cloisons qui ont longtemps existé entre la police et le milieu de l'art. Aujourd'hui, les galeristes et les encanteurs hésitent beaucoup moins à contacter les forces de l'ordre lorsqu'ils remarquent quelque chose de louche.

Depuis qu'Alain et ses prédécesseurs ont commencé à s'occuper de ce domaine, le taux de résolution des crimes et de récupération des œuvres d'art est passé d'à peine 2 ou 3 pour cent à 15 pour cent. Ailleurs dans le monde, ce taux dépasse rarement 10 pour cent. Concrètement, cela signifie qu'un plus grand nombre d'œuvres, dont plusieurs d'une valeur inestimable, sont arrachées des mains de truands.

Entre 2004 et 2009, la Sûreté du Québec a traité pas moins de 450 dossiers d'œuvres d'art, procédé à une vingtaine d'arrestations et saisi quelque 150 pièces d'une valeur totale de deux millions de dollars. Ce n'est pas rien.

*

À l'âge de 50 ans, après plus de 25 années de service, Alain a pris sa retraite de la police au printemps 2010. Il y a quelques années, il a amorcé une nouvelle carrière : celle d'évaluateur et de courtier en œuvres d'art.

Son ancien partenaire à la SQ, Jean-François Talbot, continue de traquer les faussaires et les voleurs d'œuvres d'art en compagnie de deux collègues de la SQ et de la GRC. Basés à Montréal, ils forment le «groupe de répression des crimes liés aux œuvres d'art», qui est encore aujourd'hui le seul du genre au Canada.

Le hic, c'est que la relève n'est pas facile à trouver. Rares sont les policiers qui ont envie de se lancer dans des études en histoire de l'art. Et bien sûr, les enquêteurs aussi passionnés qu'Alain Lacoursière ne courent pas les rues.

Le risque est réel que les dirigeants des corps policiers décident graduellement d'abandonner, avec le temps, les enquêtes sur les œuvres d'art, surtout en période de compressions budgétaires. On pourrait ressortir l'alibi classique : ces sont des crimes de riches.

En fait, l'équipe d'enquêteurs en œuvres d'art pourrait être victime de son succès. Longtemps, la «brigade» de Lacoursière a enregistré entre 125 et 150 délits par année. Or, Jean-François Talbot ne sait pas si, en 2010, ce nombre atteindra le seuil de la centaine, conséquence de la baisse de la criminalité.

Espérons que l'état-major comprendra qu'il ne faut pas baisser la garde, mais plutôt continuer de lutter énergiquement contre ces crimes de «lèse-patrimoine» pour les faire reculer encore davantage. De leur côté, nos élus pourraient faire toute une différence en resserrant les lois sur les faux artistiques et le recel d'œuvres d'art.

Nos artistes méritent bien cela.

Remerciements

Je tiens à remercier Dominique pour sa compréhension, sa patience et sa précieuse aide, Yves Thériault, Sébastien Mosbah-Natanson et Francis Larocque pour leurs conseils judicieux, ainsi que toutes les personnes qui m'ont apporté leur concours tout au long de cet ambitieux projet. Et bien sûr, mes plus chaleureux mercis à Alain Lacoursière et à notre éditrice, Louise Loiselle, qui n'ont pas compté les heures pour faire en sorte que ce livre soit le meilleur possible.

Table des matières

Achevé d'imprimer en octobre 2010
sur papier Enviro, 100 % postconsommation
par Transcontinental Gagné